Google

IBM, Oracle, Adobe 출신의 CEO가 극찬한 책!

마케터를 위한 구글 애널리틱스

조하준 저

Analytics 4 Tag
Data Manager
Ads Studio
  optimize

 DIGITAL BOOKS
디지털북스

| 만든 사람들 |

기획 IT·CG기획부 **| 진행** 양종엽, 장우성 **| 집필** 조하준
표지 디자인 김진 · D.J.I books design studio **| 편집 디자인** 이기숙 · 디자인숲

| 책 내용 문의 |

도서 내용에 대해 궁금한 사항이 있으시면
저자의 홈페이지나 디지털북스 홈페이지의 게시판을 통해서 해결하실 수 있습니다.

디지털북스 홈페이지 digitalbooks.co.kr
디지털북스 페이스북 facebook.com/ithinkbook
디지털북스 인스타그램 instagram.com/digitalbooks1999
디지털북스 유튜브 유튜브에서 [디지털북스] 검색
디지털북스 이메일 djibooks@naver.com
저자 이메일 master@growth-teams.com

| 각종 문의 |

영업관련 dji_digitalbooks@naver.com
기획관련 djibooks@naver.com
전화번호 (02) 447-3157~8

이 책은 과거 3년 차 마케터일 때 스스로에게 던진 질문에서 시작되었다.

"어떻게 하면 경쟁력 있는 마케터가 될 수 있을까?"

나는 질문의 해답을 기술력에서 찾았다. 기술력이란 마케터가 다룰 수 있는 도구를 말한다. 그리고 도구를 통해 얻은 데이터의 해석을 포함한다. 필자는 오래전부터 Google Analytics를 시작으로 Google Tag Manager, Google Ads, Google Firebase, Google Optimize, Google Data studio를 현업에서 집중적으로 파헤쳤다. 사용료가 연간 2억 원에 달하는 Google Analytics 유료버전 GA360을 사용했었고 데이터 분석 전문 기업 Golden Planet과의 협업을 통해 지식을 발전시켰다.

마케터는 양질의 유저를 확보하고 또 유지하기 위해서 정확한 인사이트, 그리고 캠페인 데이터를 분석함으로써 가장 효율적인 의사결정을 내려야 하는 과제에 직면해있다. 구글도 이점을 알고 있고 최대한 통합된 유저의 인사이트를 발견해주기 위해 노력해왔다. 그 증거가 차세대 분석 플랫폼인 'Google Analytics 4'이다. 지금 구글 애널리틱스 계정을 생성하면 기본값으로 Google Analytics 4가 생성된다. 그전에는 유니버셜 애널리틱스였다. 그간 구글 애널리틱스를 소재로 출간된 저서는 존재하지만 대부분 유니버셜 Web 중심으로 이야기한다. 하지만 이제는 Google Analytics 4가 미래다. 이 책은 웹과 앱을 넘나들어 구글 애널리틱스를 이해하도록 돕는다. 더불어 마케터가 알아두어야 할 지식 전반을 소개하려 애썼다. 그간 개발자가 쓴 도구의 기능 설명은 결국 실무에서 어떻게 인사이트를 도출하는지 "How"라는 과제를 남긴다. 현업에서 구글 애널리틱스를 가장 많이 사용하는 사람은 개발자가 아니라 마케터다. 마케팅 성과를 극대화할 방법을 고민하는 사람이 사용한다. 나는 개발자 못지않은 이해력을 가지고 있지만, 그건 부수적인 역량일 뿐 핵심은 마케팅의 성공이다. 결국엔 분석 솔루션을 이용해서 무슨 데이터를 어떤 상황에 체크해야 하는지 감각을 키워야 한다. 이는 훌륭한 선임 마케터가 후임 마케터에게 해줄 수 있는 유일한 선물이다.

위에서 나열한 도구들은 Google Marketing Platform(이하 GMP)의 구성 요소다. GMP는 비즈니스의 성장을 위해 구글이 마련해준 포괄적인 시스템이다. 이 책은 그동안 GMP로 마케팅 시스템을 훌륭하게 구축한 사례들을 참고하여 하나의 케이스로 만들었다. GMP 시스템 전체를 이해하고 평생 본인의 것으로 만들고자 하는 열정이 있는 이에게 권하고 싶은 책이다. 더불어 국내에서 유일하게 Google Tag Manager를 중심으로 한 GMP 구축 방법을 제공한다. Google Tag Manager는 GMP를 제대로 다루기 위해 필수직이며 마케터의 역량을 비약적으로 높여주는 매개제 역할을 한다. 이미 비즈니스 리더들은 GMP 시스템을 도입하고 싶었지만 '직원 부족'과 '시작하기 위한 지식 부족'을 일반적인 문제로 꼽았다. GMP가 어렵게 느껴지는 이유는 모든 도구가 밀접하게 얽혀 있어서 전체를 하나로 보고 상호작용 관계를 이해해야 하기 때문이다. 그렇지 않으면 매 순간 장벽을 만나게 된다. 나는 GMP가 널리 사용될 수 있게 장벽을 허물고자 한다. 알다시피 GMP는 습득하기가 어렵다. 그 고충을 잘 알기 때문에 친절하고 상세하게 풀어 설명했다. 또 마케터로 살아온 긴 기간 동안 겪었던 사례들을 곳곳에 배치하여 여러분들의 시야와 지식이 넓어지도록 안배하였다. 필자는 여러분이 강력한 마케팅 시스템을 구축하고 경쟁력 있는 팔방미인 그로스해커로 거듭나길 바란다.

끝으로 이 책을 집필할 수 있도록 응원해주신 남승훈 대표님, 이진우 대표님, 박희영 대표님, 황윤주 과장님께 감사드린다.

'디지털 마케팅'은 디지털이라는 IT 기술과 마케팅이라는 비즈니스가 만나 만들어진 영역입니다. 오늘날 기업은 기술을 통해 비즈니스를 해석하는 마케터를 선호하고 있고, 훌륭한 마케터는 이미 기술에 대한 지식과 능력을 갖추고 있기에 실로 '디지털 마케팅의 시대'라 할 수 있습니다. 이 책은 이러한 시대의 흐름과 변화를 두려워하지 않고 성장하려는 마케터를 위한 것입니다. 더불어 저자가 실무에서 몸소 겪은 고민과 깨달음을 GMP(Google Marketing Platform)에 녹여 전개한 덕분에 한 차원 높은 책이 나왔습니다. 몇 년 전 저자를 처음으로 보았을 때 두 눈에 깃든 총명함은 이 책을 탄생시키기 위해서였나 봅니다. 매우 감명 깊게 읽었고 이 분야에서 꼭 필요한 실용적인 내용이므로 강력하게 추천합니다.

− 前)IBM, Oracle, Adobe 컨설턴트 / − 現)개인화 솔루션 기업 Insider Korea
CEO 이진우 님

이 책은 성공적인 비즈니스와 퍼포먼스 마케팅에 대한 가장 빠른 길을 알려주는 안내서입니다. 이 책을 통해, 그 방법의 중심에 있는 핵심 툴인 GMP(Google Marketing Platform)에 대한 기초 개념부터 단계별 학습, 심화된 활용법과 실습까지 한 번에 마스터할 수 있습니다. 전문화된 지식에 목마른 초보 열정 마케터부터 시스템 구축과 데이터 분석이 필요한 비즈니스 대표까지 다양한 분들에게 이 책을 추천합니다. 수집된 데이터에는 모든 것에 대한 답이 들어있고, 그 데이터에서 인사이트를 도출할 수 있도록 도와주는 툴이 바로 Google 마케팅 플랫폼이며, 그 플랫폼에 대한 모든 활용법이 이 책 하나로 충분히 해결될 수 있습니다. 이 책이 혼자서는 막연하고 어렵다고 생각되는 Google 마케팅 플랫폼에 대한 든든한 길잡이가 되어줄 것입니다.

− 前)CJ.ENM 디베이스앤 / − 前)스마트인터랙티브
팀장 황윤주 님

이 책을 읽는 동안, 그간 고객사에 GMP(Google Marketing Platform)를 구축하며 겪은 프로세스를 다시 한번 되새기는 기회가 되었습니다. 세세한 지식부터 최근 기술인 GA4까지 알차고 설득력 있게 구성되어 있어 아주 기분 좋게 읽었습니다. Google은 시간이 흐를수록 프로세스와 문화의 다양성을 커버하기 위해 C4M(Cloud for Marketing) 영역을 자리매김할 것입니다. 그런 다음 고객들의 관심을 GMP + GCP(Google Cloud Platform)로 이끌 것입니다. 앞으로 이렇게 변화할지 궁금해지는 지금이 이 책을 통해서 대비하기에 가장 좋은 때인 것 같습니다. 먼저 GMP 비즈니스를 통해 한 걸음 내딛고 있는 우리 직원과 주변 지인들에게 추천하겠습니다. 더불어 분석과 실행을 통해 비즈니스 성과를 기대하는 모든 마케터와 분석가에게 이 책을 추천합니다.

− Big Data, GMP, GCP 컨설팅기업 Golden Planet
상무 김용현 님

회사는 왜 역량 있는 마케터에 목말라 있나?

"모든 비즈니스에서 마케팅은 회사의 존망과 직결된다"

필자도 광고 대행사를 운영하고 있지만 사실 대행사를 매우 싫어한다. 물론 일반화의 오류를 범하고 싶지는 않다. 싫어하는 대행사는 딱 두 가지 부류다. 첫 번째는 매체사의 편에 서서 방어적인 인사이트를 광고주에게 보고하는 대행사다. 이곳은 광고주가 아닌 매체사에 돈을 벌어준다. 두 번째는 내부적으로 광고 플랫폼 활용법만을 강조하고 클릭당 비용(CPC)만으로 모든 인사이트를 창조하는 대행사다. 이런 곳은 스타트업을 망하게 한다. 이 두 부류는 필연적으로 광고주에게 직, 간접적인 피해를 주게 된다. 기업이 좋은 대행사를 찾아내는 것도 중요하지만 대행사에 휘둘리지 않는 것도 중요하다. 올바른 수준의 대행 서비스를 받기 위해서는 결국 스스로 지식이 있어야 한다. 대행 서비스의 품질은 광고주의 지식과 요구사항에 비례하기 때문이다.

오늘날의 마케터는 데이터에 예민하게 반응해야 하며 기술력을 갖춰 지출 비용에 대한 정당성을 찾을 수 있어야 한다. 즉 데이터 검증 능력을 갖춰야 한다. 보고서에 적힌 데이터를 검증할 수 있는 능력이 없다면 매체사나 대행사가 주는 데이터를 곧이곧대로 오너에게 전달할 수밖에 없다. 요즘 시장에서 이런 마케터는 퇴보되고 있다. 모든 마케팅 활동에는 돈이 투입되기 때문이며 돈의 출처가 외부 투자나 내 회사의 돈이기 때문이다. 만약 대행사의 잘못된 선택으로 투자금이 세고 있다면 시정요청을 할 줄 알아야 한다. 또 데이터를 통해 캠페인의 성공 여부를 판단하고 다음 액션을 리드하여 새로운 매출을 발생시킬 수 있어야 한다. 그 첫 번째 시작이 바로 '기술력'이다. 기술력을 갖춘 마케터는 기업에서 키맨이 될 수 있다. 경영 수확이 좋은 비즈니스 리더들은 마케팅의 중요성을 누구보다 잘 알기 때문에 뛰어난 마케터를 찾아 천금을 주더라도 고용하고 싶어 한다.

CONTENTS

PART. 04   G.M.P 시스템 통합 구축 실습하기 · 98

PART. 01

G.M.P 시스템 시작하기

"데이터를 근거하지 않는 의사 결정은 나침반 없는 항해와 같다."

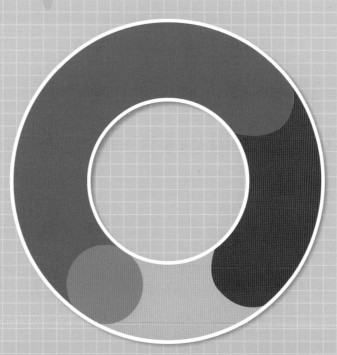

Google Marketing Platform

1. 왜 마케팅 시스템이 필요한가?

데이터-드리븐 시대가 열리고 디지털 마케팅 지식이 상향 평준화되면서 본격적으로 데이터 마케팅이 활성화되고 있다. 앞으로 지향하는 퍼포먼스 마케팅은 고객획득 – 유입 후 행동 – 서비스 재사용 – 공유 – 수익 – 고객 유지 등 다양한 각도에서 데이터를 분석하는 것이다. 같은 의미로 그로스해킹을 거론할 수도 있다. 그로스 해커는 고객을 끌어들이고 유지시키고 충성 고객을 만들고 더 많은 고객을 찾아 나서는데 필요한 모든 행위를 자신의 업무 범위로 생각하는 마케터를 표현한 훌륭한 명사다. 마케팅 시스템은 마케팅 정보 시스템 또는 마케팅 의사 결정 지원 시스템으로 정의할 수 있다. 이 시스템은 마케팅 데이터를 공식적으로 수집, 저장, 분석 및 배포하는 시스템이자 이미 수집된 데이터를 조작하여 다양한 시나리오를 탐색하는 데 사용된다. 경쟁력 있는 마케터는 시스템에 친화적이며 다방면으로 접근할 줄 안다. 훌륭한 마케터가 되기 위해서는 시스템을 적극 활용하여 데이터를 뽑아낼 수 있어야 한다. 데이터 분석이 노출수, 클릭수, CPC 따위가 아니다. 더불어 다양한 고객 접점 포인트를 파악하고 시나리오를 구성할 수 있어야 한다. 즉 고객을 분류하고 그룹화하여 특징을 정의하고 그들에게 언제 어떤 메시지를 전달해야 수익이 극대화될 수 있는지 데이터를 통해 결정할 수도 있어야 한다. 기업의 사활이 마케터 손에 달려있다. 이제 우리가 마케팅 의사결정을 위해 먼저 할 일은 데이터를 담는 그릇을 준비하는 것이다. 이 책에서는 Google Marketing Platform을 사용해서 그릇을 만들고자 한다. 비즈니스에 마케팅 시스템을 도입하는 것이 첫 번째 열쇠다. GMP는 마케팅 → 분석 → A/B테스트 → 분석 → 개선 → 마케팅의 순환 구조를 지원하기 위해 천재들만 모여 있다는 구글에서 19년간 개선되어온 마케팅 시스템의 집합체이다. 무료이면서 수많은 기능을 제공하고 변화하는 디지털 환경에 맞춰 끊임없이 업데이트까지 되니 한번 익혀 두면 평생 사용할 수 있는 것이다.

2. 비즈니스 성장과 마케팅 성공을 판단하는 핵심 분석 데이터 지표

아래에 소개되는 지표들은 앞으로 여러분이 마케터로서 마땅히 고려해야 하는 몇 가지 지표들을 소개한다. 해당 지표들의 수치를 통해서 비즈니스의 성장과 마케팅의 성공 여부를 판단하는데 나은 결론을 도출할 수 있다. 업종별로 비즈니스 성격에 맞춰 필요한 항목들을 발굴하고 분석해 나가야 한다. 예를 들어 Ecommerce 기업이라면 그동안 ROAS 지표가 성과 판단에 제일 중요한 지표였을 것이다. 동의한다. ROAS는 대다수의 비즈니스에서 궁극적인 성과 지표가 맞다. 하지만 모든 마케팅이 변수를 무시하고 최종 지표만 놓고 이야기한다면 문제의 발견과 해결이 두루뭉술해진다. 이는 결국 비즈니스의 성장이 지체되는 상황을 초래한다. 비즈니스의 성장을 위해서는 ROAS 외에도 고려할 지표가 많다. 로또처럼 사업할 계획이 아닌 이상 단계가 있는 것이다. 아래에 있는 지표들을 수기로 계산할 수 있다면 당장이라도 유의미한 데이터를 발견할 수 있을 것이다. 하지만 사전에 저장된 데이터가 있어야 수기 분석도 가능할 것이다. 이 책에서는 앞으로 데이터 저장을 Google Analytics를 이용해서 해결하고자 한다. 데이터에 친화적인 마케터가 인정받는 시대가 도래했다. 본인이 ROAS만 바라볼 줄 안다면 경쟁에서 뒤처지는 셈이다. 과거 퍼포먼스 마케터는 단순한 광고매체 운영자라는 인식이 짙었었다. 하지만 요새 퍼포먼스 마케터는 회사에 필요한 모든 부분에 관여하여 의견을 제시할 수 있는 사람이 인정받는다. 그 의견이 데이터에 근거를 두고 있다면 그가 바로 기업을 성장시키는 주역이 될 수 있다. 그로스해킹 영역까지 할 수 있는 똑똑한 마케터가 같은 재원으로도 최대의 성과를 내는 것이다.

측정 지표	설명	계산법
ROAS (Return On Ad Spend)	지출한 광고비 대비 광고를 통해 얻은 수익률	(광고수익/지출광고비) * 100
ROI (Return On Investment)	사업 단위의 투자대비 전체수익률	{(매출 - 사업비) /사업비} * 100
DAU (Daily Active User)	일별 서비스를 이용하는 사용자 수, 중복방문 제외	
MAU (Monthly Active User)	월별 서비스를 이용하는 사용자 수, 중복방문 제외	
MCU (Maximum Concurrent User)	가장 많은 접속이 발생했을 때의 사용자 수	
ACU (Average Concurrent User)	평균 동시 접속 사용자 수	
Churn	기업으로부터 제품 구매 또는 서비스 사용을 중단하는 고객 수	
Churn Rate	서비스 해약 또는 가입 해지 비율	(월 고객 해지 수 / 월초 고객 수) * 100
Stickiness	사용자가 서비스를 얼마나 자주 사용하는지에 대한 충성도, 혹은 의존도를 나타내는 지표	{(DAU/MAU) * 100} 선형 차트로 추세를 본다.
PU (Paying User)	매출 발생 사용자 수	
ARPU (Average Revenue Per User)	특정 기간에 전체 이용자 또는 가입자가 지출한 평균 금액, 즉 사용자당 평균 매출	(매출/DAU 또는 매출/MAU)
ARPPU(Average Revenue Per Paid User)	특정 기간에 결제한 사용자가 지출한 평균 금액	(매출/PU)
CAC (Customer Acquisition Cost)	신규 고객 한 명 유치하는데 투입된 비용 (단, 신규 방문자가 아닌 신규 서비스 이용자)	(광고비/신규 유저)
LT (Life Time)	평균 고객 수명	(1/Churn Rate)
LTV (Life Time Value)	한 명의 유저가 서비스 이용을 종료할 때까지 지불할 기대 금액	(ARPU * LT)
K-factor	웹&앱의 바이럴 성장 지표	(초대된 유저/유입된 유저) * 100

3. 마케팅 성과 판단을 위한 필수 개념

아래는 마케팅 성과를 정확히 분석하고 더 나은 의사결정을 내리기 위해 꼭 알아두어야 하는 개념들을 정리했다. '기여'와 '전환가치'에 대한 부분은 때론 데이터 해석을 180도 다르게 하기도 한다.

- **세그먼트**: 현업에서 데이터를 분할 또는 규합, 세분화를 뜻하는 의미로 사용한다.
- **상호작용**: 사용자가 광고를 통해 행동하는 모든 행위, 구체적으로 클릭, 시청 등을 말한다.
- **랜딩페이지**: 사용자가 상호작용 후 처음으로 보게 되는 웹페이지다.
- **연결URL**: 최종도착 URL이라고도 하며 랜딩페이지의 URL 주소다.
- **재구매 수**: 최초 1회 서비스를 이용한 고객이 다음 회차에도 이용한 수이다. 재구매 수가 낮다면 서비스 품질 개선을 고려해야 한다.
- **재구매율**: 최초 1회 서비스를 이용한 고객이 2회 이상 사용하는 평균 비율이다. 재구매율이 낮아지고 있다면 경쟁사의 서비스와 시대 흐름을 고려해야 한다.
- **재구매 주기**: 서비스를 다시 이용하는 데 걸리는 평균 기간이다. 예를 들어 화장품의 재구매는 용량에 비례한다.
- **전환 기간**: 고객이 광고와 상호작용 후 구매하는데 소요된 기간을 말한다. 예를 들어 고객이 1일에 광고를 보고 5일에 구매를 했다면 전환 기간은 5일이다.
- **전환추적 기간**: 고객의 전환 기간을 며칠까지 인정하여 데이터에 반영할 것인지 지정한 기간이다. 예를 들어 전환추적 기간을 3일로 설정한다면 고객이 1일에 광고를 보고 5일에 구매한 전환은 성과에 포함되지 않는다. 추적 기간인 3일을 초과하여 발생한 전환이기 때문이다. 만약 전환추적 기간을 30일로 설정한다면 광고 상호작용 후 30일 이내에 발생하는 전환이 성과에 포함된다. 이 기간을 어떻게 지정하는지에 따라 마케팅 성과 데이터가 달라진다. 물론 이 기간을 짧게 설정할수록 낮은 성과가 보고서에 기록된다. 전환추적 기간은 성과에 대한 해석에 직접적인 영향을 주기 때문에 알아두어야 하는 개념이다. 대부분의 광고 플랫폼은 높은 성과를 보고서에 기록하기 위해 넓은 기간이 기본값으로 설정되어 있다. Google Ads 의 경우 사용자가 전환추적 기간을 1일부터 90일까지 하루 단위로 맞춤 설정할 수 있다.
- **클릭 후 전환 추적 기간**: 광고 클릭 후 고객이 구매하는 데까지 걸리는 기간을 추적할 기간
- **조회 후 전환 추적 기간**: 영상 조회 후 고객이 구매하는 데까지 걸리는 기간을 추적할 기간
- **기여도**: 광고가 판매에 도움이 된 정도를 수치로 환산한 데이터를 말한다. 예를 들어 고객이 세 개의 광고 A, B, C 를 순차적으로 클릭한 후 구매할 경우, 광고 A, B, C에 각각 다른 기여도가 부여된다. 총 기여도를 100점으로 보았을 때 극단적인 기여도 산정 방식은 A=0점, B=0점, C=100점이다. 이것은 마지막으로 클릭 된 광고가 구매전환에 100% 기여했다고 간주하는 방식이다. 광고의 기여도 산출은 마케터가 추구하는 방향에 따라 다르게 데이터를 가공하여 확인할 수 있다.

- **직접전환기여**: 구매 또는 매출 발생 직전에 도움 된 기여다. 마지막으로 클릭 된 광고의 기여를 뜻하기도 한다. 기여도 설명에 나온 A, B, C 광고중에서 C의 기여다.

- **간접전환기여**: 다른 말로 지원 전환이라고도 부른다. 광고가 구매 또는 매출 발생 직전에 관여한 것은 아니지만 고객 여정에 포함되어 있었음을 말한다. 즉 전환 경로에 있지만, 최종전환 상호작용은 아니었던 전환을 말한다. 기여도 설명에 나온 A, B, C 광고중에서 A와 B의 기여다.

- **전환가치**: '전환'을 통해서 발생한 금전적 가치다. 예를 들어 광고를 보고 유입된 소비자가 웹사이트에서 90,000원을 결제했다면 전환가치는 90,000원이 된다. 전환가치는 '직접전환가치'와 '간접전환가치'로 나뉜다. 직접전환가치는 기여도 설명에 나온 C 광고처럼 마지막 기여로 얻은 가치다. 값은 90,000원이 된다. 간접전환가치는 A와 B 광고처럼 경로에 포함된 기여로 얻은 가치이다. 예를 들어 소비자가 광고 A, B, C를 순차적으로 클릭한 후 90,000원을 결제할 경우, 광고 A, B가 얻는 가치를 '간접전환가치'라고 부른다. 그럼 이 둘의 간접전환가치는 얼마일까?, 3분의 1인 30,000원의 가치를 받을 것 같지만 틀리다. 일반적인 간접전환가치 계산법으로는 A, B 광고도 똑같이 각각 90,000원의 가치를 얻는다. 그래서 전환가치를 분석할 때는 가치의 크기보다 '직접'으로 얻은 것인지, '간접'으로 얻은 것인지를 먼저 분류하고 어느 쪽 가치가 우세한지 따져 광고의 포지셔닝을 판단한다. 세간에는 직접전환가치와 간접전환가치의 성과를 모두 더해 광고주에게 높은 ROAS를 보고하는 대행사들이 있다. 이 경우 실제 매출보다 광고 매출이 더 높게 나오는 데이터가 발생하기도 한다. 예를 들어 광고 보고서상에 매출은 270,000원인데 실제 매출은 90,000원인 경우이다. 만일 이미 매출이 많이 발생하는 비즈니스라면 대행사가 간접전환을 포함해 보고해도 사전에 알리지 않으면 알 수 없다. 인하우스 마케터가 검열해야 한다. 마케팅 성과를 판단할 때 이 두 개념은 아주 중요하다. 전환가치를 분석하여 광고의 순서를 정하고 선택할 수도 있다. 전환가치는 '기여도'를 어떻게 정하는지에 따라 달라지는데, 현업에서는 사전에 정의한 '기여도 산출 기준'을 Attribution Models이라고 부른다.

- **Attribution Models**: 어트리뷰션 모델을 이해하기 쉽게 다른 말로 바꾸면 '마케팅 기여 모델'이다. 앞서 기여도를 설명할 때 기여도 산출은 마케터가 추구하는 방향에 따라 다르게 데이터를 가공하여 확인할 수 있다고 말했다. '마케팅 기여 모델'은 분석을 수월하게 만들기 위해서 사전에 구체적인 기능에 해당하는 부분을 설계한 소프트웨어 환경을 말한다. 구글 애널리틱스에도 Attribution Models을 제공해 주고 있다. 구글 애널리틱스에서 다중 채널 유입 경로의 모델 비교 도구에 있는 것으로 마지막 상호작용 기여, 마지막 간접 클릭 기여, 첫 번째 상호작용 기여, 선형기여, 시간 가치 하락 기여, 위치 기반 기여 등이다. 구글 애널리틱스에서 사전에 소프트웨어 환경을 제공해 주기에 사용자는 클릭 몇 번으로 각 기여 기준에 따라 마케팅 성과의 비교 검증을 쉽게 할 수 있다. 이 기여 모델 분석 데이터를 통해 어떤 광고가 어느 시점에 고객에게 노출되었을 때 얼마나 성과가 있었는지 힌트를 얻을 수 있게 된다. 예를 들어 첫 번째 상호작용 기여도가 높은 광고 A와 마지막 상호작용 기여가 높은 광고 B가 있다면 광고 A는 신규 유저를 타겟하고 광고 B는 리타겟팅 광고로 노출시키는 극단적인 전략을 취할 수도 있다. 또 유튜브 광고의 경우 영상의 순서를 A → B로 정하여 고객에게 순차적으로 노출시키는 타게팅 방법을 취할 수도 있다.

실제 기업의 매출은 부진한데도 마케팅 성과는 계속 좋게 보고가 들어온다면 대행사에 간접전환가치를 포함한 것인지, 전환추적 기간은 며칠로 설정해두었는지 한번 물어보길 바란다. 어떤 대행사에서는 매체사에 무려 180일로 기간을 요청하기도 한다. 광고를 보고 180일 이내에 구매한 간접전환을 성과에 포함하는 것이다. 아마 대부분은 30일 테지만, 이 마저도 변별력 조정이 필요하다면 기간을 조율해야 한다. 사전에 대행사가 광고주와 커뮤니케이션하여 매체사와 조율해주어야 하는 부분인데 광고주도 큰 관심이 없어서 함구 되는 경우가 많다. 물론 여러 케이스의 광고주를 보았을 때 광고와 상호작용 후 약 80% 고객이 3일 이내에 구매하기 때문에 지금까지 몰랐다고 해서 크게 우려할 일은 아닐 수도 있다. 그래도 성과 해석에 중요한 기준이므로 꼭 확인해보길 바란다.

'마케팅 기여 모델'의 데이터를 해석할 때 주의할 것이 있다. 항상 다른 측정항목들과 함께 크로스 체크하여 인사이트를 찾아야 한다는 것이다. 구글 애널리틱스에서 제공하는 기여 모델은 훌륭하다. 하지만 현실에서 발생하는 수많은 상황을 설명하기에는 부족하다. 최적의 기여도에 맞춰 광고 시나리오를 구성했어도 효과가 미비할 수 있다. 현실과 이론 사이에 분명한 허들이 존재한다. 허들을 좁히려면 항상 다른 측정항목들과 함께 고려하여 결론을 내려야 한다.

모 대행사에서 5년 차 팀장의 일이다. Attribution 개념을 몰랐던 팀장은 구매 전환에 직접 기여가 낮은 A 매체를 판별하지 못했고 간접 기여로 ROAS가 1,000% 나오자 효자 매체라며 월마다 3,000만 원을 A 매체에 쏟았다. 월간 마케팅 총예산의 20%에 해당하는 큰 금액이었다. 광고주가 대기업이어서 이미 많은 매출과 거래수가 발생하는 터라 사건이 티가 나지 않았고 담당 팀장도 부풀려진 ROAS를 그대로 보고서에 기재했다. 사실 간접 기여를 성과로 인정하고 보고하는 행위가 나쁜 것은 아니다. 이미 많은 대행사가 성과에 포함하고 있다. 정말 문제가 되는 건 팀장이 과장된 데이터를 검증할 능력이 없었다는 것과 사전에 광고주와 성과 기준에 대해 논의하지 않았다는 것이다. 이런 마케터도 포트폴리오에 대기업 이름을 쉽게 기재한다. 만일 스타트업의 오너라면 이력서에 1,000%가 넘는 ROAS를 자랑하듯 기재한 지원자는 채용을 고려하길 바란다.

- **채널**: 구글 애널리틱스에서 유입 경로를 의미한다. 직접(Direct), 자연(Organic Search), 소셜(Social), 디스플레이(Display), 검색광고(Paid Search), 추천(Referral) 등의 유입 채널이 기본값으로 설정되어 있다. 현업에서 주로 '채널 기여도 분석'이라는 말을 사용하는데, 이는 유입 경로별 기여도를 분석한다는 뜻이다. 앞서 거론된 기본 채널 외에 사용자 임의로 추가할 수도 있다. 현업에서는 주로 새로 정의하여 정확도를 높힌다.

- **URL 구도**: URL 구도는 Google Analytics를 다룰 때 아주 중요한 개념이다. 구글 애널리틱스에서는 파라미터를 통해 트래픽을 추적하거나 데이터를 세그먼트할 때 URL 구도 속에 요소들을 이용한다. 지금은 각 자리에 대해 명칭을 구분하는 정도로 이해하면 충분하다. 기억나지 않을 때마다 돌아와 살펴보자.

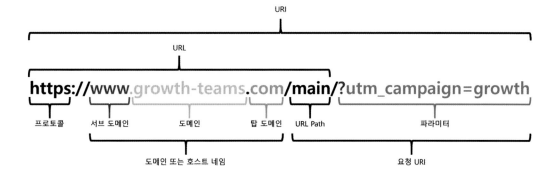

- **파라미터**: 파라미터라는 단어 자체에는 여러 가지 정의가 존재한다. 구글 애널리틱스에서는 마케팅 성과를 알기 위해서 트래픽을 추적하는 기준으로 많이 이용한다. 구글 애널리틱스에서 사용하는 파라미터는 'UTM 파라미터'이다. UTM 파라미터는 변수 값을 지정할 때 'utm_campaign=xxxx'와 같은 형태이기 때문에 UTM 파라미터라 부른다. UTM은 구글 애널리틱스가 런칭 된 이후 지금까지 외부에서 웹사이트로 들어온 트래픽을 해석하는 기준으로 사용되고 있다. UTM 말고도 파라미터의 종류는 플랫폼과 용도에 따라 종류가 매우 다양하다. 하지만 한 가지 공통적인 원칙을 가지고 있다. 바로 URL 뒤에 이어 붙여서 사용한다는 것이다.

예시)

https://www.example.com/?utm_campaign=0000&utm_source=0000&utm_medium&utm_content=0000&utm_term=0000

이것이 UTM 파라미터의 기본 형태로 총 5개의 변수로 구성된다. 캠페인(Campaign), 소스(Source), 매체(Medium), 콘텐츠(Content), 키워드(Term) 이다. 여기서 0000은 실무에서 사용자 목적에 따라 마음대로 값을 정의하여 사용된다. 일반적으로 '매개변수'라고 부른다.

실제 UTM 파라미터를 붙인 URL 사례

https://www.example.com/?utm_campaign=210723&utm_source=naver&utm_medium=cpc&utm_content=desktop&utm_term=강남맛집

- **파라미터 해석**: 210723 캠페인의 네이버 CPC(검색) 데스크탑 광고로 검색 키워드는 강남맛집

8년 차 팀장의 엉터리 신입 교육

모 대행사에서 신입 사원이 URL에 UTM파라미터를 붙이던 중 팀장에게 물었다.
"UTM 파라미터를 붙일 때 언제 물음표 "?"를 넣고 언제 "&"를 넣어야 하는지 헷갈립니다."

그러자 팀장 입에서 나온 말은 옆에서 듣고 있던 필자가 다 부끄러울 정도의 수준이었다.
"응, 그건 URL에 이미 물음표가 있으면 "&"를 넣고 없으면 "?"로 시작하면 돼"

이 말을 들은 신입은 아래처럼 URI를 구성했고 보기 좋게 틀렸다.

[틀림]

[옳은]

example.com/**main/**?utm_campaign=growth&utm_source=~~

URL에서 물음표는 쿼리 스트링 (Query String)이라고 지칭한다. 쿼리 스트링은 URL 뒤에 추가적인 정보를 서버 측에 전달할 데이터가 있을 때 그 정보의 시작점이다. 그리고 앰퍼샌드 기호 "&"는 파라미터와 파라미터 사이에 사용하는 파라미터 구분자로 불린다. 어떤 경우에도 쿼리 스트링과 구분자를 붙여쓰지 않는다. 만약 팀장이 이렇게 설명해 주었더라면 신입 사원이 틀리는 일은 없었을 것이다. 이제 막 시작하는 후배 마케터를 너무 전문성 없이 가르치고 있는 건 아닌지 반성해야 할 대목이다. 정말 큰 문제는 내가 봐온 대다수의 선임 마케터가 이 팀장과 똑같이 이야기한다는 것이다. 정말 그 정도로도 괜찮은 것인지 물어보고 싶다. 신입 사원이 평생 팀장이 알려준 대로 물음표의 유무만을 가지고 단순하게 구분한다면 슬픈 일이다.

 4. 한눈에 보는 Google Marketing Platform 변천사

◉ Google Marketing Platform / 2018년 6월 브랜드 런칭

Google Marketing Platform은 구글에서 이미 서비스하고 있던 마케팅 도구 Google Ads, Google Analytics, Google Tag Manager, Google Optimize 등을 묶어 온라인 광고 및 분석 브랜드로 2018년 6월에 런칭한 시

스템 통합 브랜드이다. GMP는 마케팅 〉 분석 〉 A/B테스트 〉 분석 〉 개선 〉 마케팅의 과정을 마케터가 주도적으로 할 수 있게 조금씩 발전해왔다.

⊙ Google Ads (구 Google Adwords) / 2001년 10월 23일 서비스 런칭

Google Ads는 GMP중에서 가장 먼저 서비스되었다. 초기에는 오로지 검색광고 플랫폼이었으나 현재는 디스플레이 네트워크 광고, 유튜브 광고, 앱 광고를 할 수 있도록 발전되었다. Google Ads의 가장 큰 장점은 뛰어난 머신러닝을 기반으로 정교한 타겟팅을 제공한다는 것이다. Google Ads에 대한 숙련도가 낮더라도 머신러닝에 의존하여 광고를 집행할 경우, 그렇지 않은 경우보다 나은 성과를 안겨줄 가능성이 높다. 구글의 머신러닝이 뛰어난 이유는 구글 계정, Youtube, Google play, G메일, Android등 방대한 자사 네트워크로부터 사용자 정보 및 행동 데이터를 수집하기 때문으로 추측할 수 있다. 또 국내에서 200만 개의 웹사이트와 제휴해 그들로부터 수집되는 정보도 있다. 매년 전 세계 트래픽 상위 1,000만 개의 사이트를 분석하여 통계를 제공하는 월드 와이드 웹 W3techs(World Wide Web Technology Surveys) 보고서에 따르면 Google Ads의 광고 시장 점유율은 97%로 독보적인 1위이다. 참고로 2위는 아마존(Amazon Associates)이다.

⊙ Google Analytics / 2005년 11월 14일 서비스 런칭 (with Google Analytcs 4)

Google Analytics의 전신은 Urchin Software Corporation에서 개발한 웹 통계분석 프로그램 Urchin이다. 구글에서 마케팅 성과 분석에 대한 사용자 요구에 대응하기 위해서 Urchin를 인수하고 그 해에 바로 Google Analytics 서비스를 런칭하였다. W3techs 보고서에 따르면 GA의 분석 시장 점유율은 84%로 세계인들로부터 가장 많은 사랑을 받고 있다. 참고로 페이스북의 픽셀은 15%이다. 구글은 그동안 큰 규모의 기능이 추가될 때마다 이름을 다르게 하여 새로운 버전의 Analytics를 출시했는데 가장 널리 사용된 버전은 웹 전용의 유니버설 애널리틱스(Universal Analytics)였다. 2019년에 구글은 변화하는 디지털 환경과 더욱 복잡해진 고객 행동에 대응하기 위해 앱 + 웹 전용 파트(속성)을 베타 서비스하였다. 이때까진 유니버설 애널리틱스 인에서 부가적인 기능 수준으로 서비스되었다. 2020년 10월에 장기적으로 더 나은 투자대비 수익률을 얻을 수 있도록 한다는 목적 아래 앱 + 웹 전용 파트(속성)을 독립적인 버전으로 격상하고 Google Analytics 4라는 명칭과 함께 차세대 애널리틱스임을 발표했다. 구글 발표에 따르면Google Analytics 4는 기기와 플랫폼 전반에서 고객을 이해하고 유용한 인사이트를 자동으로 표시하는 머신러닝의 도입이 핵심이다. 여기서 말하는 기기와 플랫폼은 같은 고객이 PC와 Mobile를 모두 사용한 뒤 구매하거나, 혹은 크롬과 사파리를 오가며 구매할 경우, 물리적인 설계상 공백이 발생해 왔지만 Google Analytics 4는 이를 해결했다는 의미를 내포하고 있다. 구글은 Google Analytics 4를 미래지향적이며 차세대 추적 플랫폼으로 계속 발전시킬 것임을 표현했다. 현재는 웹 전용 유니버셜 애널리틱스와 웹+앱 전용 Analytics 4가 공존하고 있다. 유니버셜 애널리틱스는 115개의 메뉴를 제공하고, Google Analytics 4는 24개의 메뉴를 제공한다. Google Analytics 4는 웹과 앱을 넘나드는 교차기기 추적에 초점을 두고 있다. 각각 매뉴얼을 포함하여 대시보드에 표시되는 데이터가 고유하므로 현재는 구글에서도 둘 다 사용하는 것이 인사이트 도출에 유리하다고 말한다.

◉ Google Tag Manager / 2012년 10월 01일 서비스 런칭

Google Tag Manager는 일명 태그 관리자로 부른다. 핵심 기능은 웹사이트 또는 모바일 앱에서 코드 및 태그라고 통칭되는 관련 코드 조각을 쉽고 빠르게 업데이트할 수 있는 것이다. 태그 관리자가 설치되면 웹사이트 또는 앱에서 태그 관리자 서버와 통신할 수 있다. 그런 다음 태그 관리자의 인터페이스를 사용하여 추적 태그를 설정하고 특정 이벤트가 발생하면 태그가 실행되게 구성을 간소화하고 자동화하는 데 사용한다. 즉 웹 또는 앱 분석, A/B 테스트, 행동 추적, 전환추적 부분에서 GMP의 다른 도구를 서포트한다. Google Tag Manager가 없었을 때에는 하나하나 모든 것을 개발자의 소스코드 구현으로 할 수밖에 없었다. 이 과정을 태그 관리자의 인터페이스 안에서 간단한 조작으로 마케터가 할 수 있도록 해준다. Google Tag Manager의 가장 큰 장점이 바로 이런 것이다. 마케터가 개발자에 대한 의존도가 감소하여 빠른 업무처리를 가능하게 한다. 또 구글 시스템 외에 여러 제공업체의 태그도 단일화로 규합해서 관리할 수 있기 때문에 성능, 비용 절감, 데이터 제어, 유지 보수 등에 유리하다.

⊙ Google Data Studio / 2016년 5월 24일 서비스 런칭

과거 구글은 기업으로부터 받은 과제가 있었다. 바로 조직 내에서 또는 전 세계와 데이터를 쉽게 공유할 수 있도록 하는 것이다. 데이터 스튜디오의 기본 아이디어 중 하나는 조직의 모든 사람이 데이터에 쉽게 접근할 수 있어야 한다는 것이었다. 많은 사람이 데이터에 접근할수록 더 나은 결정이 내려질 것이라는 취지로 시작되었다. 처음 구글은 기업을 대상으로만 데이터 스튜디오 서비스를 런칭한 후 얼마 지나지 않아 무료 버전을 출시했다. 결국 구글은 데이터 스튜디오를 통해 과제를 해결해 주었다. URL 공유만으로도 전 세계 어디서든 똑같은 보고서를 볼 수 있게 해준 것이다. 데이터 스튜디오의 주요 기능으로는 Google Analytics 데이터와 Google Ads 데이터를 그대로 가져오거나 하나의 보고서로 결합해서 볼 수 있는 것이다. 예를 들어 Google Analytics의 사용자 수, 페이지 뷰 수, 이벤트 수의 데이터와 Google Ads의 광고 노출수, 클릭수, CPC 등의 데이터를 한 화면에서 볼 수 있다.

⊙ Google Optimize / 2016년 9월 29일 서비스 런칭

Google Optimize는 일명 최적화 도구로 부른다. 과거 구글에서 시행한 설문조사에 따르면 비즈니스 리더 10명 중 거의 9명은 "고객 경험을 개선하는 것이 미래의 성공과 브랜드 평판의 기본이다"라고 생각한다는 결과가 나왔다. 이것이 최적화 도구의 시작이었다. 초기 베타 버전은 기업을 대상으로만 서비스를 제공하였는데 수요가 폭발적으로 늘어 2017년 3월 30일 모두가 사용할 수 있도록 정식 무료 버전인 Google Optimize를 런칭했다. 최적화 도구의 주요 기능은 트래픽을 공평하게 분할하여 사용자의 반응을 살필 수 있도록 하는 것이나. 몇번의 인터페이스 조직만으로 실험환경을 제공해준다. 예를 들어 웹사이트에 방문한 10명의 사용자가 있다면 5명에게는 A페이지를 보여주고, 나머지에는 B페이지를 보여주는 형식이다. 그런 다음 실적이 좋은 페이지를 알려준다. 외에도 웹 페이지 속에 시각적 요소인 이미지나 문구 등에도 적용하는 다양한 형식의 실험환경을 제공한다. 가장 큰 장점은 역시나 '개발자에 의존하지 않고 마케터가 실험을 진행할 수 있다'

는 것이다. 또 GMP 소속으로 Google Analytics, Google Ads와 연동하여 실험 목표를 정하거나 트래픽을 나눌 수 있다.

국내에는 사용자가 드물어도 해외에서 유독 두드러진 팬층을 보유한 도구가 바로 Google Optimize이다. A/B 테스트 통해 웹사이트를 최적화하고 싶다면 Google Optimize는 훌륭한 선택이다. 웹 페이지상에 이미지나 문구처럼 작은 시각적인 요소에서부터 두 개의 랜딩페이지를 번갈아 보여주며 유입 트래픽을 나누는 등 실질적인 구동을 손쉽고 빠르게 지원한다.

⊙ Google Firebase / 2011년 Firebase Inc.에서 개발, 2014년 10월 Google에서 인수

구글 애널리틱스를 조금이라도 다뤄본 사람은 Firebase를 앱 분석 솔루션쯤으로 알고 있을 것이다. 하지만 반은 맞고 반은 틀리다. Google Firebase는 2011년에 Firebase Inc. 사가 개발하고 2014년에 구글에 인수된 후로 통합 애플리케이션 개발 플랫폼으로 발전해왔다. Firebase는 구글의 앱 개발 파트의 주력 제품이다. Firebase는 초기 Android, IOS, 및 웹 기기에서 애플리케이션 데이터를 동기화하고 Firebase 클라우드에 저장하는 API인 실시간 데이터베이스로 시작했고, 현재 Firebase는 Google Cloud Platform을 비롯한 다양한 Google 서비스와 통합되어 애플리케이션 개발, 품질, 앱 분석, 서비스 개선 부분에서 광범위하게 지원한다. 앱 분석은 Firebase 기능에 일부분으로 점점 발전해온 것이다. 2016년 5월에 구글에서 진행된 개발자 컨퍼런스 행사에서 Firebase팀이 앱 분석 부분을 지원하기 위해 Firebase Analytics를 소개했고 그로부터 1년 뒤인 2017년 5월에 Firebase팀과 Google Analytics팀의 합작으로 Firebase Analytics를 Google Analytics for Firebase로 리브랜딩하여 Google Analytics 제품군의 구성 요소로 포함했다. 앱 분석을 시작하기 위해서는 Firebase SDK (소프트웨어 개발 키트)를 사용해 Android와 IOS 앱에 각각 구현해야 한다. 2018년 3월에 Firebase SDK가 Google Ads SDK를 대체하여 앱 전환을 추적하는 기본 수단으로 적용되었고 2020년 10월에 구글에서 차세대 애널리틱스로 발표한 Google Analytics 4에서도 Firebase와 결합한 형태로 앱 분석을 제공한다. 마찬가지로 Firebase SDK를 앱에 각각 구현함으로써 분석환경이 완성된다.

5. SDK (Software Development Kit)란?

SDK는 소프트웨어 개발 키트로, 소프트웨어 기술자가 사용하여 특정한 응용프로그램 등을 만들 수 있게 해주는 개발 도구의 집합을 말한다. 일종의 소프트웨어 꾸러미 또는 프레임워크로 취급할 수 있다. 프레임워크는 뼈대, 틀 또는 복잡한 문제를 해결하거나 서술하는 데 사용되는 기본 구조를 뜻하는 용어로 폭넓게 사용되는 개념이다. SDK를 만든 곳은 꾸러미를 풀어 어떻게 사용하는지 가이드를 필수로 제공해줘야 하고 개발자들도 그 가이드를 따라서 앱에 적용한다. 사실 개발자도 그 안의 작동 원리까지는 알지 못하는 경우가 많다. 예를 들어 '드릴'이 여기 있으니 가져다 써 수준인데 드릴 내부가 어떻게 생겼는지까지는 알 필요가 없는 것이다. Firebase SDK도 마찬가지로 구글에서 상세 구현 가이드를 제공하고 있다. 구글 개발자 컨퍼런스에서 나온 이야기를 따르면 앱 하나를 만드는데 보통 7개 이상의 SDK가 사용된다고 한다.

PART. 02

G.M.P 시스템 구축에 필요한 기초 지식 갖추기

GMP를 구축하기 위해서는 웹을 구성하는 요소에 대해 꼭 짚어야 한다. 연차가 높아질수록 필수로 갖춰야 하는 지식이다. 그간 마케터들이 GMP에 접근하고 싶어도 개발 영역이란 두려움 때문에 기피하는 경우를 많이 보았다. 하지만 실제 마케터에게 요구되는 수준은 그리 높지 않다. 개발자에게 정확한 협업을 요청할 수 있으면 족하다. 하지만 이해는 하고 있어야 가능한 일이다. 철저하게 비개발자 눈높이에서 작성했으니 겁먹지 말고 시작해보자, 마케터에게 한계란 없다.

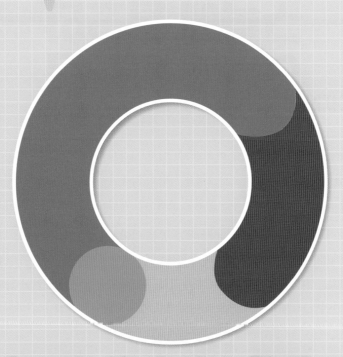

Google Marketing Platform

1. 웹페이지의 형태 이해하기

사람이 컴퓨터로 작업할 때는 '컴퓨터도 이해할 수 있고 사람도 이해할 수 있는 공통으로 약속된 언어
(language)'를 사용한다. 그리고 컴퓨터 프로그램을 사람이 읽을 수 있는 언어로 기술한 텍스트를 흔히 소스
코드라 부른다. 그리고 소스코드를 작성하는 행위를 포괄적인 개념으로 코딩이라 부른다.

웹 페이지를 만들 때 세계에서 지배적으로 사용되는 공통 언어는 HTML(HyperText Markup Language)이
다. HTML은 프로그래밍 언어인 것 같지만 사실 마크업 언어라는 이름으로 따로 구분된다. 마크업 언어란
〈태그〉 등을 이용하여 문서나 데이터의 구조를 분명하고 직관적으로 작성하는 언어다. 우리가 흔히 보는 웹
페이지들은 마크업 언어인 HTML을 기반으로 되어있다고 봐도 무방할 정도로 보편화되었다.

2. HTML의 기본 형태 이해하기

다음 그림이 웹 페이지 HTML의 기본구성이다. 붓으로 도화지에 그림을 그리기 전에는 백지상태이듯 웹 페

이지도 개발자가 소스코드를 넣기 전까진 백지상태이다. 소스코드는 컴퓨터 언어로 기술한 글을 말한다.

```html
HTML 예시 >...
1   <!DOCTYPE html>
2   <html>
3     <head>
4       <meta charset="UTF-8">
5       <meta name="viewport" content="width=device-width, initial-scale=1.0">
6       <meta http-equiv="X-UA-Compatible" content="ie=edge">
7       <title>Document</title>
8     </head>
9     <body>
10    </body>
11
12  </html>
```

화살괄호 〈 〉 안에 있는 것을 '태그'라 약속해서 부르는데, 〈 〉를 열린 태그, 〈 / 〉를 닫힌 태그라고 부른다. 즉 〈 html 〉가 열린 태그이고 〈 /html 〉이가 닫힌 태그다. 우리가 쉽게 접하는 웹은 열린 html 태그부터 닫힌 html 태그 안에 수많은 소스코드로 이뤄진 결과물이다. 또 웹사이트를 만들 때 〈태그〉를 작성하는 행위를 '태깅'한다고 표현한다.

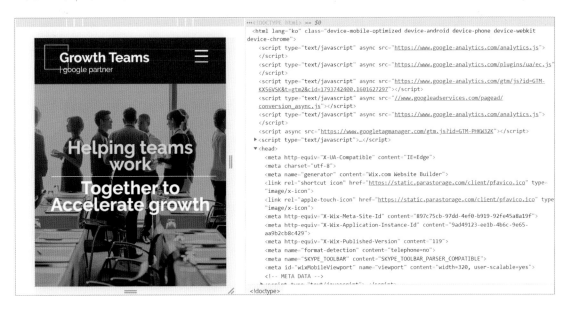

3. HTML의 필수요소 <head>와 <body> 태그 이해하기

HTML은 일정한 구조를 가지는데 기능적으로 태그 영역을 구분한 것이다. <html> 태그가 기업의 지주사라면 <head>와 <body> 태그는 계열사다. <head> 태그 안에 직원들은 주로 웹 브라우저와 검색엔진 등을 대상으로 일하고 <body> 태그 안에 직원들은 사람에게 웹 페이지상에 보여주기 위해 존재한다.

```
HTML 예시 > ...
 1    <!DOCTYPE html>
 2    <html>
 3      <head>
 4        <하위 태그1>
 5        <하위 태그2>
 6      </head>
 7      <body>
 8        <하위 태그1>
 9        <하위 태그2>
10      </body>
11
12    </html>
```

구글 애널리틱스를 처음 시작할 때 '스크립트를 복사하여 추적할 모든 웹페이지의 <HEAD>에 첫 번째 항목으로 붙여넣으세요'라는 안내가 나온다. 이 멘트가 의미하는 것이 바로 열린 <head> 태그와 닫힌 </head> 태그 사이에 스크립트를 넣어 달라는 뜻이다. 이걸 다시 네 글자로 줄이면 헤.드.태.깅이다.

<head> 열린 헤드

```
<!-- Global site tag (gtag.js) - Google Analytics -->
<script async src="https://www.googletagmanager.com/gtag/js?id=UA-161964249-1"></script>
<script>
window.dataLayer = window.dataLayer || [];
function gtag(){dataLayer.push(arguments);}
gtag('js', new Date());
gtag('config', 'UA-161964249-1');
</script>
```

</head> 닫힌 헤드

이처럼 웹사이트 소스코드에 스크립트를 삽입해야 비로소 데이터가 저장되는 서버로 보내진다. 그리고 모두 헤드태깅을 기본으로 한다. 즉 지금까지 나온 내용만으로도 도구에 상관없이 개발자에게 정확한 협업 요청을 할 수 있는 것이다.

"자! 마케터의 요청 메일을 다시 보자 이제는 100% 이해할 수 있을 것이다."

☆ **[업무요청] Google Analytics 추적 스크립트 설치 요청 건** ▢

— 보낸사람 그로스팀 조하준 <master@growth-teams.com>   주소추가 수신차단

안녕하세요 개발자님
그로스팀 조하준입니다.

Google Analytics 설치 건으로 메일드립니다.
아래 스크립트를 모든 페이지에 헤드태깅 부탁드립니다.

```
<!-- Global site tag (gtag.js) - Google Analytics -->
<script async src="https://www.googletagmanager.com/gtag/js?id=UA-131101147-1"></script>
<script>
  window.dataLayer = window.dataLayer || [];
  function gtag(){dataLayer.push(arguments);}
  gtag('js', new Date());

  gtag('config', 'UA-131101147-1');
</script>
```

감사합니다.
조하준 드림

 ## 4. 광고 매체별 스크립트 이해하기

이 단락에서는 GMP를 잠깐 머리에서 지워보자. 국내에는 많은 광고 매체들이 있다. 네이버, 다음, 카카오모먼트, 모비온, 리얼클릭, 타겟팅게이츠, 크리테오, 어크로스 등이다. 이들도 각각 발급하는 스크립트가 존재한다. 그들의 스크립트가 웹사이트에 삽입되어 각각 용도에 맞는 데이터를 서버로 전송하고 그것을 토대로 매체사에서 마케팅 성과를 산출한다. 스크립트의 모양새는 달라도 종류는 네 가지 범주에 전부 포함된다.

① **페이지뷰 스크립트**: 일명 기본 스크립트로도 불리운다. 해당 스크립트를 통해 웹페이지 사이 이동을 추적하고 방문페이지와, 인기페이지, 이탈 등의 데이터를 받는다.

② **장바구니 스크립트**: 유저가 장바구니에 어떤 물건을 담았는지 추적하는 용도이다. 전자상거래 업종이 주로 사용한다.

③ **거래 스크립트**: 유저가 발생한 거래정보를 추적하는 용도이다. 상품명, SKU넘버, 물품가격, 총 금액 등이 포함된다. 이 또한 전자상거래 업종이 주로 사용한다.

④ **전환 또는 이벤트 스크립트**: 유저의 특정 행동을 추적하는 용도로 제한없이 정의되어 사용된다. 전자상거래 외 업종에서 주로 KPI를 정의하여 사용한다. 분석역량에 따라 이벤트 스크립트는 100개 이상 관리하는 경우도 있다. 상담신청 버튼 클릭, 전환 걸기, 카톡상담, 스크롤 깊이, 영상재생 등이 이벤트 항목에 포함된다.

스크립트를 삽입하는 이유는 딱 한 가지다. 더 많은 측정항목을 서버에 적재하고 데이터화해 마케팅 활동을 추적하기 위해서다. 만약 스크립트를 삽입하지 않고 광고를 집행하는 경우 제공되는 데이터는 고작 노출수 (Impression), 클릭수(Clicks), 클릭당 비용(CPC), 클릭율(CTR) 뿐이다. 여기에 거래나 전환 스크립트가 추가될 경우 전환율(CVR), 지출대비성과 (ROAS), 전환당 비용 (CPA) 데이터가 추가되는 형식이다. 만약 대행사로부터 1차 매체 데이터 수준의 보고만 받고 있다면 전환 스크립트 삽입을 요구해야 한다.

5. 웹, Android, iOS 개발자의 도구 이해하기

이번 단락에서는 개발자가 사용하는 도구들은 어떻게 생겼는지 소개하고자 한다. 필자가 말하는 개발자의 도구란, 개발자가 소스코드를 원활하고 빠르게 작성할 수 있도록 기능을 제공하는 툴이다. 내가 글을 깨우치면 종이의 종류와 재질에 상관없이 글을 쓸 수 있듯이, 개발자의 도구도 마찬가지다. 다만 글이 잘 써지는 종이가 널리 쓰일 뿐이다. 마찬가지로 개발자들의 호응으로 보편적으로 사용되는 도구가 있다. 웹 개발은 마이크로소프트가 개발한 비주얼 스튜디오(Microsoft Visual Studio)이다. 앱 개발은 구글이 개발한 Android 스튜디오와 애플이 개발한 Xcode를 사용한다. 여기서 중요한 것은 어떤 도구가 좋은지 묻는 게 아니다. 이 도구들이 어떻게 생겼는지다. 즉, 도구들의 인터페이스를 한 번이라도 본다면 비개발자가 이 책에서 말하는 소스코드 삽입, SDK 구현 등 개념의 모호함이 덜어질 것이다.

⊙ 웹: 비주얼 스튜디오 (Window, Mac, Linux OS 지원) −모든 OS 플랫폼 개발 가능

개발자는 붉은 테두리 안에 소스코드를 작성하여 한 페이지 한 페이지씩 완성한다. 일반적으로 웹의 구축은 'html 소스코드 작성 → 웹서버 세팅 → 웹서버에 업로드 → 도메인 구매 및 연결'의 과정을 거친다.

⊙ **앱: Android Studio (Window, Mac, Linux 운영체제지원) –Android 앱 개발 및 배포 가능**

개발자는 붉은 테두리 안에 소스코드를 작성한다. 앱의 구축은 앱을 개발할 때 일련의 제반사항이 모두 갖춰
지고 앱 마켓 등록으로 배포가 완료된다. 다만 앱은 Android와 iOS가 완전히 달라서 각각 개발한다. 추가로
Android는 Window OS와 Mac OS에서 모두 개발이 가능하다. 반면 iOS는 Mac OS에서만 개발할 수 있다.

⊙ 앱: Xcode (Mac OS 전용)–iOS 앱 개발 및 배포 가능

개발자는 붉은 테두리 안에 소스코드를 작성한다.

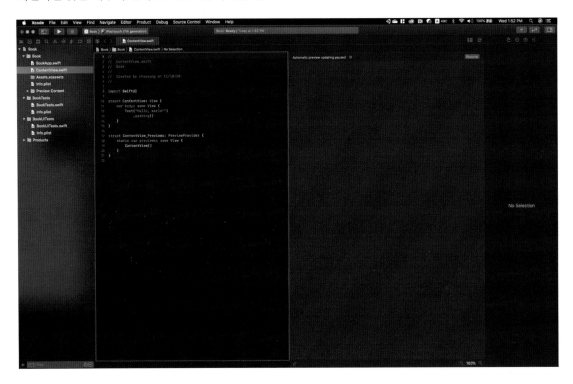

마케터들이 개발 영역을 어려워하는 이유는 완성된 결과물만 봐왔기 때문이다. 과정을 보면 이해하기가 한결 쉬워진다. 개발이란 결국 위에 소개된 도구에서 개발자가 한 줄 한 줄 소스코드를 채워나가는 행위로 볼 수 있다. 다만 여러 종류의 프로그래밍 언어가 존재할 뿐이다. 즉 스크립트 삽입, SDK 설치 등도 결국 소스코드를 채워나가는 과정에 포함된다. 결국 우리가 흔하게 이용하는 서비스인 쿠팡과 배달의 민족 등은 수많은 고급 개발자가 한땀 한땀 소스코드를 작성하여 구현한 결과물이다.

 ## 6. APP 분석의 꽃 3rd party tools 이해하기

우리가 결국 분석해야 하는 플랫폼은 총 3개다.

① PC 웹
② Mobile 웹
③ APP (Android / IOS)

웹은 기본적으로 GA만으로도 충분하지만 APP은 성격이 약간 다르다. 현업에서 APP 분석은 주로 3rd party tools을 사용한다. 3rd party란 나도, 매체사도 아닌 제 3자를 의미하는데 3rd party tools은 제3 사의 도구를

통칭하는 말이다. APP 분석 도구 Firebase, Branch.io, AppsFlyer, adbrix 등이 이에 속한다. 3rd party 기업들은 사전에 광고 매체들과 협약하여 인터페이스 안에서 조작 몇 번으로 서로 연결할 수 있도록 기능을 구현해 둔다. 그래서 3rd party tools을 사용하는 가장 큰 이유는 소프트웨어 호환성과 유지 보수에 편리하기 때문이다.

분석 대상이 웹이 아닌 APP일 때, 앞서 설명한 'SDK(Software Development Kit)'를 사용한다. Android와 IOS에 각각 SDK를 구현하는 것이다. 만일 3rd party tools을 사용하지 않으면 마케팅 성과를 추적하고자 하는 모든 매체의 SDK를 앱에 각각 구현해야 하는데 이 과정에서 호환성의 문제로 APP 작동에 오류가 생길 위험이 따른다. 기업이 APP을 만드는 이유는 고객에게 편리함을 제공해 자사의 서비스를 오래 이용하도록 하기 위해서다. 오래 머물고 주기적으로 비용을 지출하도록 고객에게 불편을 주어서는 절대 안 된다. 그래서 3rd party tools의 SDK 하나만 적용하여 부담을 줄이고 분석 데이터는 3rd party tools에서 매체사로 다시 뿌려주는 형태를 취하는 것이다. 이 과정을 '포스트백'이라고 부른다. 분석은 한 곳에서 하고 그 정보를 각 매체에 전달하는 형태이다. 포스트백은 3rd party tools 관리자 페이지 인터페이스에서 몇 번의 조작으로 구현할 수 있으니 사용하는 것이 실용적이며 가성비 면에서 유리하다. 더불어 3rd party tools은 각자 고유한 Atrribution Models을 가지고 있어서 하나의 기준으로 매체들의 성과를 비교하는 일이 가능해진다.

PART. 03

G.M.P 시스템
구축 준비하기

G.M.P 시스템 통합 구축
실습하기
PART 04

G.M.P 시스템 구축
준비하기
PART 03

G.M.P 시스템 구축에 필요한
기초 지식 갖추기
PART 02

G.M.P 시스템 시작하기
PART 01

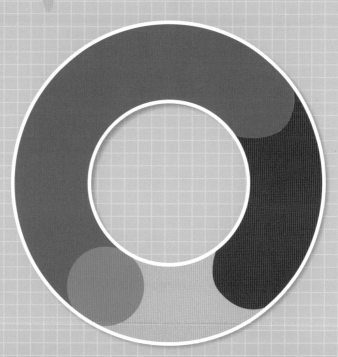

Google Marketing Platform

CHAPTER. 1

Google Marketing Platform (GMP) 구도 이해하기

GMP는 복잡해서 처음 시작할 때는 구도를 이해하고 들어가는 것이 좋다. 구도를 사전에 알지 못하면 머리 속에서 정리되지 않아 엉키게 된다. 먼저 한눈에 보기 쉽게 그림으로 설명하고자 한다. 방식은 구글 계정을 먼저 생성한 후 구글 태그 매니저 계정, GA계정, Ads계정, Optimize계정을 각각 생성하는 구도다. 구글 계정 으로 각 도구에 가입하는 것으로 이해하면 빠르다. 이때 만든 사람의 구글 계정이 각 도구에 '소유자' 권한을 갖게 되는데 권한은 언제든 양도할 수 있다. 각 도구는 계정생성을 위해 거쳐야 하는 과정이 있는데 지금은 전체적인 흐름을 파악하는 것에 집중하자.

계정 구도

계정 다음에는 각 도구 안에 하위 계층을 알아야 한다. 이를 구글 태그 매니저와 Optimize는 '컨테이너', GA 는 '속성'이라 표현한다. 하나의 계정으로 다수의 컨테이너와 속성을 생성할 수도 있다. 단 Ads는 광고 캠페 인, 광고 그룹 등이 있지만 이들은 고유의 스크립트를 발급할 수 있는 '속성'과 '컨테이너'와는 다른 개념이 므로 하위 계층 구도가 없는 것이다.

계층 구도

Google Tag Manager 계정 〉 컨테이너

Google Analytics 계정 〉 속성 〉 보기

Google Ads 계정 〉 없음

Google Optimize 계정 〉 컨테이너

Ads는 스크립트를 계정 단위로만 발급할 수 있어서 계정과 비즈니스의 1:1매칭이 유리하다. 예를 들어 광고할 홈페이지가 3개라면 Ads에도 3개의 계정을 생성하는 것이 관리 차원에서 효율적이다. 한 개의 계정은 한 개의 홈페이지에 사용할 스크립트만 만들 수 있다. 반대로 구글 태그 매니저, GA, Optimize는 여러 개의 홈페이지라도 계정 대신 컨테이너와 속성을 추가 생성하면 된다. 컨테이너와 속성에서 각각의 고유한 스크립트를 발급하기 때문이다.

다중 홈페이지 계정 구도 예시

이 책에서 웹사이트에 실제 코딩이 필요한 것은 구글 태그 매니저뿐이다. 나머지는 구글 태그 매니저 안에서 할 것이다. 그럴더라도 GA속성, Ads계정, Optimize 컨테이너는 사전에 생성해 두어야 한다. 다음 그림이 책에서 구축하고자 하는 완성 구도이다.

GTM 구축

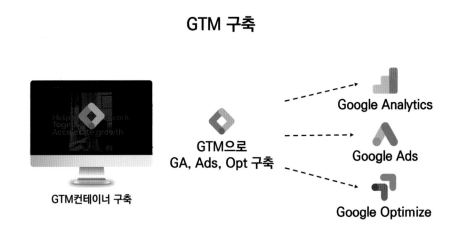

CHAPTER. 2

Google Tag Manager

 ## Unit. 01 구글 태그 매니저 이해하기

여러분은 아직 구글 태그 매니저가 정확히 무엇인지 개념이 모호할 것이다. 앞서 웹사이트를 만들 때 지배적인 언어가 'HTML' 이라고 설명했다. 또 HTML은 마크업 언어의 일종이라고 했다. 마크업 언어는 화살괄호 〈 〉 속에 있는 '태그'라는 것을 이용하여 문서나 데이터의 구조를 분명하고 직관적으로 작성하는 언어다. 즉 구글 태그 매니저는 화살괄호 속에 태그라고 지칭되는 것들을 관리한다. 어떻게 관리하느냐, 구글 태그 매니저 인터페이스에서 가상으로 〈태그〉를 구현하는 것이다. 즉 개발자가 실제 웹사이트에 물리적으로 작성했어야 하는 일을 구글 태그 매니저로 대체하는 것이다. 일종의 에디터 역할이다. 구글 태그 매니저의 컨테이너 스크립트를 웹사이트에 삽입했기 때문에 다른 태그는 가상으로 구현해도 실제 웹사이트에 삽입한 것처럼 작동한다. 이렇듯 태그를 쉽고 빠르게 관리할 수 있는 시스템을 '태그 관리자'라고 하는데 구글에는 구글 태그 매니저가 있는 것이고 Adobe에는 Experience Platform Launch가 있다. W3techs 보고에 따르면 구글 태그 매니저의 태그 관리자 시장 점유율은 99%이니 여러분은 구글 태그 매니저만 다뤄도 충분할 것이다.

GMP를 제대로 사용하기 위해서는 웹사이트에 삽입해야 하는 스크립트가 매우 많다. Google Analytics, Google Ads, Google Optimize만 해도 벌써 세 개의 기본 스크립트를 삽입해야 한다. 여기에 전환추적을 위한 스크립트와 수많은 이벤트 추적 스크립트를 각각 삽입해야 유의미한 데이터를 저장할 수 있다. 구글 태그 매니저를 사용하지 않는다면 개발자가 손수 웹사이트에 소스코드를 구현해 주어야 하는 것들이다. 이 과정을 구글 태그 매니저가 대체한다. 한곳에서 모든 태그를 살펴보고 직관적으로 정렬할 수 있다. 태그 매니저를 사용하면 전환추적, 사이트 분석, 리마케팅 등을 위한 태그를 추가 및 업데이트할 수 있다. 이 행위는 실제 웹사이트 소스코드를 수정하지 않고도 구현가능하다. 거의 무한한 방법으로 사이트 및 앱상의 활동을 추적할 수 있으며, 직관적인 인터페이스를 통해 언제든지 태그를 변경할 수 있다. 개발자의 도움없이 마케터 손으로 직접 해결할 수 있으니 역량있는 마케터에게 구글 태그 매니저는 훌륭한 선택이 된다.

 ## Unit. 02 구글 태그 매니저 계정 및 컨테이너 만들기

지금까지 전반적인 흐름을 위한 설명이었다면 이제부터는 개별 준비에 들어간다. 첫 단추가 구글 태그 매니저 컨테이너 생성이다. 먼저 구글 계정이 있으면 크롬 브라우저를 통해 로그인한다. 앞으로 모든 작업은 크롬 브라우저로 통일한다. 구글 계정이 없다면 구글 계정을 먼저 생성해야 한다. 구글 로그인 상태에서 https://tagmanager.google.com/#/home 구글 태그 매니저 홈에 접속하면 아래와 같은 화면이 나온다.

1단계 메인 화면에서 우측 [계정 만들기]를 클릭하면 계정 추가 페이지로 이동한다.

2단계 구글 태그 매니저의 계정 정보를 입력하는 과정이다.

❶ 계정 이름은 비즈니스를 대표하는 것을 적는다. 주로 회사 또는 광고주 이름이다.

❷ 체크박스는 구글에서 우리의 데이터를 익명화한 후 다른 익명 데이터와 결합한 다음, 종합적인 동향 분석 보고서를 제공해 줄 테니 이에 동의해 달라는 내용이다. 체크한다.

3단계 구글 태그 매니저의 컨테이너를 설정하는 과정이다.

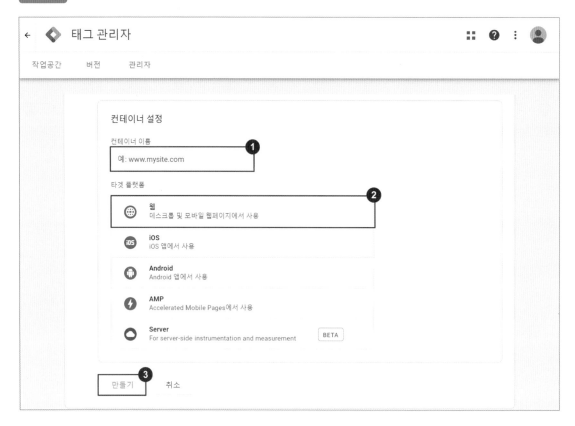

❶ 구글 태그 매니저는 컨테이너 단위로 고유 스크립트가 발급되기 때문에 이름에는 도메인을 넣는 것이 후에 직관적으로 관리하기 편하다.

❷ 타겟 플랫폼은 웹을 선택 후 만들기를 클릭한다. IOS, Android 플랫폼도 웹에 쓰이는 구글 태그 매니저의 원리와 같다. 앱을 다시 빌드하고 앱 마켓 플레이스에 다시 제출하지 않고도 앱에서 측정 태그를 구현하고 관리할 수 있다. 웹에는 구글 태그 매니저 스크립트를 삽입하는 대신 앱에는 Firebase SDK(소프트웨어 개발 키트)를 구현해야 한다. 구글에서는 개발자용 SDK 가이드를 제공한다. SDK 관련 작업은 앱 개발자의 도움이 필수로 필요하다. 자세한 내용은 Firebase 편에서 다루기로 한다.

❸ [만들기]를 클릭하면 Google 태그 관리자 서비스 이용약관 팝업이 노출된다.

❶ Google 태그 관리자 서비스 이용약관은 유럽 연합(European Union) 사용자 정책, 데이터 처리 약관, 면책 사항, 데이터 수집 범위 등으로 구성되어 있다.

❷ GDPR은 General Data Protection Regulation의 약자로 개인정보보호 규정이다. 안내문에서는 유럽경제지역(EEA) 회원국 또는 스위스 이외의 지역에서 비즈니스를 설립한 고객이 Google Ads 데이터 처리 약관의 적용을 받으려면 해당 약관에 동의해야 한다고 명시되어 있다.

❸ 구글 태그 매니저를 사용하는 것은 해당 약관에 전부 동의한 것으로 여긴다. [예]를 클릭하면 추적용 스크립트가 팝업으로 노출된다.

5단계 드디어 구글 태그 매니저를 웹사이트에서 구동할 수 있게 해주는 스크립트가 발급되었다. 구글 태그 매니저의 구동을 위해서는 웹사이트에 1번과 2번 두 개를 모두 삽입해야 한다.

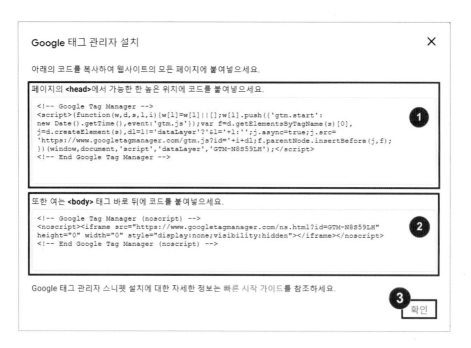

❶ '페이지의 〈head〉에서 가능한 높은 위치에 코드를 붙여넣으세요' 즉, 1번 스크립트를 복사해서 앞서 배운 모든 웹페이지에 헤드태깅 하라는 의미이다. 단 여기서 주목할 부분이 '가능한 높은 위치'이다. 각 웹사이트의 환경을 고려하여 위치 조정이 허용된다. 일반적으로는 〈meta〉 태그와 〈title〉 태그보다는 아래에 삽입한다. 〈meta〉 태그는 웹에서 눈에 보이는 요소는 아니지만 HTML 문서 자체의 정보를 표시하는 중요한 태그다. 예를 들어 검색엔진에서 검색될 키워드 지정, 사이트 정의, 페이지 설명, 작성자 지정, 브라우저 호환성 지정, 인코딩 방식 지정, 기기에 따른 화면 너비와 배율(viewport) 지정 등의 내용이 담겨 있다. 웹페이지가 로드될 때 방해 요소 없이 안전하게 로드되어야 한다. 〈title〉 태그는 웹페이지의 제목을 지정하는 태그다. 만일 스크립트가 〈title〉 태그보다 위에 있는 경우 페이지 제목 수집에 누락이 생길 수도 있다.

❷ '또한 여는 〈body〉태그 바로 뒤에 코드를 붙여넣으세요' 여기서 '또한'은 'and'로 해석하면 된다. 2번 스크립트를 복사해서 모든 웹페이지에 바디태깅 한다. 열리는 바디 〈body〉 태그 바로 아랫줄에 추가하면 된다.

❸ 스크립트를 복사한 후 직접 하거나 다음 실제 업무요청 내용을 토대로 웹 담당 개발자에게 메일로 요청하면 된다.

☆ [업무요청] Google Tag Manager 스크립트 설치 요청 건 ⬚

➕ 보낸사람   그로스팀 조하준 <master@growth-teams.com>   주소추가 | 수신차단

안녕하세요 개발자님
그로스팀 조하준입니다

Google Tag Manager 설치 건으로 메일 드립니다.

**다음을 모든 페이지에 헤드 태깅 부탁드립니다. 단 가능한 높은 위치에 삽입하되
<title> 태그 아래에 요청드립니다.**

```
<!-- Google Tag Manager -->
<script>(function(w,d,s,l,i){w[l]=w[l]||[];w[l].push({'gtm.start':
new Date().getTime(),event:'gtm.js'});var f=d.getElementsByTagName(s)[0],
j=d.createElement(s),dl=l!='dataLayer'?'&l='+l:'';j.async=true;j.src=
'https://www.googletagmanager.com/gtm.js?id='+i+dl;f.parentNode.insertBefore(j,f);
})(window,document,'script','dataLayer','GTM-N8S59LH');</script>
<!-- End Google Tag Manager -->
```

다음을 열리는 바디 태그 바로 다음 줄에 삽입 요청드립니다.

```
<!-- Google Tag Manager (noscript) -->
<noscript><iframe src="https://www.googletagmanager.com/ns.html?id=GTM-N8S59LH"
height="0" width="0" style="display:none;visibility:hidden"></iframe></noscript>
<!-- End Google Tag Manager (noscript) -->
```

감사합니다.
조하준 드림

아래 화면이 보인다면 구글 태그 매니저 준비는 끝난 것이다. 우측에 'GTM-N8S59LH'가 이 컨테이너의 고유 ID다. 발급받은 스크립트 속에도 같은 고유 ID가 삽입되어 있다. 스크립트는 이 고유 ID로 구분된다. 즉 구글 태그 매니저에서 여러 개의 컨테이너를 생성한 후 스크립트를 발급받을 때마다 고유 ID만 다르고 나머지는 같다. 이제 티스토리 블로그를 통해서 실습환경을 만들 것이다. 실습환경을 만든 다음 구글 애널리틱스 추적 태그 설치, 구글 애즈 태그 설치, 구글 옵티마이즈 태그 설치 등은 구글 태그 매니저에서 할 것이다.

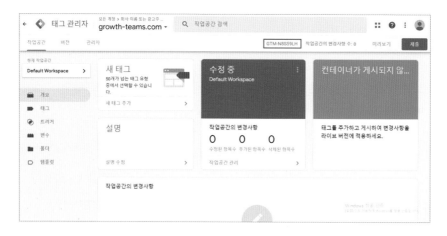

Unit. 03 티스토리 블로그로 GMP 실습환경 만들기

이번 단락에서는 티스토리 블로그를 만들고, HTML 편집기로 들어가 구글 태그 매니저 컨테이너 스크립트를 직접 삽입해보는 과정을 거칠 것이다.

티스토리 홈페이지 https://www.tistory.com/ 로 접속한 다음 카카오 아이디로 가입하여 로그인하고 블로그 만들기를 통해 스킨과 도메인을 선택한다. 블로그 개설 과정은 검색으로 쉽게 나오므로 자세하게 다루지는 않겠다.

2단계 블로그를 만들었으면 관리자 페이지로 이동한다. 개설과 동시에 이동될 수도 있다.

❶ 왼쪽 꾸미기 영역 메뉴에서 [스킨 편집]을 클릭한다.

기존에 티스토리가 있는 사람은 블로그에 접속한 다음 하단에 있는 [관리자]를 클릭한다.

3단계

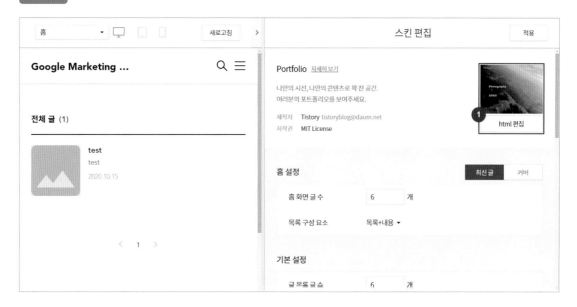

❶ 오른쪽 [html편집]을 클릭한다.

4단계 〈!DOCTYPE html〉로 시작하는 html 소스코드가 보일 것이다. 당황하지 말고 소스코드를 천천히 읽어보면 앞서 배웠던 〈head〉, 〈meta〉, 〈title〉 태그가 보일 것이다. 이제 배운 대로 구글 태그 매니저 컨테이너 스크립트 1번을 복사하여 그림과 같이 붙여넣는다.

```
1  <!doctype html>
2  <html lang="ko">
3  <head>
4  <meta charset="UTF-8">
5  <meta name="viewport" content="user-scalable=no, initial-scale=1.0, maximum-
   scale=1.0, minimum-scale=1.0, width=device-width">
6  <title>[##_page_title_##]</title>
7  <!-- Google Tag Manager -->
8  <script>(function(w,d,s,l,i){w[l]=w[l]||[];w[l].push({'gtm.start':
9  new Date().getTime(),event:'gtm.js'});var f=d.getElementsByTagName(s)[0],
10 j=d.createElement(s),dl=l!='dataLayer'?'&l='+l:'';j.async=true;j.src=
11 'https://www.googletagmanager.com/gtm.js?id='+i+dl;f.parentNode.insertBefore(j,f);
12 })(window,document,'script','dataLayer','GTM-N8S59LH');</script>
13 <!-- End Google Tag Manager -->
14 <link rel="stylesheet" href="./style.css">
15 <script src="//t1.daumcdn.net/tistory_admin/lib/jquery/jquery-1.12.4.min.js">
   </script>
```

5단계 구글 태그 매니저 컨테이너 스크립트 2번을 복사한 다음 〈body〉 태그 아래에 그림과 같이 붙여넣는다. 〈body〉 태그를 찾지 못하겠으면 Ctrl + F를 써서 검색기능을 사용해도 된다. 또 〈body〉 태그는 늘 닫히는 〈/head〉 태그 아래쪽에 있다는 걸 알아두면 좋다.

←   **HTML** | CSS | 파일업로드   (?)   **적용**

```
31      // initialize the test
32      var test = vhCheck();
33    }());
34  </script>
35 </head>
36
37 <body id="[##_body_id_##]" class="[##_var_colorSet_##]">
38 <!-- Google Tag Manager (noscript) -->
39 <noscript><iframe src="https://www.googletagmanager.com/ns.html?id=GTM-N8S59LH"
40 height="0" width="0" style="display:none;visibility:hidden"></iframe></noscript>
41 <!-- End Google Tag Manager (noscript) -->
42    <s_t3>
43      <!-- warp / 테마 변경시 theme_pink / theme_blue / theme_green / theme_gray-->
44      <div id="wrap">
45
```

삽입을 완료하였으면 [적용]을 눌러 반영한 후 닫는다.

이 과정이 실제 개발자가 웹사이트의 소스코드에 구글 태그 매니저 컨테이너 스크립트를 구현하는 방법이다. 모든 페이지에 ⟨head⟩ 태그와 ⟨body⟩ 태그에 각각 삽입하면 된다. 이제 웹사이트로 개발자에게 업무를 요청하는 일은 끝이다. 다음 단락부터는 구글 애널리틱스, 구글 애즈, 구글 옵티마이즈의 계정을 순차적으로 생성할 것이다. 그런 다음 다시 구글 태그 매니저로 돌아와 이들의 가상 태그를 생성하는 프로세스를 진행할 것이다.

 ## Unit. 04 서브도메인으로 구축된 모바일 전용 웹사이트 추적 방법

개발자가 웹사이트를 제작할 때는 PC 웹과 모바일 웹의 환경이 다르다. 같은 웹사이트인데 불구하고 서브도메인을 써서 모바일 전용 웹사이트를 별도로 제작하는 경우가 있다. 대표적 예시로 쿠팡이 있다. 쿠팡 홈페이지는 PC로 접속했을 때와 모바일로 접속했을 때 URL이 다른데 이 경우가 서브도메인을 쓴 것이다.

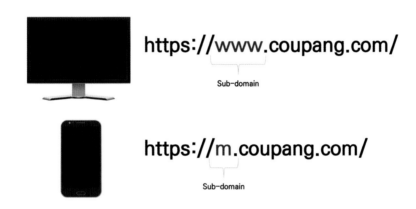

서브도메인의 구글 태그 매니저 구축 방법은 앞서 발급한 구글 태그 매니저 스크립트를 PC 웹, 모바일 웹 양쪽에 삽입하는 것으로 해결된다. 즉 개발자에게 요청할 때도 둘 다 삽입을 요청하면 된다. 다른 비즈니스가 아니기에 동일 홈페이지로 취급해야 하고 한곳으로 데이터를 보내야 한다. 그래서 같은 스크립트를 각각 중복으로 넣는다. 그러면 PC 웹과 모바일 웹 두 곳에서 구글 태그 매니저 서버 한곳으로 데이터를 보내올 것이다. 같은 컨테이너에서 발급한 동일 스크립트가 삽입되어 있으면 한 번의 태깅만으로 양쪽 웹에서 모두 작동한다. 태그 관리도 한결 간편해진다. 합쳐진 두 데이터를 웹 또는 기기 기준으로 분리해서 확인하는 것은 Google Analytics로 어렵지 않은 일이다.

CHAPTER. 3

Google Analytics (with Google Analytics 4)

 Unit. 01 기존 구글 애널리틱스와 신규 구글 애널리틱스 4 차이점

앞서 설명한 Google Marketing Platform 변천사 내용에서 2020년 10월 구글이 차세대 분석 플랫폼으로 구글 애널리틱스 4(이하 GA4)를 서비스 했다고 말했다. GA4는 기존의 유니버셜 애널리틱스 속에 존재하던 앱 + 웹 속성을 격상시킨 독립적인 버전이다. GA4는 웹과 모바일 분석 사이의 간격을 좁혀준다. GA4는 앱과 웹 그리고 브라우저를 넘나드는 다양한 고객의 행동을 이해하고 ARPU와 같은 유용한 인사이트를 자동으로 표시하는 머신러닝 도입이 핵심 기능이다. 구글 애널리틱스에서 이제 웹 전용 플랫폼은 '유니버셜 애널리틱스'이고 앱 + 웹 플랫폼은 'GA4'로 명확하게 구분된다. 유니버셜 애널리틱스는 약 115개의 메뉴를 인터페이스에서 제공하고 GA4는 약 24개의 메뉴를 인터페이스에서 제공한다. 구글에서는 각자 고유의 기능들이 공존하기 때문에 둘 다 도입하는 것이 나은 의사결정에 유리하다고 설명한다. 그러면서도 앞으로는 GA4를 메인으로 가져갈 것이라는 의사를 내포하고 있다.

 Unit. 02 구글 애널리틱스의 쿠키(cookie) 추적 방식 파헤치기

일반적으로 구글 애널리틱스는 쿠키(cookie)를 통해 데이터를 추적하는 것으로 알려 있었다. 쿠키란 인터넷 사용자가 웹사이트를 방문할 때, 사용자의 기기에 설치되는 작은 파일이다. 웹사이트는 쿠키 파일에 일련의 정보 및 설정을 저장할 수도 있고, 방문자가 웹사이트에 유입한 방법이나 행동 추적에도 사용할 수 있다. 사용자가 다시 웹사이트에 접속하면 저장된 쿠키를 기기에서 읽어와 맞춤형 경험을 제공할 수도 있다. 대표적인 예시가 팝업창의 '오늘은 보지 않음' 기능이다. 또 우리가 흔하게 접하는 기사나 언론사 홈페이지는 쿠키 덩어리라고 해도 과언이 아니다. 언론사와 광고 매체사가 제휴하고 매체사는 언론사를 통해 수집되는 쿠키 정보를 토대로 조합하여 사용자의 행동패턴, 관심분야 등을 추측하고 관심사 타겟, 성별 타겟, 연령 타겟, 문맥 타겟 등을 제공한다. 하지만 말 그대로 모델링된 추측 데이터기 때문에 정확도는 기업의 기술력에 따라 편차가 크다. 구글이 전 세계 온라인 광고 시장 점유율 97%를 차지하고 있는 건 기술력에 대한 신뢰가 높아서일 수 있다.

구글은 Google 계정, YouTube, Google play, Gmail, Android 등 방대한 자사 네트워크로부터 데이터를 수집하므로 기대치가 높을 수 밖에 없었다. 쿠키 기반의 데이터 수집 방식에는 한 가지 큰 결점이 있는데, 쿠키가 기기에 존속된다는 것이다. 즉 쿠키는 같은 사용자라도 웹사이트에 접속한 기기가 바뀌면 별개의 사용자로 인식하는 허점이 존재한다. 예를 들어 같은 사람이 PC와 모바일을 사용해 웹사이트에 접속하는 경우 동일인임을 알지 못한다. 또 사용자의 브라우저만 달라져도 웹사이트는 새로운 쿠키를 발급한다.

Unit. 03 교차 기기 분석의 해법 Google 신호 데이터 파헤치기

로그 분석 시스템들이 앞으로도 계속 쿠키 기반을 고집한다면 데이터의 정확도가 점점 떨어질 것이다. 온라인에서 고객 행동이 복잡해져 가기 때문이다. 하지만 구글 애널리틱스는 자사 네트워크를 통해 완벽하진 않아도 이를 보완할 대책이 있다. 바로 'Google 신호 데이터'이다. 구글 애널리틱스는 별도의 설정을 통해 다른 Google 제품과 데이터를 공유할 수 있다. Google 신호 데이터를 활성화하면 기존 Google 애널리틱스 기능이 변경되어 '광고 개인 최적화 설정'을 사용하는 사용자로부터 수집된 집계 데이터가 포함된다. 이 기능으로 교차 기기에 의한 빈틈을 보완하고 정교해진 데이터를 표시할 수 있다. '광고 개인 최적화'란 Google 계정의 활동을 바탕으로 사용자에게 맞춤 광고를 표시하기 위한 기능이지만 다른 시각으로 재해석하면 구글 네트워크에서 발생하는 계정의 활동을 모두 추적한다는 의미가 된다. '광고 개인 최적화' 기능은 '사용 중지'를 하지 않는 이상 계정생성 이후 기본값으로 '사용설정'으로 되어있다. 그 범위는 Google 검색 또는 YouTube와 같은 Google 서비스 그리고 Google과 파트너 관계를 맺고 광고를 게재하는 웹사이트 및 앱을 모두 포함한다. 구글은 "광고 개인 최적화'를 사용하는 사용자에서 많은 양의 데이터가 생성되므로 이를 활용해 사용자층 전체의 '교차 기기 행동'을 추적할 수 있다"고 말한다. 이 기능을 통해 애널리틱스 분석가는 기기가 아닌 사용자의 수를 정확하게 알 수 있고 여러 기기에 걸친 고객 여정에 대한 사용자 환경을 개선할 수 있으며, 마케터는 교차 기기 사용 정보를 기반으로 광고 지출 최적화와 관련성이 높은 광고를 소비자에게 제공할 수 있게 된다.

Unit. 04 구글 애널리틱스 구도 파헤치기

이번 단계에서는 구글 애널리틱스를 생성하기 전에 구도를 설명할 것이다. 구글 애널리틱스는 구도를 모르면 복잡해서 이해하는 데 시간이 걸린다. 하지만 구도를 알고 시작하면 앞으로 단계별로 진행하는 것들이 쉽게 그려질 것이다. 구글 애널리틱스의 계정구도는 계정 〉 속성 〉 보기 형태가 기본 뼈대다. 유니버셜 애널리틱스와 GA4는 '속성' 단위에서 구분되어 진다. 즉 하나의 구글 애널리틱스 계정에서 둘 다 생성할 수 있는 것이다. 구글 애널리틱스를 시작할 때 선택할 수 있다. 유니버셜 애널리틱스는 계정 〉 속성 〉 보기 형태를 그대로 따른다. 하지만 GA4는 계정 〉 속성까지만 있고 '보기' 단위가 없다.

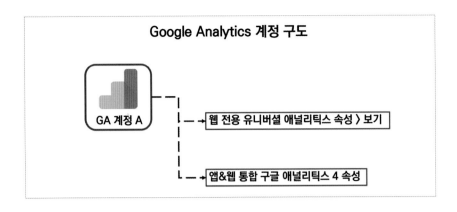

Google Analytics 계정 구도

GA 계정 A

→ 웹 전용 유니버셜 애널리틱스 속성 〉 보기

→ 앱&웹 통합 구글 애널리틱스 4 속성

 ## Unit. 05 구글 애널리틱스 데이터 수집 구성

유니버셜 애널리틱스 속성은 웹사이트에 스크립트를 헤드태깅 하거나, 구글 태그 매니저로 가상 태그를 생성하는 방법으로 웹사이트의 데이터를 서버로 보낼 수 있다. GA4 속성은 앱과 웹의 데이터를 전부 한곳으로 받는 속성이므로 두 플랫폼에 작업해야 한다. GA4 속성에서는 웹용 스크립트와 앱용 SDK를 발급하는데, 이들을 합쳐서 '데이터 스트림'이라 부른다. 즉 웹 스크립트라는 말 대신 '웹 스트림'으로 부른다. 웹 스트림의 구동은 유니버셜 애널리틱스의 스크립트 구현 방식과 같다. 웹사이트에 헤드태깅 하거나, 구글 태그 매니저로 가상 태그를 생성하면 된다. 반대로 앱은 Andorid 스트림, IOS 스트림을 통해 앱에 구현해야 한다. 이 부분은 개발자의 몫이다.

Google Analytics 데이터 수집 구성

속성 종류	데이터 수집
유니버셜 애널리틱스	추적 스크립트 삽입
GA4	웹 스트림 삽입
	Android 스트림 구현
	IOS 스트림 구현

GA4 속성은 Firebase와 결합하여 제품 간에 분석 데이터를 주고받는다. 그래서 GA4 속성에 있는 Android 스트림과, IOS 스트림은 사실 Firebase용 SDK이다. 예를 들어 GA4 속성을 만든 후 앱 스트림을 추가하면 GA4 속성이 Firebase 프로젝트와 앱 스트림을 함께 생성하고 Firebase 프로젝트를 속성에 자동으로 연결한다. 즉 다음 단계를 따른다. 1)Firebase 프로젝트 생성 2)Firebase 프로젝트를 GA4에 연결 3)앱 스트림 생성이다. 앱 스트림을 생성할 때 Firebase SDK가 등장하고 Firebase Console에서도 GA4 속성과 연결된 프로젝트가 자동 생성되는 것이다. 두 플랫폼이 결합된 형태이기 때문에 웹 스트림이 서버로 보내는 데이터와 앱 스트림이 서버로 보내는 모든 데이터가 서로의 대시보드에 표시된다. 쉽게 말하면 웹에서 수집되는 데이터를 GA4 속성이 받은 다음 데이터를 Firebase와 공유하고, 반대로 앱에서 수집되는 데이터를 Firebase 프로젝트가 받은 다음 데이터를 GA4 속성과 공유한다. 그래서 두 플랫폼에 같은 데이터가 보고서에 기록된다. 이 과정으로 GA4 속성이 앱과 웹 데이터를 모두 수집할 수 있는 것이다. 앞으로 데이터 전송 구도는 이해를 돕기 위해 도구 간 직접적으로 표현하고, 그 사이에 구글 서버 또는 클라우드 서버 통신 등의 불필요한 설명은 생략하고자 한다.

Google Analytics 데이터 전송 구도

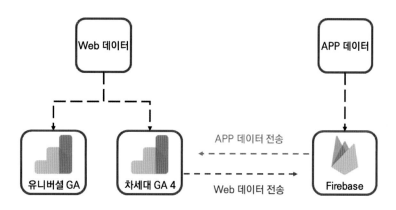

Unit. 07 유니버셜 애널리틱스와 구글 애널리틱스 4 계정 및 속성 생성

1단계 이번 단락에서는 유니버셜 애널리틱스와 GA4를 동시에 만들면서 '데이터 스트림'에 대해 설명한다. 구도를 머릿속에 떠올리면서 따라오면 훨씬 수월할 것이다. 크롬 브라우저에서 구글 계정에 로그인한 다음 https://www.google.com/analytics/web(구글 애널리틱스 홈)에 접속한다.

2단계 애널리틱스의 계정구도를 만드는 단계다.

❶ '계정 이름'은 최상위 개념이기 때문에 일반적으로 회사 이름을 적는다. 여러 개의 홈페이지를 보유 중이라면 회사 이름을 적는 것이 관리 차원에서 좋다. 홈페이지 구분은 '속성' 단위에서 한다.

❷ 구글 애널리틱스 데이터를 공유하여 다른 Google 제품 및 서비스와 연계하는데 필요한 동의 절차이다. 앞서 이야기한 Google 신호 데이터를 제대로 사용하기 위한 동의이다. 또 데이터를 익명으로 수집하여 트렌드 반영, 벤치마킹 등에 사용하고 내 애널리틱스를 구글 전문가가 확인하여 기술 지원 등의 도움을 줄 수 있게 권한을 열어 달라는 내용이나, 모두 체크하는 것을 권장한다.

❷ [다음]을 클릭하면 '속성' 생성단계로 넘어가며 유니버셜 애널리틱스와, GA4 속성을 만드는 과정이다.

3단계 유니버셜 애널리틱스와 GA4 속성 생성을 선택하는 단계다.

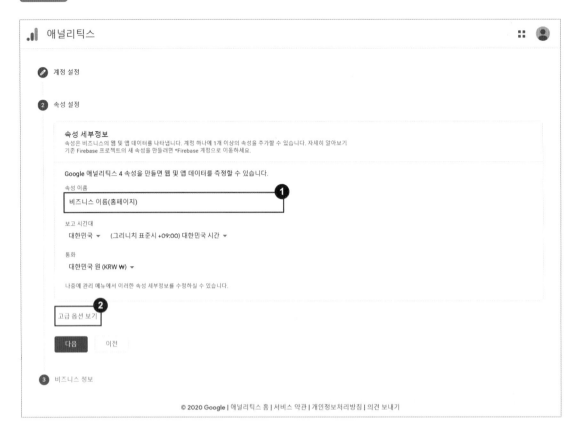

❶ 계정 이름이 회사의 이름이었다면 '속성' 이름은 비즈니스 또는 홈페이지 이름을 적는다.

❷ 유니버셜 애널리틱스에서 GA4가 분리되면서 속성 생성에서 GA4를 우선하도록 인터페이스가 변경되었다. 그래서 유니버셜 애널리틱스를 함께 생성하려면 '고급 옵션 보기'를 눌러야 한다. '고급 옵션 보기'를 누르면 추가 설정이 나온다.

4단계 '고급 옵션 보기'에서 추가되는 유니버셜 애널리틱스와 관련된 설정을 하는 단계다.

❶ 푸른색 버튼을 활성화해야 설정 창이 나온다.

❷ 웹사이트 도메인을 적는다. 나중에 수정할 수 있으니 부담 없이 대표 도메인을 넣는다. 만일 m.example.com과 같은 모바일 서브도메인이 있으면 www과 선택하여 둘 중 하나만 넣어도 무관하다.

❸ 유니버셜 애널리틱스 속성과 GA4 속성 둘 다 만들 때 하나의 스크립트를 이용해서 두 개의 속성에 동시에 웹 데이터를 보낼 수 있다는 뜻이다. 유니버셜 애널리틱스 속성과 GA4 속성을 만들면 각 속성에서 발급하는 웹 추적용 스크립트가 있다. 원래대로라면 두 개를 모두 웹사이트에 삽입해야 하지만 이 기능으로 하나만 삽입해도 된다. 함께 만들기를 선택하면 자동으로 '태그 연결'이 사용설정 되는데, 데이터 전송 방향은 GA4 → UA로 흐른다. 이때 사용해야 하는 스크립트는 GA4 속성의 웹 스트림을 사용해야 한다. 만일 유니버셜 애널리틱스가 기존에 있다면 이 단계를 건너뛰고 유니버셜 애널리틱스 속성 설정에 들어가 GA4 업데이트를 선택해야 한다. 이 경우는 유니버셜 애널리틱스 속성에서 '연결된 사이트 태그' 기능이 활성 되고 데이터 전송이 앞과는 반대로 UA → GA4 방향으로 흐른다. 즉 유니버셜 애널리틱스 속성 태그로 웹 데이터를 받고 GA4로 전송한다.

❹ 이 기능을 체크하면 GA4에서 자동으로 추적할 수 있는 '이벤트'가 보고서에 기록된다. 자동으로 보고되는 이벤트는 페이지 조회, 스크롤 깊이, 사이트에서 외부 링크 클릭 (이탈 클릭), 사이트 안에서의 검색 키워드, 동영상 시청, 파일 다운로드 등이다. '향상된 측정'은 이 기능의 명칭이다.

❺ 체크할 경우 웹 전용 유니버셜 애널리틱스 속성만 생성된다.

❻ Google 애널리틱스 4 속성과 유니버셜 애널리틱스 속성 둘 다 만들기를 선택 후 [다음]을 클릭하여 비즈니스 정보를 선택한다.

5단계 비즈니스 정보를 입력하는 단계다. 직관적으로 해당하는 내용대로 진행하면 된다.

❶ 업종에는 게임, 금융, 자동차, 산업 등이 있으며 해당 사항이 없는 경우 기타로 직접 작성도 가능하다.

❷ 기능 설정과는 무관하므로 부담 없이 [만들기]를 누른다.

6단계

❶ GDPR은 General Data Protection Regulation의 약자로 개인정보보호 규정으로 앞서 구글 태그 매니저에서 동의한 내용과 같다. GMP의 도구들은 개별 서비스 약관과 개인정보 보호 및 이용약관 등에 모두 '동의' 체크를 해야만 Google 제품끼리 데이터를 공유할 수 있으며 'Google 신호 데이터'를 온전하게 사용할 수 있다. 예를 들어 구글 애널리틱스에서는 GDPR을 동의했지만, Ads에서 동의하지 않으면 Google 신호 데이터를 사용할 수 없는 형식이다.

❷ Google 애널리틱스 데이터를 Google 제품 및 서비스와 공유하는 데 필요한 일종의 데이터 보호 약관이다. 쉽게 이야기하면 Google 서비스를 이용하는데 어떤 경우라도 '고객 개인 식별 정보'를 주고받거나 노출되면 안 된다는 뜻이다. 고객 개인 식별 정보란 로그인 ID, 전화번호, 주소 또는 특정인을 지정할 수 있는 정보 등이다.

❸ [동의함]을 클릭하면 '데이터 스트림' 설정 단계로 넘어간다.

7단계 아래 화면이 보인다면 잘 따라온 것이다. 지금까지로도 유니버설 애널리틱스 속성과 GA4 속성이 생성된 상태다. GA4 속성을 만들고 나면 '웹스트림' 구현 방법이 제일 먼저 소개된다.

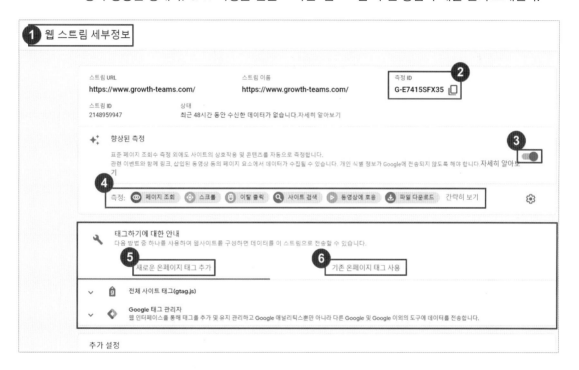

❶ GA4 속성에서는 데이터를 수집하기 위해 총 세 개의 스트림으로 구성되어 있다. 웹 스트림, Android 스트림, IOS 스트림이다. 웹 스트림은 스크립트 형태이고 앱은 Firebase SDK로 앱에 작업하여 구현한다.

❷ 이 속성의 고유 측정 ID이다. 또는 속성 ID로도 불린다. 앞서 구글 태그 매니저의 컨테이너를 만들 때 컨테이너 ID를 구할 수 있었다. 마찬가지로 구글 애널리틱스에서는 속성 ID를 얻을 수 있다. 유니버설 애널리틱스의 속성 ID는 'UA-'로 시작하고 GA4의 속성 ID는 'G-'로 시작한다.

❸ 앞서 4단계에서 향상된 측정 사용설정에 체크 된 상태라면 푸른색 버튼이 활성화되어 있을 테고 아니라면 활성화하면 된다. GA4에서 사이트의 상호작용 및 콘텐츠를 자동으로 측정하는 기능이다.

❹ GA4에서 자동으로 측정하는 이벤트의 리스트로 페이지 조회, 스크롤, 이탈 클릭, 사이트 검색, 동영상 재생, 파일 다운로드 등이다. 개별적으로 측정 여부를 '설정' 또는 '해제' 할 수도 있다.

❺ 새로운 온페이지 태그 추가란은 생성한 GA4 속성에서 발급하는 스크립트 이용하거나 구글 태그 매니저를 시작하여 GA4 속성의 웹 스트림을 구현하는 방법을 설명한다.

❻ 기존 온페이지 태그 사용은 비즈니스 웹사이트에 이미 유니버셜 애널리틱스가 설치되어 있거나, 구글 태그 매니저의 컨테이너 스크립트가 설치되어 있을 때 GA4 속성의 웹 스트림을 구현하는 방법을 설명한다.

 ## Unit. 08 구글 애널리틱스 4 웹 스트림을 구현하는 네 가지 방법

GA4 속성을 생성한 후 웹 스트림 구현할 때 경우에 따라 다음 네 가지 선택지가 있다.

새로운 태그를 웹사이트에 추가

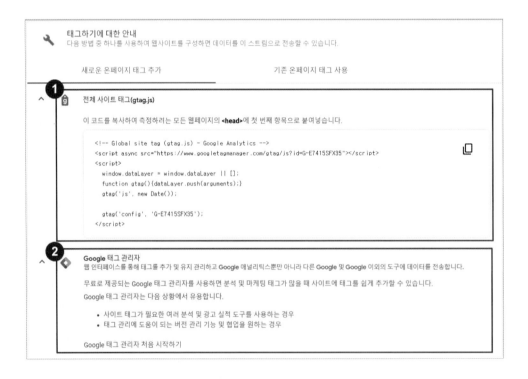

❶ 웹사이트에 직접 삽입하는 용도로 GA4 속성에서 발급받는 스크립트이다. 기존 유니버셜 애널리틱스의 추적 스크립트와 같은 방법으로 복사해서 웹사이트에 헤드태깅하면 스크립트를 통해 GA4 속성에 웹사이트 데이터가 보내지기 시작한다.

❷ 구글 태그 매니저를 처음 시작하는 사용자를 위해 가입부터 컨테이너 생성 스크립트 발급까지 안내하는 일종의 가이드다.

기존 태그를 사용하여 구현

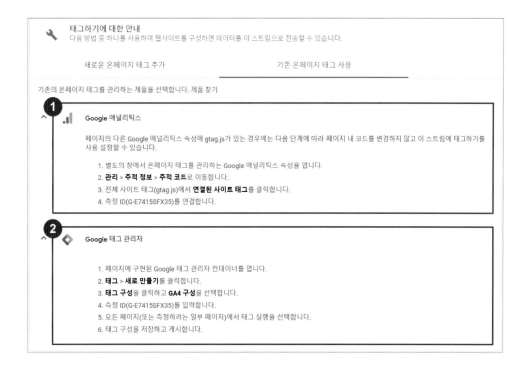

❶ 웹사이트에 이미 유니버설 애널리틱스 스크립트가 삽입되어 있을 때 사용하는 방법이다. 앞에서 속성 생성할 때 'Google 애널리틱스 4 속성과 유니버설 애널리틱스 속성 둘 다 만들기'를 선택하며 자동으로 설정된 값은 GA4 스크립트를 이용해서 웹사이트 데이터를 유니버설 애널리틱스 속성으로 보내는 방식이다. 그림은 이와 반대로 유니버설 애널리틱스 속성에서 GA4 속성으로 데이터를 보내는 방법을 설명한다. 하지만 웹사이트에 유니버설 애널리틱스 스크립트가 코딩되어 있지 않으면 데이터가 전송되지 않는다. 또 구글 태그 매니저를 사용해서 유니버설 애널리틱스 태그를 가상으로 구현한 경우에도 '연결된 사이트 태그' 기능은 작동하지 않는다. 오로지 아래 형태의 유니버설 애널리틱스 스크립트가 실제로 코딩되어 있어야 한다.

```
<script async src="https://www.googletagmanager.com/gtag/js?id=<UA-XXXXXXXX>">
</script>
```

❷ 이 책에서 채택한 구현 방법이다. 앞서 구글 태그 매니저의 컨테이너를 생성하고 웹사이트에 설치하는 것까지 했으니 현재 온 페이지 태그가 있는 상태이다. 이 방법으로 GA4 속성 웹 스트림을 구현하여 웹 데이터를 보내려고 한다. 1번~6번을 진행하기 위해서는 구글 태그 매니저의 이해가 수반되어야 한다. 우선 나머지 준비 단계인 '구글애즈 계정 생성'과 구글 옵티마이즈 계정 및 컨테이너 생성한 후 실전 구축에서 다룰 것이다. 이제 데이터 스트림 설명 창은 닫아도 된다.

8단계 데이터 스트림창을 닫으면 '내 이메일' 활용 동의서가 나온다. 구글로부터 안내 사항이 있을 때 본인의 Gmail로 메일을 받을 수 있다.

9단계 아래 화면이 보인다면 아주 잘 따라온 것이다. 이제 유니버설 애널리틱스와 GA4 속성이 제대로 만들어진 것인지 확인할 것이다.

❶ 화면 좌측상단의 1번 영역을 클릭해보자.

❶ 여러분이 설정한 구글 애널리틱스의 계정 구도가 보일 것이다. 계정 〉 속성 〉 보기 순서이고 속성에 2개의 항목이 보인다면 유니버셜 애널리틱스 속성과 GA4 속성이 제대로 생성된 것이다.

❷ 구글 계정이 액세스 권한을 가지고 있는 다른 제품 인터페이스로 빠르게 이동할 수 있도록 돕는 리모컨 버튼이다. 바로 옆에 구글 태그 매니저 로고를 클릭하면 앞서 생성한 'GTM-N8S59LH' 컨테이너가 보일 것이다.

Unit. 09 유니버셜 애널리틱스를 GA4로 업그레이드하기

사실은 업그레이드라는 표현보다 '추가 생성'이란 표현이 맞다. 기존 유니버셜 애널리틱스 속성은 남아 있고 GA4 속성이 추가로 생성되기 때문이다. 이 방법을 따르고자 한다면 단락의 끝에 나오는 주의 사항까지 꼭 읽기 바란다.

1단계 유니버설 애널리틱스 속성에 접속한다.

❶ 관리 〉 GA4 설정 어시스턴트 순서대로 접속한다.

2단계

❶ [시작하기]를 클릭하면 새로운 GA4 속성 생성단계를 시작할 수 있다.

❷ 사전에 생성해둔 GA4 속성이 있다면 연결할 수 있다. 단, 같은 구글 애널리틱스 계정 안에 생성된 속성만 연결할 수 있다.

이 책에서는 1번을 따른다.

3단계

❶ GA4 속성 생성 과정에 대한 요약 안내문으로 기존의 유니버설 애널리틱스 속성에 영향 없음, 기본 설정을 복사하여 GA4 속성을 생성함, 전환, 잠재고객, 이벤트, 제품 링크 등의 추가 설정은 해야 함, 향상된 측정 기능은 자동으로 시작됨 등의 내용이다.

❷ 유니버설 애널리틱스 속성의 스크립트 또는 구글 태그 매니저로 구현된 태그를 온전히 사용할 수는 없고, 일련의 작업이 필요하다는 뜻이다.

❸ [속성 만들기]를 클릭한다.

4단계 [GA4 속성 보기]를 클릭한 다음 생성된 화면이다.

주의사항

위 화면이 보이면 GA4 속성 생성이 완료된 것이다. 이제 중요한 것은 GA4 속성이 웹 데이터를 받을 수 있게 구현하는 작업이다. 기존에 유니버셜 애널리틱스를 어떻게 구현했는지에 따라 다음 몇 가지 방법이 있으니 조건을 잘 체크한 후 진행해야 한다.

케이스 1) 소스코드를 수정할 수 없고, 웹사이트에 유니버셜 애널리틱스 스크립트가 실제로 존재하며 이 스크립트가 '전체 사이트 태그'라 불리는 gtag.js 인 경우 [연결된 사이트 태그] 기능 사용

1단계 유니버셜 애널리틱스 속성에 접속한다.

❶ 관리 〉 GA4 설정 어시스턴트 순서대로 접속한다.

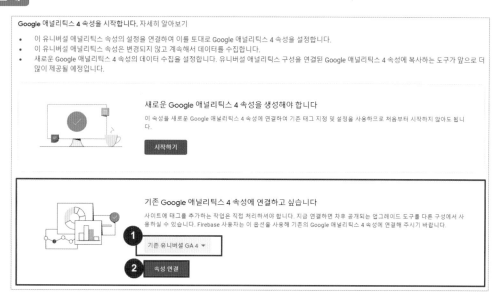

❶ 연결 하려는 GA4 속성을 찾아 선택한다.

❷ [속성 연결]을 클릭한다.

속성 연결이 완료된 모습이다.

혹시 이미 되어 있다면 연결된 것이다.

3단계

❶ 관리 〉 추적 정보 〉 추적 코드 순서대로 접속한다.

4단계

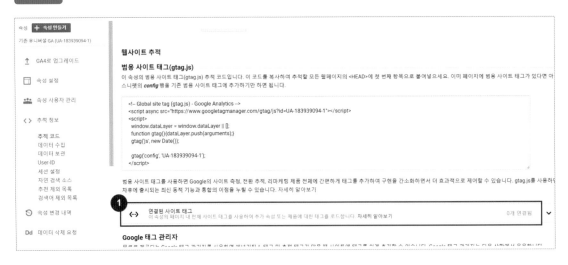

❶ [연결된 사이트 태그]를 클릭한다.

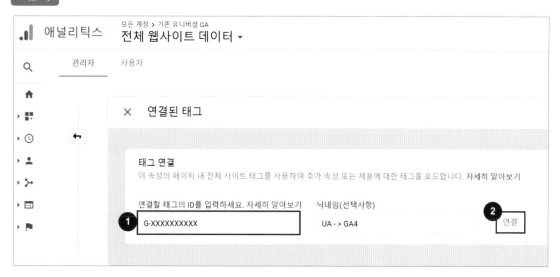

❶ GA4 속성의 측정 ID를 입력한다. 'G–XXXXXXXXXX' 형태다.

❷ [연결]을 클릭한다.

위 과정으로 속성과 태그 연결이 완료되어 유니버셜 애널리틱스가 추적한 웹 데이터가 GA4 속성에도 보내진다.

케이스 2) 소스코드를 수정할 수 있고, 웹사이트에 유니버셜 애널리틱스 스크립트가 실제로 존재하며 이 스크립트가 '전체 사이트 태그'라 불리는 gtag.js 인 경우, [기존 스크립트에 새로운 GA4 속성의 스크립트 한 줄만 추가.]

```
gtag('config', 'G–XXXXXXXXXX');
```

예시)

```
<!-- Global site tag (gtag.js) - Google Analytics -->
<script async src="https://www.googletagmanager.com/gtag/js?id=UA-183939094-1"></script>
<script>
  window.dataLayer = window.dataLayer || [];
  function gtag(){dataLayer.push(arguments);}
  gtag('js', new Date());

  gtag('config', 'UA-183939094-1');
  gtag('config', 'G-XXXXXXXXXX'); < - 추가된 행
</script>
```

앞선 [연결된 사이트 태그] 보다 권장하는 방법이다. G'-'로 시작하는 문자열은 언제나 GA4 측정 ID를 뜻한다. 이 경우 유니버셜 애널리틱스에서 받아오는 데이터가 아닌 GA4 자체에서 추적한 데이터가 쌓인다.

케이스 3) 웹사이트에 구글 태그 매니저 컨테이너 스크립트가 삽입되어 있고, 유니버셜 애널리틱스를 가상 태그로 구현한 경우, [구글 태그 매니저에서 GA4 속성의 구성 태그를 별도로 배포해야 한다.] 이 과정은 책에서 "구글 태그 매니저로 구글 애널리틱스 4 웹 스트림 구현하기" 목차에서 설명하고 있다. 마찬가지로 [연결된 사이트 태그]보다 권장하는 방법이다.

케이스 4) 웹사이트에 존재하는 유니버셜 애널리틱스 스크립트가 analytics.js 이하 버전인 경우, [GA4 속성 웹 스트림을 새로 삽입해야 한다.]

1단계 GA4 속성에 접속한다.

❶ 관리 〉 데이터 스트림 〉 웹 스트림 클릭 순서로 접속한다.

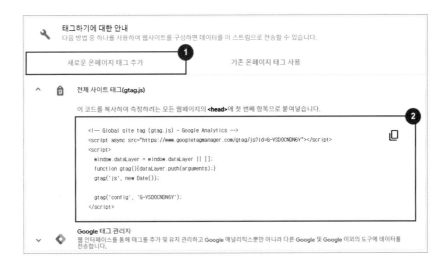

❶ [새로운 온페이지 태그 추가]를 클릭한다.

❷ 해당 스크립트를 웹사이트 모든 페이지에 헤드태깅 한다.

GA4의 웹 스트림을 삽입한 뒤에도 기존 유니버셜 애널리틱스 속성의 스크립트는 데이터를 계속 수집하도록 삭제하지 말고 놔둔다. 이 책에서는 웹사이트에 구글 태그 매니저 컨테이너 스크립트를 삽입하고, 유니버셜 애널리틱스 속성 태그와, GA4 속성 태그는 각각 별도로 구현하는 방법을 따른다. 이 두 속성은 수집하는 데이터 수준이 다르기 때문에 '연결된 사이트 태그' 보다 각각 구현하는 것을 늘 권장한다.

CHAPTER. 4

Google Ads

 Unit. 01 구글 애즈 구도 파헤치기

구글 애즈는 계정 〉캠페인 〉광고 그룹 〉광고 소재로 되어있다. 계정 안에는 크게 검색 광고, 디스플레이광고(GDN), 유튜브 광고, 앱 광고, 쇼핑 광고로 구분해서 캠페인을 생성할 수 있고 각 캠페인 속에는 다시 여러 개의 광고 그룹을 생성할 수 있다. 다시 각 광고 그룹에는 용도에 따라 여러 가지의 광고 소재를 등록할수 있다. 구글 애즈에는 다양한 광고 소재가 존재하는데, 가령 GDN의 반응형 디스플레이 광고, 일반 이미지광고, 검색 광고의 확장형 텍스트광고, 반응형 텍스트 광고, 유튜브 광고의 트루뷰 인스트림, 트루뷰 포 액션, 범퍼애드, 디스커버리 등이다. 또 같은 광고를 만들어도 노출 네트워크 지면을 부분적으로 선택할 수 있어서혼돈이 쉽게 온다. 하지만 종류와 캠페인 단위로 구분하면 간단하게 검색, 배너, 영상, 앱, 쇼핑 이렇게 5개로볼 수 있다. (단, 구글의 쇼핑광고는 구글 판매자 센터와 구글 애즈를 연결한 다음 제품 피드를 업로드하여해당 피드를 소재로 광고한다.)

Google Ads 계정 구도

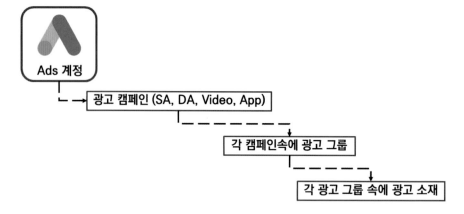

 Unit. 02 구글 애즈 데이터 수집 구도

구글 애즈 도입이 복잡하게 느껴지는 이유는 웹사이트에 구현하는 방법이 여러 가지이기 때문이다. 기본적으로 구글 애즈는 자체에서 발급하는 스크립트를 통해서 웹사이트에 구현할 수 있다. 하지만 곳곳에서 구글 태그 매니저의 도입과 구글 애널리틱스와 상호작용하는 기능들이 안내되어 있어서 혼선을 불러온다. 구글 애즈 자체에서 발급하는 스크립트는 딱 두 종류다. 잠재고객을 수집하는 용도로 쓰는 스크립트와 이벤트를 수집하는 용도로 쓰는 '이벤트 스니펫'이다. 이 이벤트 스니펫도 명칭만 다를 뿐 스크립트 형식이다. 잠재고객을 수집하는 스크립트는 일명 기본 스크립트로도 불리며 구글 애널리틱스로 따지면 기본 추적 스크립트와 같아서 웹사이트에 들어오는 모든 트래픽과 페이지를 추적한다. 잠재고객 스크립트라 불리는 이유는 이 스크립트로 특정 잠재고객 목록을 형성하여 리타겟팅에 사용할 수도 있기 때문이다. 이벤트 스니펫은 '행동'으로 정의될 수 있는 요소(버튼 클릭)를 추적하기 위해 구현하는 스크립트이다. 구글 애즈에는 이벤트를 '전환에 포함'이라는 명칭의 기능으로 특정 이벤트를 '전환'으로 지정하여 운용한다. 반대로 전환에서 제외해 행동은 추적하지만, 전환성과에는 반영하지 않을 수도 있다. 잠재고객 스크립트 구현은, 구글 애널리틱스의 기본 추적 스크립트와 마찬가지로 모든 페이지에 헤드태깅이고 '이벤트 스니펫'은 추적하고자 하는 이벤트의 개수에 맞춰 발급하고 해당 위치에 삽입하여 개발자가 구현한다. 예를 들어 웹사이트에서 3개의 버튼을 추적하고 싶다면 발급하는 '이벤트 스니펫'도 3개를 발급받아야 한다. 여기까지가 구글 애즈 자체에서 발급하는 스크립트를 통한 구현이다. 반대로 구글 태그 매니저와 구글 애널리틱스를 함께 사용하면 구글 태그 매니저의 컨테이너 스크립트 한 개만 웹사이트에 구현하면 된다. 구글 애즈와 구글 애널리틱스의 기본 스크립트는 구글 태그 매니저에서 가상으로 구현한다. 그런 다음 '이벤트'로 정의되는 행동들을 구글 태그 매니저로 추적 환경을 구현하고 이벤트 데이터를 구글 애널리틱스와 공유한다. 그리고 이 데이터를 구글 애널리틱스에서 구글 애즈로 내보낸다. 구글 애즈에서는 목표로 가져와 연결하는 형태로 '이벤트 스니펫'을 대체한다. 언뜻 보기에는 이 방법이 더 복잡하게 들릴 수 있으나 이 행위는 마케터가 혼자 할 수 있는 것이고, '이벤트 스니펫'은 마케터와 개발자 두명의 리소스가 계속 들어간다. 소규모 비즈니스인 곳에서는 구글 태그 매니저를 다룰 줄 모른다는 이유로 개발자를 상주시켜야 하니 사업비가 늘어나는 것이다. 그래서 구글에서는 '효율'이라는 단어가 자주 등장한다.

Google Ads 데이터 수집 구도

스크립트 용도	Google Ads 직접	Google 제품 연결
잠재고객 추적	잠재고객 스크립트 삽입	GTM에서 가상 태그를 구현
이벤트 추적	이벤트 스크립트(스니펫) 삽입	GTM에서 가상 태그를 구현한 다음 GA에서 목표로 설정하고 추적 결과를 Ads와 공유
전환 추적	이벤트를 '전한'에 포함 설정	
APP 데이터 추적	Google Play와 연결	Firebase, GA4, Ads 를 모두 연결하고 서로간 데이터 공유

구글 애즈의 앱 광고는 검색, Google Play, YouTube, Google 검색의 디스커버리, Google 디스플레이 네트워크 등 구글의 여러 대규모 서비스에서 앱을 홍보할 수 있다. 구글 애즈 사용자는 광고를 통해 어떤 전환(매출)이 얼마나 발생했는지 아는 것이 중요할 것이다. 앱 광고에서 주요 전환은 '앱 설치'와 '인앱 결제'다. 구글 애즈에서 앱 광고 성과를 추적하는 방법은 Firebase SDK를 사용하거나 Google Play 제품과 연결하여 데이터를 전달받는 형태로 두 가지가 있다. 먼저 Firebase를 배제하고, Google play 제품과 연결하는 경우 추적할 수 있는 범위는 Android 플랫폼으로 한정된다. IOS 플랫폼은 추적되지 않는다. Android 앱의 경우, 광고를 클릭한 사용자가 Google Play 스토어에서 앱을 다운로드할 때 전환으로 추적하여 구글 애즈로 데이터를 내보낸다. 마찬가지로 인앱 결제를 사용하는 Android 앱의 경우, 광고를 클릭한 사용자가 인앱 구매를 할 때 자동으로 추적하여 구글 애즈로 데이터를 내보내고 구매 금액은 '전환 가치'로 자동 보고된다. 이 과정은 Google Play에서 자동으로 추적되므로 앱에 추적 코드를 추가할 필요가 없다. 오로지 구글 애즈 계정과 Google Play 개발자 계정을 연결하는 것뿐이다. 하지만 누구나 반쪽짜리 데이터를 원하지는 않을 것이다. IOS 앱에서 발생하는 전환을 추적하기 위해서는 Firebase SDK가 필요하다. 구현 방법은 구글 애즈 계정과 GA4 속성을 연결한 후 Firebase SDK를 통해 수집되는 전환을 가져오는 것이다. 이때 GA 4 속성과 Firebase는 사전에 연결되어 있어야 한다. 즉 광고와 상호작용한 성과를 Android 플랫폼과 IOS 플랫폼에서 모두 추적하려면 먼저 앱에 Firebase SDK를 구현한 다음 Firebase 프로젝트와 GA4 속성과 구글 애즈를 연결해 데이터를 주고받는 것이다. 이 경우 구글 애즈의 광고를 통해 APP에서 전환이 발생할 때 구글 애즈는 본인의 성과로 표시하고, Firebase 프로젝트와 GA4 속성에서는 구글 애즈의 광고 캠페인에서 전환이 발생했음을 본인들의 대시보드에 표시한다. 제품 연결은 전환 데이터는 물론 Google 신호 데이터까지 주고받기 때문에 구글 애즈의 머신러닝이 더욱 정교해지고 성과추적의 정확도도 올라가는 이점까지 있다.

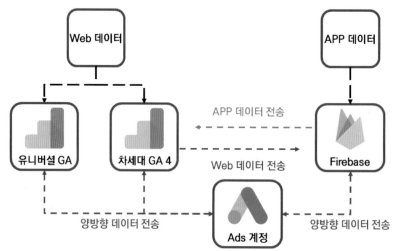

Unit. 04 구글 애즈 계정 만들기

구글 애즈의 계정생성은 가입 〉캠페인 목표 설정 〉캠페인 유형 설정 〉비즈니스 정보 등록과정을 따른다.

1단계 크롬 브라우저에서 구글 계정에 로그인한 후 https://ads.google.com/home/ (구글 애즈 홈)에 접속한 다음 '시작하기'를 클릭한다.

2단계 구글 애즈를 처음 시작하는 계정은 아래 화면이 나올 것이다. 이 화면은 구글 애즈의 '스마트 모드' 가입 화면이다. 스마트 모드 가입이 기본값이기 때문에 대부분의 신규 사용자는 본인이 스마트 모드로 가입하는 줄도 모르고 가입하게 된다.

❶ "전문가 모드로 전환"을 눌러 전문가 모드로 바꿔서 가입한다. 전문가 모드는 구글 애즈의 모든 기능과 캠페인 유형이 제공되고 이를 통해 다양한 입찰전략을 많은 부분에서 관리할 수 있다. 반면 스마트 모드는 구글 애즈의 진입장벽을 낮춰 소상공인들도 사용할 수 있도록 캠페인 설정 대부분을 자동화해서 지원한다. 즉, 이 말은 사용자가 손댈 수 있는 설정들이 대폭 감소 되고 머신러닝에만 의지해야 한다는 뜻이다. 상세한 관리가 가능한 마케터는 전문가 모드를 사용한다. 스마트 모드로 가입하면 생성하는 모든 캠페인은 스마트 캠페인이 된다. (때때로 다른 화면이 노출되어 있다면 경험자 또는 경력자를 선택하면 된다.)

3단계 전문가 모드로 전환할 경우의 화면이다. 이 화면은 구글 애즈에서 신규 광고 캠페인을 생성할 때마다 등장한다. 캠페인의 목표를 지정하면 해당 목표를 달성하기에 좋은 캠페인 유형들을 추려서 보여준다.

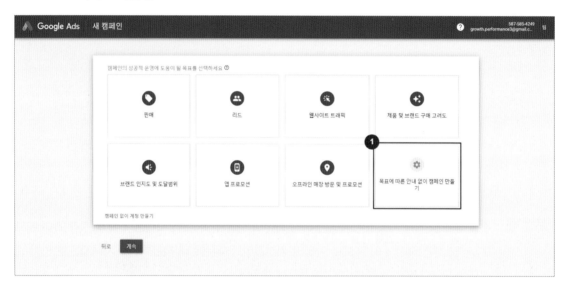

❶ [목표에 따른 안내 없이 캠페인 만들기]를 클릭하면 드롭 다운으로 구글 애즈의 모든 캠페인 유형 종류를 볼 수 있다. 지금은 계정생성과 탐색의 단계니 '목표 안내 없이'를 클릭하여 전체 캠페인 유형을 살펴보자.

4단계 캠페인 유형을 선택하면 유형과 관련된 기능들을 인터페이스에서 추천받을 수 있고 때론 유형에 따라 간소화된 메뉴를 제공한다. 검색, 디스플레이, 유튜브, 앱, 쇼핑, 스마트, 디스커버리가 있다. 검색, 디스플레이, 동영상, 앱, 쇼핑은 직관적으로 해당 광고를 위한 캠페인이다. 여러분이 궁금해하는 스마트 캠페인, 지역 캠페인, 디스커버리 캠페인은 아래에서 설명한다.

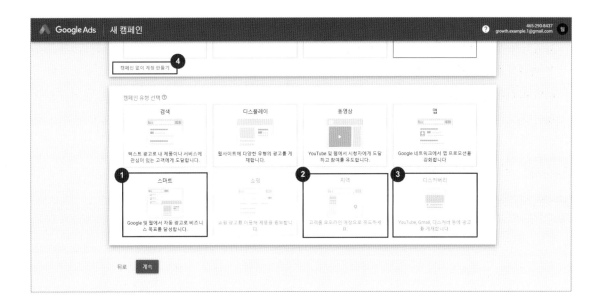

❶ 구글 애즈 계정을 '전문가 모드'로 전환하면 스마트 모드로 되돌릴 수 없다. 그러나 전문가 모드 안에서 스마트 캠페인을 생성 및 수정할 수 있다. 스마트 캠페인 유형은, 스마트 모드가 아니지만, 스마트 모드의 지원을 받고 싶을 때 선택하는 유형이다. 구글 애즈에서는 스마트 캠페인, 스마트 입찰전략 등 스마트 기능을 강조하며 성과 증대를 위해 머신러닝에 의존한 광고를 생성하라고 주기적으로 권장한다. 하지만 경험상 성과 증대는 케이스에 따라 다르며 자동화된 기능에 의존하다 성과가 나오지 않을 때 마케터가 취할 수 있는 액션이 한정된다.

❷ 지역 유형은 로컬기반의 오프라인 매장 활성화에 초점을 맞춰 간소화된 기능을 제공한다. 검색, 구글 지도, 유튜브, 디스플레이 네트워크 등 구글 대규모 서비스에 홍보할 수도 있다. 이 캠페인의 핵심 기능은 매장 위치와 예산 등을 고려하여 머신러닝 기술이 자동 입찰과 광고 게재 위치 및 소재의 조합을 최적화하는 것이다. 결과적으로 매장 방문을 최대화하기 위해 서비스 및 매장 위치를 홍보한다. 이 유형을 이용하기 위해서는 먼저 Google 마이 비즈니스에 매장 정보와 프로필을 등록하고 지역 비즈니스 정보 제공에 동의해야 한다. Google 마이 비즈니스는 검색 및 지도에 매장을 표시해주는 서비스다. 그런 다음 구글 애즈와 계정을 연결하여 사용한다.

❸ 디스커버리 유형은 광고 제목, 설명, 이미지, 로고와 같은 소재를 사용해 YouTube 홈 피드, 다음에 볼만한 동영상, 디스커버, Gmail 프로모션 및 소셜 탭에 노출할 수 있다. Google의 고객 의도 신호를 활용하여 사용자에게 눈에 잘 띄고 호기심을 자극하는 개인 맞춤 광고로 Google 서비스에서 대규모로 다채롭게 노출되는 광고를 만들 수 있는 캠페인이다.

- **다음 볼만한 동영상 피드**: 채널을 구독한 시청자에게 '다음 볼만한 동영상' 모듈을 표시하여 내 동영상을 계속 시청하도록 유도하는 지면을 말한다. 이 기능은 항상 시청자가 아직 시청하지 않은 콘텐츠가 표시되기 때문에 콘텐츠 순환에 좋다.

- **니스커버**: 니스커버는 검색어에 대한 결과를 표시하는 대신 Google의 지동회된 시스템에서 사용자의 관심 분야와 일치도가 높다고 판단하는 콘텐츠를 검색 결과에 표시하는 지면이다.

❹ [캠페인 없이 계정 만들기]를 클릭한다. 이 방법이 구글 애즈의 계정을 가장 빠르고 직관적으로 생성하는 방법이기 때문이다. 다른 유형을 선택하면 해당 광고의 캠페인, 광고 그룹, 소재까지 등록해야만 계정 생성 과정이 끝나 복잡하다. 계정을 먼저 생성한 후 본인에게 필요한 광고를 세팅해 나가기로 한다. 이번 챕터의 목적은 구글 옵티마이즈의 컨테이너까지 생성한 후 다시 구글 태그 매니저로 구축할 준비를 하는 것이다.

5단계 비즈니스 정보를 입력하는 단계다.

❶ 청구서 수신 국가와, 시간대, 통화가 제대로 설정되어 있는지 확인한다. 지금 설정이 구글 애즈의 기본값이다.

❷ [제출]을 클릭하여 설정을 완료한다.

6단계

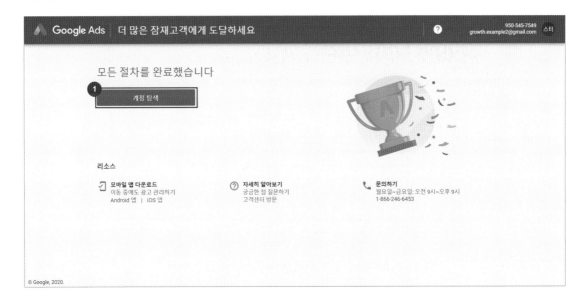

❶ [계정 탐색]을 클릭해 구글 애즈의 관리자 페이지로 이동한다.

7단계   '계정 탐색'을 클릭한 다음 아래 화면이 노출되면 제대로 따라온 것이다. 여러분은 '전문가 모드'
로 구글 애즈 계정을 생성하였다. 창을 닫고 구글 옵티마이즈 컨테이너 생성단계로 넘어간다.

CHAPTER. 5

Google Optimize

Unit. 01 구글 옵티마이즈 구도 파헤치기

구글 옵티마이즈는 계정 〉 컨테이너 〉 실험환경 구도를 따른다. 하나의 계정에서 다수의 홈페이지에 적용할 수 있는 다수의 컨테이너를 생성할 수 있다. 또 각 컨테이너에는 A/B 테스트, 다변수 테스트, 리디렉션 테스트, 맞춤 테스트 등의 실험환경을 제공한다. 웹사이트에 옵티마이즈가 구현되어 있다면 테스트를 위한 트래픽 분배는 옵티마이즈에서 자동으로 진행해준다.

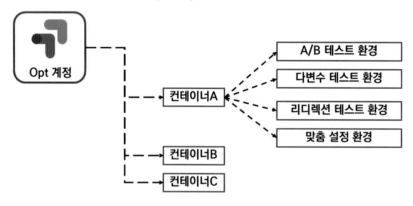

Google Optimize 계정 구도

Unit. 02 구글 옵티마이즈 구동 원리

구글 옵티마이즈는 구글 태그 매니저로 태그를 가상으로 구현한 후 구글 애널리틱스와 연결하여 사용한다. 구글 옵티마이즈가 웹사이트의 실제 소스코드를 건드리지 않고도 다양한 A/B 테스트가 가능한 이유는 '비주얼 편집기(Visual editor)'라는 기능을 지원하기 때문이다. 쉽게 말해 웹사이트 위에 가상의 화면으로 덮는 것이다. 비주얼 편집기를 사용하면 웹사이트의 소스코드 수정 없이, 수정한 것과 같은 효과를 시각적으로 사용자에게 보여줄 수 있게 된다. 비주얼 편집기의 대표적인 작업으로는 '특정 텍스트', '특정 이미지', '특정 영상'을 변경하는 것이다. 텍스트를 변경하기 위해서는 비주얼 편집기에서 해당 텍스트를 삭제한 후, 대안 텍스트를 입력하고 게시하기만 하면 된다. 특정 이미지를 변경하기 위해서는 대안 이미지를 아무 웹 서버에

올린 후, 비주얼 편집기에서 해당 이미지를 대체할 곳에 불러오면 된다. 특정 영상을 교체하는 작업도 똑같다, 만일 유튜브 영상이라면 유튜브에서 퍼가기를 사용하여 〈iframe〉 태그를 복사한 후 해당 영상 자리에 대체하여 입력하면 된다. 〈iframe〉 태그는 유튜브에서 아무 영상이나 공유 〉 퍼가기 〉 복사 과정으로 정보를 쉽게 가져올 수 있다. 한 가지 주의할 점은 비주얼 편집기를 사용하는 경우 기기별로 달라지는 해상도 호환성을 꼭 체크하는 것이다. PC와 모바일 그리고 모바일 기종별 해상도 차이를 말한다. 다행히 비주얼 편집기는 여러 화면 크기 및 기기 유형과 호환되는지 확인하는 기능을 옵션으로 제공한다. 또한 반응형으로 제작된 웹사이트의 스타일 변경을 적용할 수도 있다.

 ## Unit. 03 구글 옵티마이즈와 구글 애널리틱스 관계

구글 옵티마이즈는 테스트 환경과 구동을 지원한다. 예를 들어 대안 요소를 만드는 행위, 트래픽을 나누는 행위, 대안 페이지를 노출시키는 행위, 도착 페이지를 변경시켜주는 행위 등이다. 이러한 행위의 실질적인 구동을 지원한다. 그리고 구글 애널리틱스는 트래픽을 추적하여 달성한 성과 데이터를 구글 옵티마이즈로 전달한다. 구글 옵티마이즈는 지금까지 관측된 데이터를 바탕으로 앞으로 예상되는 전환율과 특정 목표에 대해 원본과 대안 간의 상대적 전환율 차이를 예측하여 사용자가 판단할 수 있도록 해준다. 한 가지 말해둘 것은 구글 옵티마이즈는 웹 전용의 A/B 테스트 솔루션이다. 앱에 대한 A/B 테스트는 'Firebase A/B Testing' 기능을 사용한다. Firebase A/B Testing 에서는 앱의 특정 동작에 대한 실험과 서로 다른 인앱 메시지를 보내는 등의 테스트환경을 지원한다. 앱 A/B 테스트는 개발자와 협업해서 진행해야 한다. 구글 옵티마이즈는 웹 전용이기 때문에 구글 애널리틱스 4가 아닌 유니버설 애널리틱스와 연결해 사용한다.

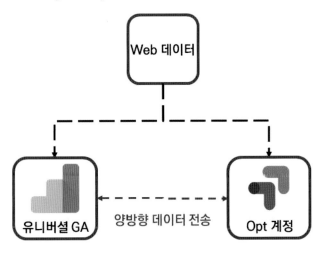

Google Optimize 데이터 전송 구도

Unit. 04 구글 옵티마이즈 테스트환경 이해하기

구글 옵티마이즈의 가장 큰 장점은 정확한 트래픽 분배와 다른 외부 요소의 영향을 받지 않고 실적이 관찰되고 측정될 수 있도록 유사한 시점에 게재된다는 것이다. 예를 들어 일반적으로 광고매체에서 그룹을 복사하여 A/B 테스트를 진행하는 경우 노출수, 클릭수, 클릭율, 노출지면 등의 영향을 받아 트래픽이 불균형해진다. 구글 옵티마이즈는 이런 외부적인 요소에 영향을 받지 않는 것이다. 구글 옵티마이즈는 타겟팅 기능을 사용하여 실험 범위를 특정 잠재고객으로 제한할 수도 있다. 또 설정한 목표를 기준으로 각 대안 페이지의 실적 데이터를 포착하여 가장 실적이 우수한 대안 페이지를 식별하여 대시보드에 보고해준다. 한 가지 알아두어야 할 점은 사람을 분배하는 것이 아니라 트래픽을 분배한다는 것이다. 예를 들어 같은 사람이 두 번 연속해서 방문하는 경우에도 트래픽을 나눌 수 있다는 뜻이다. 하지만 구글 옵티마이즈는 쿠키에 설정값을 저장해두기 때문에 A 요소를 봤던 기기에는 다시 같은 A 요소를 보여준다. 구글 옵티마이즈는 총 4개의 실험환경을 제공하는데 A/B 테스트 환경, 다변수 테스트 환경, 리디렉션 테스트 환경, 맞춤 설정 환경이다.

- **A/B 테스트 환경**: A/B 테스트는 동일한 웹페이지에서 진행하는 최적화 도구의 대표적인 실험이다. 원래 페이지에서 부분적인 요소인 '버튼 클릭 유도 문안', '특정 이미지', '특정 영상' 등을 테스트할 때 사용한다. 예를 들어 웹사이트에 구글 옵티마이즈가 구현되어있는 경우, 옵티마이즈에서는 원래 페이지의 소스를 이용하여 실험환경 안에 대안 페이지 B를 만들 수 있고, 이 대안 페이지에 '버튼 클릭 유도 문안', '특정 이미지', '특정 영상' 등을 원래 페이지와는 다른 것으로 대체하는 것이다. 그런 다음 실험을 시작하는데, 옵티마이즈에서 방문자의 트래픽을 자동으로 분배하여 A와 B를 번갈아 보여준다. 원래 페이지에 10명이 방문했다면 5명에게는 원래 페이지를 보여주고, 나머지 5명에게는 대안 페이지 요소를 보여주는 형식이다. 유입되는 트래픽에 대한 분배 비율은 인터페이스에서 설정할 수 있다. 이러한 대안 페이지를 다수 생성하여 실험할 수도 있다.

- **다변수 테스트 환경**: 다변수 테스트는 A/B 테스트와 원리가 매우 흡사한데, 가장 큰 차이점은 가장 효과적인 대안 페이지를 찾아서 보여주는 게 아니라 가장 효과적인 대안 요소를 찾아내고 이들 요소 간의 상호작용을 분석한다. 그런 다음 어떤 조합이 가장 좋은지 보고한다. 둘 이상의 요소에 대한 대안을 동시에 테스트하여 방문 페이지의 여러 측면을 최적화하는 데 유용하다.

- **리디렉션 테스트 환경**: 리디렉션이란 방문자가 원래 요청한 URL이 아닌 다른 URL로 방문자를 보내는 행위이다. 예를 들어 광고를 클릭해서 연결되는 랜딩페이지를 A라고 했을 때, A 페이지에 방문하는 사람들의 트래픽을 분배하여 전혀 다른 대안 페이지 B로 랜딩 시키는 것이다. 리디렉션 테스트는 원래 페이지하고는 완전히 다른 페이지를 테스트할 때 사용한다. 즉 테스트할 목적으로 URL을 다르게 하여 새로운 페이지를 만들고 나서 하는 테스트다.
    - **원본**: www.example.com/landing1
    - **대안**: www.example.com/landing2

- **맞춤 설정 환경**: 맞춤 설정은 테스트 기능이 아니다. 다른 테스트 환경에서 도출된 나은 결과를 영구적으로 적용할 때 사용한다. 예를 들어 구글 옵티마이즈의 상세한 타겟팅 기능으로 특정 사용자에게만 나은 성과를 보이는 대안 페이지를 발견했다고 치자, 앞으로도 이 특정 사용자들에게는 대안 페이지만 보여주고 싶은데, 이때 맞춤 설정을 사용하면 최적화 도구의 타겟팅은 그대로 유지하면서 대안 페이지를 영구적으로 배포할 수 있다. 즉, 맞춤 설정은 특정 방문자 그룹에 맞도록 웹사이트를 변경하는 것이다. 실험이 아니니 맞춤 설정은 대안 페이지가 없다. 타겟팅 조건을 충족하는 모든 사용자에게 적용되는 단일 변경 조합이다.

Unit. 05 구글 옵티마이즈 실험군 타겟팅 방법

구글 옵티마이즈에서 타겟팅이란 사용자가 실험을 위한 특정 기준을 정하고 방문하는 트래픽에서 해당 기준에 맞는 트래픽만 찾아내어 실험군에 포함하는 것을 말한다. 예를 들어 특정 페이지로 방문, 특정 기기로 방문, 특정 매체의 광고를 통한 방문 등을 기준으로 실험하는 것이다. 구글 옵티마이즈에서 제공되는 타겟은 크게 두 가지로 '페이지 타겟팅'과 '사용자 타겟팅'이 있다. 페이지 타겟팅은 웹사이트에서 이 실험환경을 운영할 위치를 URL을 기준으로 지정하는 것을 말한다. 예를 들어 내 웹사이트의 URL 일부, 도메인, 경로 등과 일치하게 되면 해당 트래픽을 실험군으로 분류하는 것이다. '사용자 타겟팅'은 보다 더 다양한 기준을 제공하는데, UTM 파라미터, 기기 종류, 특정 행동, 지역, 브라우저, OS 등으로 기준을 세울 수 있다. 또 구글 옵티마이즈는 구글 애즈로부터 유입되는 트래픽을 아주 상세하게 타겟팅할 수도 있는데 계정, 캠페인, 그룹, 소재 등으로 트래픽을 분배할 수 있다.

> **사례** **Google Optimize를 사용하지 않던 모 대행사의 비효율적인 랜딩페이지 A/B테스트**
>
> Optimize를 사용하지 않는 대행사에서는 매체에서 광고그룹을 복사하여 그룹A와 그룹B를 만들고 각각 다른 소재 또는 URL을 넣는 방식으로 A/B테스트를 진행한다. 한 두 번 급할 때는 이 방법도 괜찮다. 하지만 20개의 광고그룹을 40개로 늘리는 행위는 그곳의 역량을 의심해봐야 할 것이다. 지시하는 사람은 편하겠지만 액션을 취하는 부하 직원들은 업무량이 2배, 3배 늘어나게 된다. 만일 Optimize를 사용했다면 Optimize 인터페이스에서 UTM 파라미터의 여부로 규칙을 추가하여 사용자 타겟팅을 지정해주면 되는 일이었다. 5분이면 테스트환경을 만들 수 있고 그룹을 무리하게 나누지 않아도 되는 일이었다. 이 일은 모 대행사에서 10년 차 국장이 이끄는 팀에 실제 있었던 일이다. 결국 그 팀은 광고그룹을 100개 이상 만드는 비효율적인 사태로 퍼졌다.

Unit. 06 구글 옵티마이즈 계정 및 컨테이너 만들기

구글 옵티마이즈의 계정 및 컨테이너 생성은 이메일 수신 동의 〉 계정 설정 〉로 비교적 간단하다.

1단계　크롬 브라우저에서 구글 계정에 로그인한 다음 아래 구글 옵티마이즈 홈에 접속한다.
https://optimize.google.com/optimize/home/　그런 다음 [시작하기]를 클릭한다.

2단계　이메일 수신 동의 단계다.

❶ 동의하는 경우 도움말 및 권장사항, 제품 출시, 시장조사 동향 정보 등을 메일로 받는다.

❷ [다음]을 클릭해서 계정 설정 단계로 넘어간다.

3단계 서비스 약간과 개인 정보 보호 약관이다.

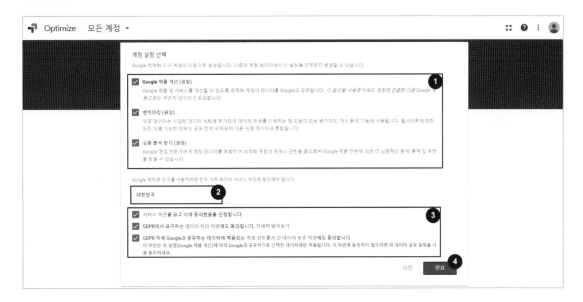

❶ 모두 체크할 경우 구글 제품 간의 원활한 데이터 공유, 익명화된 벤치마킹 정보 제공, 구글 지원팀의 지원 등을 받게 된다. 모두 체크하는 것을 권장한다.

❷ 비즈니스를 영위하는 지역 국가를 선택한다.

❸ Google 제품끼리 원활한 데이터를 공유와 'Google 신호 데이터'를 온전하게 사용하기 위해 모든 도구에 동일하게 GDPR을 체크한다.

❹ [완료]를 클릭하면 구글 옵티마이즈 계정과 컨테이너 생성이 끝난다.

4단계 아래 화면이 보인다면 구글 옵티마이즈 계정과 컨테이너 1개가 생성된 것이다. 다음 챕터에서 구글 태그 매니저를 사용해 유니버설 애널리틱스, GA4, 구글 애즈, 구글 옵티마이즈의 가상 태그를 구현할 것이다. 시작하기 전에 구글 태그 매니저 컨테이너의 스크립트는 웹사이트에 실제로 있어야 한다.

CHAPTER. 6

ID 수집하기

지금까지 각 도구의 계정을 준비했다. 이제 구글 태그 매니저로 시스템을 구성하기 위해서 유니버셜 애널리틱스 속성ID, GA4 측정ID, 옵티마이즈 컨테이너ID, 구글 애즈 전환ID 등 고유 ID를 수집할 것이다.

1단계　크롬 브라우저에서 구글 계정에 로그인한 다음 https://www.google.com/analytics/web(구글 애널리틱스 홈)에 접속한다.

❶ 화면 속 좌측 상단을 클릭해서 계정창을 연다.

2단계

❶ 보이는 화면에서 유니버셜 애널리틱스의 속성 ID인 "UA-XXXXXXXXX-1"를 메모해둔다.

❷ GA4 속성을 클릭한다.

3단계

❶ 좌측 하단 [관리]를 클릭한 다음, 페이지가 열리면 ❷ [데이터 스트림]을 클릭한다.

4단계

❶ 도메인이 보이는 웹 스트림을 클릭해 세부 정보를 연다.

❷ 데이터 스트림이 없다면 스트림 추가를 눌러 웹을 추가한다. '유니버셜 애널리틱스와 구글 애널리틱스 4 계정 및 속성 생성' 과정을 진행했다면 웹 스트림은 이미 있을 것이다.

5단계

❶ 웹 스트림 세부 정보에서 GA4 속성의 측정 ID인 "G-XXXXXXXXXX"를 메모해둔다.

6단계

❶ 다시 좌측 상단을 클릭해서 계정창을 연다.

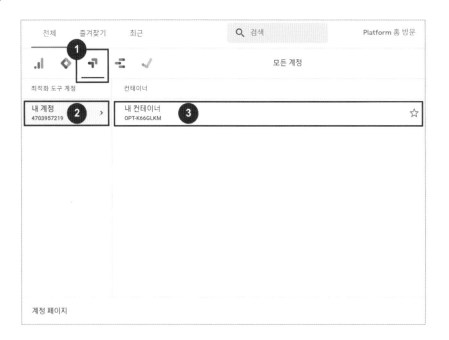

계정 페이지

❶ 구글 옵티마이즈 로고를 클릭한다.

❷ [내 계정]을 클릭하면 우측 컨테이너 정보가 활성화 된다.

❸ 구글 옵티마이즈의 컨테이너 ID인 "OPT-XXXXXXX"을 메모한다.

8단계　같은 계정으로 로그인을 유지하고 크롬 브라우저에서 https://ads.google.com/home/ (구글 애즈 홈)에 접속한 다음 [시작하기]를 클릭한다.

9단계 구글 애즈의 인터페이스 화면이다.

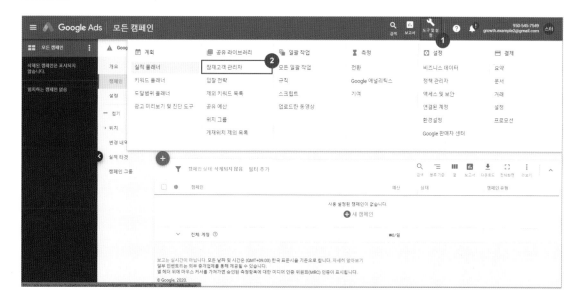

❶ 우측 상단에 [도구 및 설정]을 클릭해 설정창을 띄운다.

❷ [잠재고객 관리자]를 클릭해 추가 설정창으로 이동한다.

10단계

❶ 좌측 [잠재고객 소스]를 클릭한다.

❷ Google Ads 태그 화면이 보이면 그 안에 [태그 설정]을 클릭한다.

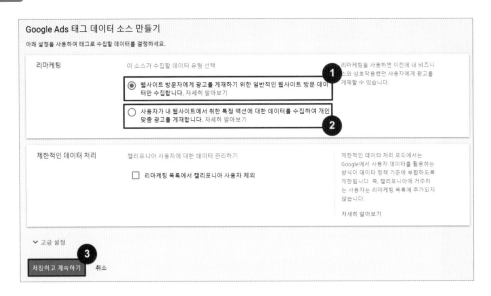

❶ 구글 애즈의 전체 사이트 태그와 전환 ID를 발급받는 곳이다.

❷ 구글 애즈의 전체 사이트 태그를 통해 구글 애즈의 기본 리마케팅 기능을 활성화하는 것 외에 부가적으로 '개인 맞춤 동적 리마케팅 광고'를 제작하려면 2번을 선택해 '이벤트 스니펫'을 함께 발급받는다. 이 경우 전체 사이트 태그와 이벤트 스니펫 두 개가 발급된다. 혹시, 내가 특정 쇼핑몰에서 봤던 상품이 웹 상에서 나를 따라다니는 경험을 해본 적이 있을 것이다. 해당 광고가 동적 리마케팅 광고다. 체크할 경우, 비즈니스 유형 선택창이 활성화된다. 이는 제품 또는 서비스와 관련된 특정 데이터를 수집하기 때문이다. 결론적으로 고객행동의 동적 데이터를 구글 애즈로 다시 전달하도록 웹사이트의 코드를 맞춤 설정하는 까다로운 작업이 수반된다.

❸ 1번을 선택한 다음 [저장하고 계속하기]를 클릭한다.

12단계

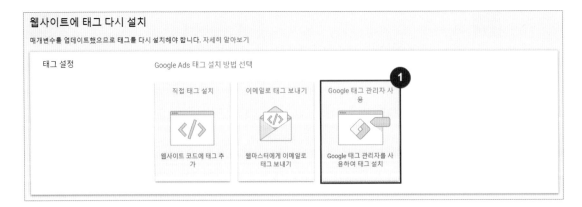

❶ [Google 태그 관리자 사용]을 클릭한다.

13단계

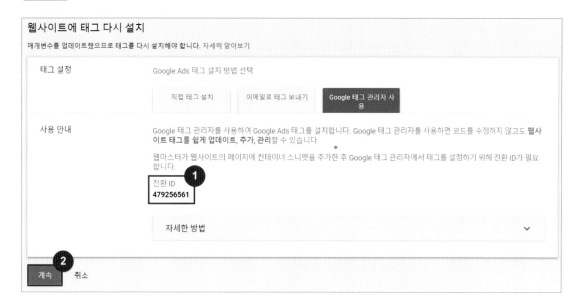

❶ 구글 애즈의 전환 ID를 메모한다.

❷ [계속]을 클릭한다.

14단계

❶ [완료]를 클릭하고 설정을 마무리한다.

전환 ID를 수집하는 과정에서 '모든 방문자(Google Ads)' 목록이 자동으로 형성되었다. 구글 태그 매니저로 전체 사이트 태그를 가상으로 구현하면 이 목록에 잠재고객이 쌓이기 시작한다.

잠깐!

펜은 그 어떤 것보다 강력하다. '내가 앞으로 어떠한 마케터가 되고 싶은지'
혹은 '마케터로 이루고자 하는 목표가 무엇'인지 아래에 한 번 적어보자.
이 책을 읽고 있는 이유를 적어도 좋다. 머지않아 그대로 이루어질 것이다.

PART. 04

●

G.M.P 시스템 통합 구축 실습하기

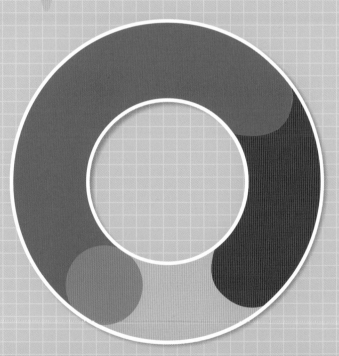

Google Marketing Platform

CHAPTER. 1

구글 태그 매니저 구도 파헤치기

'구글 태그 매니저 이해하기'에서 태그 관리자의 용도를 설명했다면 이번 단락에서는 구글 태그 매니저의 구도를 설명하고 실제 도구들을 구현하는 단계를 가질 것이다. 구글 태그 매니저는 태그, 트리거, 변수로 구성되어 있다. 일단 구글 태그 매니저 컨테이너가 설치되면 웹사이트 또는 앱은 구글 태그 매니저 서버와 통신을 시작한다. 사용자는 구글 태그 매니저의 인터페이스에서 일련의 작업을 통해서 태그를 설정하고, 특정 행위가 발생하면 태그가 실행되게 구성한다. '태그'는 앞서 설명한 대로 화살괄호 안에 〈 〉 코드 및 태그라고 통칭하는 관련 코드다. '트리거'는 사전적 의미로는 방아쇠를 뜻하는데, 웹사이트 또는 앱에서 사용자가 사전에 정의한 특정 조건이 충족될 때 이를 감지하고 해당 태그를 실행해주는 역할을 한다. 예를 들어 웹사이트 방문자가 '회원 가입 버튼'을 클릭할 때 방아쇠를 당겨 이벤트 태그를 실행시키는 것이다. 즉, 트리거는 버튼 클릭, 페이지뷰, 영상 조회, 스크롤과 같은 특정 행동을 감지하고 사전에 설정된 태그를 실행한다. 그래서 항상 태그와 트리거를 조합해서 사용한다. '변수'는 여러 가지 태그 옵션을 지정하고 자동화하는 데 사용한다. 앞으로 계속 '태그', '트리거', '변수' 단어가 나오니 머릿속으로 의미를 생각하면서 따라온다면 쉽게 익숙해질 것이다.

CHAPTER. 2

구글 태그 매니저로 유니버셜 애널리틱스 구축하기

1단계 크롬 브라우저에서 https://tagmanager.google.com/#/home (구글 태그 매니저 홈)에 접속한다.

❶ 앞 단계에서 생성한 컨테이너 이름을 클릭한다.

2단계

❶ [변수]를 클릭한다.

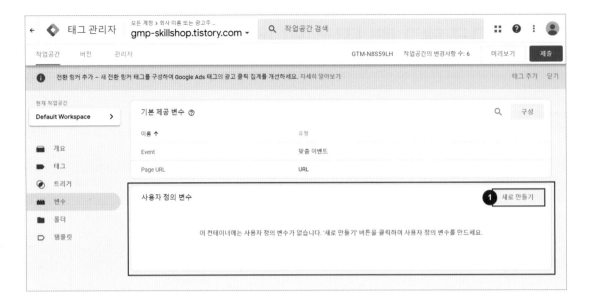

❶ 사용자 정의 변수 영역에서 [새로 만들기]를 클릭한다.

4단계

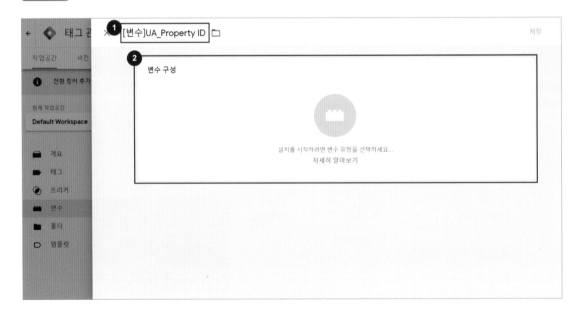

❶ 변수 이름을 지정하는 곳이다. '이름 없는 변수' 대신 "[변수]UA-Property ID"를 입력한다.

❷ [변수 구성]을 클릭한다.

❶ [Google 애널리틱스 설정]을 클릭한다.

❶ 유니버셜 애널리틱스 속성의 추적 ID를 입력한다. 이 책에서는 'UA-182291987-1'이다.

❷ 구글 태그 매니저로 유니버셜 애널리틱스 태그가 설정되는 경우, 쿠키에 저장되는 도메인(예: cookieDomain)이 모두 같아야 한다. 쿠키 도메인을 'auto'로 설정하면 Google 애널리틱스가 자동으로 가장 적합한 도메인을 판단하고 도메인이 변경되지 않는 이상 쿠키를 통해서 동일 기기임을 판단한다.

❸ [저장]을 클릭하면 변수가 생성된다.

7단계 구글 태그 매니저 메인 화면이다.

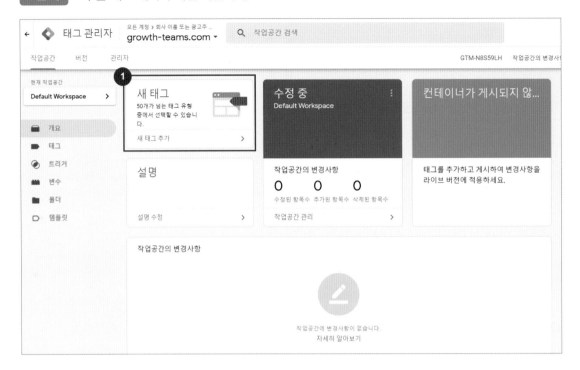

❶ [새 태그]를 클릭하면 오른쪽에서 태그 생성창이 열린다.

8단계 태그 이름을 지정한다.

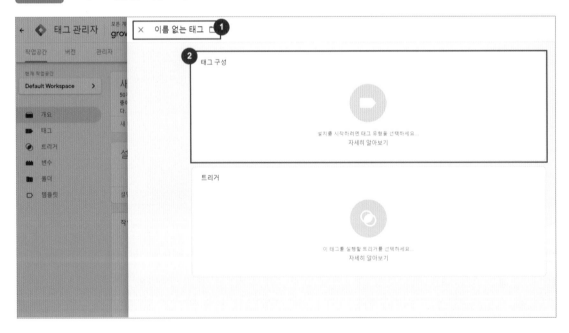

❶ 태그 이름 작성란이다. '이름 없는 태그' 대신 "[태그]유니버셜 애널리틱스_페이지뷰"로 이름을 작성한
다. '페이지뷰'라고 적는 이유는 구글 애널리틱스의 기본 추적 스크립트는 페이지뷰를 트리거로 사용하

기 때문이다. 현업에서는 태그 이름은 사용자끼리 약속하여 사용한다.

❷ [태그 구성]을 클릭하면 다시 한번 오른쪽에서 태그 목록이 열린다.

9단계   사전에 구글 태그 매니저에서 정의된 태그 유형 선택단계다.

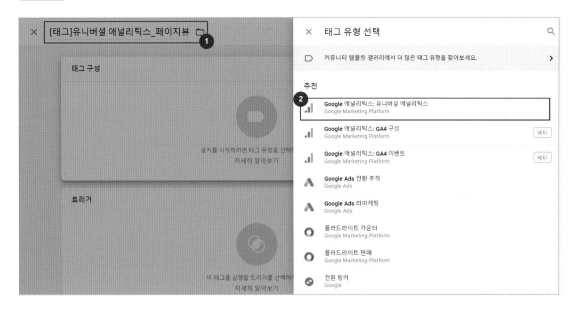

❶ 태그의 이름이 바뀐 것을 확인한다.

❷ 태그 유형 선택에서 [Google 애널리틱스: 유니버셜 애널리틱스]를 클릭한다.

10단계

❶ 추석 유형 "페이지뷰"를 확인한다.

❷ Google 애널리틱스 설정에서 앞에서 만든 '[변수]UA_Property ID'를 선택한다.

11단계   추적 ID를 입력한 다음 하단에 [트리거]를 클릭한다.

❶ [트리거]를 클릭하면 오른쪽에 트리거 유형을 선택할 수 있는 창이 열린다.

12단계

❶ 트리거 선택에서 [All pages]를 클릭한다.

13단계 유니버셜 애널리틱스의 기본 추적 스크립트 가상 태그 구현이 끝났다.

❶ 구글 태그 매니저에서 태그를 생성할 때는 늘 같은 과정을 거친다. 태그 이름을 정하고, 태그 유형을 선택하고, 태그와 관련된 설정을 한다.

❷ 태그 설정이 끝난 다음 이 태그가 언제 실행되어야 하는지 트리거를 지정한다. All Pages 트리거는 웹사이트의 모든 페이지를 추적하는 트리거다. 즉, 페이지가 열릴 때마다 태그가 실행된다.

❸ [저장]을 클릭하면 유니버셜 애널리틱스의 기본 추적 스크립트를 가상으로 구현하는 설정이 모두 끝난다.

14단계 유니버셜 애널리틱스 속성의 기본 추적 스크립트 가상 태그 구현설정이 끝났다. 어렵지 않았을 것이다. 책의 후반으로 갈수록 구글 태그 매니저의 숙련도가 많이 쌓일 것이다.

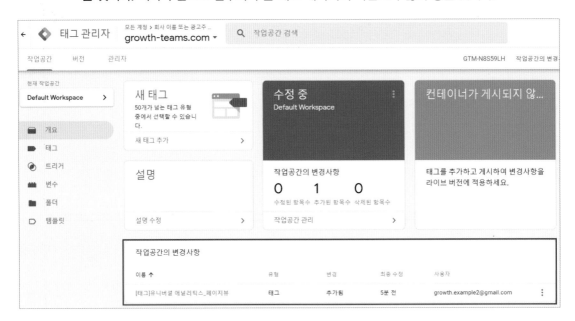

구글 태그 매니저에는 '작업 공간'이라는 곳이 있다. 처음 시작한 후 특별하게 만들지 않은 이상 'Default Workspace'에서 작업하게 된다. 즉 기본 작업 공간이다. 구글 태그 매니저는 실무에서 다수의 사람이 협업하여 사용하기 때문에 작업 공간을 분류할 수 있도록 안배가 되어 있다. 또 '설정 저장'만으로 실제 웹사이트에 반영되는 것을 막기 위해 최종적인 '게시' 단계가 존재한다. 지금도 유니버셜 애널리틱스 속성의 기본 추적 스크립트 가상 태그 구현설정은 온전히 완료되었고 저장은 되었으나 실제로 반영된 것은 아니다. 만약 '게시'하는 경우 유니버셜 애널리틱스 속성에서 100개가 넘는 메뉴에 데이터 수집을 시작한다. 책에서 실제 '게시'는 나머지 도구들의 가상 태그를 구현한 다음, 검수(디버깅)단계를 거친 후 진행할 것이다. 실무에서도 '게시'하기 전에 항상 검수 단계를 거친다.

CHAPTER. 3

구글 태그 매니저로 구글 애널리틱스 4 웹 스트림 구축하기

이번에는 GA4 웹 스트림의 가상 태그를 구현할 것이다. 앞선 유니버셜 애널리틱스 속성 태그 구현과 같은 방법이니 복습이라 생각해도 좋다.

1단계

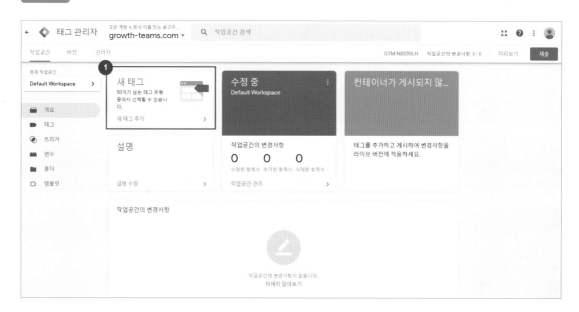

❶ [새 태그]를 클릭해서 오른쪽에 태그 생성창을 활성화한다.

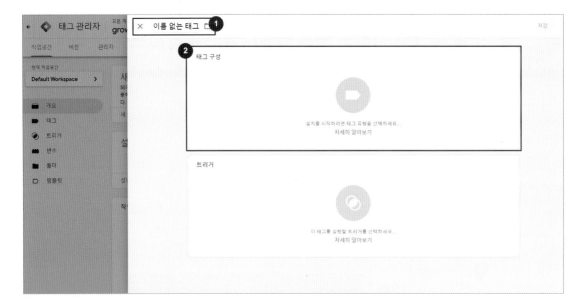

❶ 이번에는 태그 이름을 "[태그]구글 애널리틱스4_페이지뷰"로 작성한다. GA4 속성도 기본 추적 웹 스트림의 트리거는 페이지뷰다.

❷ [태그 구성]을 클릭한다.

3단계

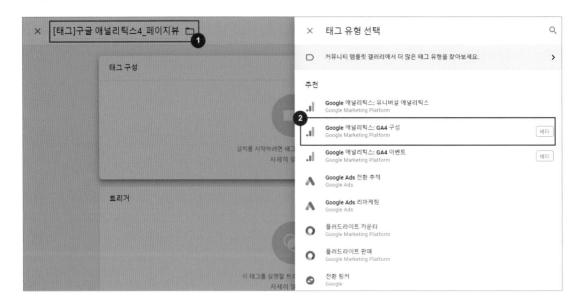

❶ 태그의 이름이 바뀐 것을 확인한다.

❷ 태그 유형 선택에서 [Google 애널리틱스: GA4 구성]을 클릭한다.

4단계

❶ 측정 ID란에 미리 메모해둔 웹 스트림 측정 ID를 입력한다. 이 책의 경우 'G-E7415SFX35'이다.

5단계 측정 ID를 입력한 다음 하단에 '트리거'를 클릭한다.

❶ [트리거]를 클릭해서 오른쪽에 트리거 유형 선택창을 활성화한다.

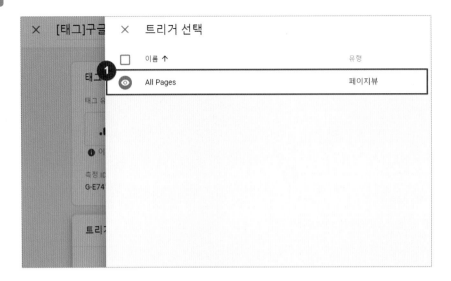

❶ 트리거 선택에서 [All pages]를 클릭한다.

❶ 태그 구성과 트리거를 확인한 후 [저장]을 클릭한다.

8단계 구글 애널리틱스4 속성의 기본 추적 스크립트 가상 태그 구현설정이 끝났다.

❶ '작업공간의 변경사항' 영역에 '[태그]구글 애널리틱스4_페이지뷰'가 표시되는지 확인한다.

CHAPTER. 4

구글 애널리틱스 4 Android / IOS 스트림 구현하기

앞서 구글 태그 매니저로 유니버설 애널리틱스 속성과 GA4 속성의 웹용 가상 태그를 구현했다. 지금 상태에서 '게시' 하면 웹의 모든 페이지에서 '페이지뷰' 태그가 트리거되어 데이터 수집을 시작한다. 구글 태그 매니저를 사용하지 않았다면 개발자가 손수 모든 페이지에 스크립트를 삽입해 주어야 하는 일을 마케터가 대신해낸 것이다. 이제 GA4 속성의 앱 스트림을 구현할 것이다. 앱 스트림은 Firebase SDK를 앱에 적용하는 과정이다. 이 부분은 명확하게 개발자의 영역이다. 필자는 마케터가 할 수 있는데 못하는 것은 문제지만 반대로 개발자의 영역은 명확하게 구분하는 것을 좋아한다. 그래서 이번 단락에서는 Firebase SDK를 개발자에게 어떻게 요청하고, 커뮤니케이션은 어떻게 해야 하는지를 이야기하고자 한다. 그간 현업에서 마케터와 개발자 사이가 틀어지는 경우를 많이 봐왔다. 마케터는 당연하다는 듯이 개발자에게 툭 던져서 문제고, 개발자는 만일 해본 적이 없는 일이라면 '어쩌라고'가 된다. 필자는 마케터와 개발자의 커뮤니케이션 간격이 조금이라도 줄었으면 한다.

우선 마케터가 개발자에게 Firebase SDK 적용을 요청하기 전에 정리해야 할 것이 한 가지 있다. 바로 이벤트를 정의하고 어떤 고객 행동을 수집할지 목록을 정리해야 한다. GA4 속성의 웹 스트림과 Firebase SDK는 각 플랫폼에 설치하는 것만으로도 자동으로 추적되는 이벤트들이 있다. 페이지 조회, 스크롤, 이탈 클릭, 사이트 검색, 동영상 시청, 파일 다운로드 등을 포함해 약 40여 가지 이벤트를 추적한다. 마케터는 여기에 더해 주요 고객 행동 이벤트를 찾아 정리하는 것이다. 왜냐하면 비즈니스별로 주요하게 생각하는 행동은 대부분 자동으로 추적되는 이벤트가 아니라서 그렇다. 예를 들어 가입 완료, 로그인, 거래 완료, 장바구니 사용, 카톡 상담 버튼 클릭, 전화 걸기 버튼 클릭, 상담 완료 버튼 클릭 등이다. 이것들은 일련의 작업을 통해 추적 환경을 만들어야 한다. 기업에 웹사이트 하나만 존재한다면 마케터가 구글 태그 매니저를 이용해서 구현하면 된다. 하지만 앱과 웹이 공존한다면 '이벤트 범위'에 대해 서로 합을 맞춰야 한다. 이 과정을 마케터가 리드하는 것이다. 무슨 말이냐면, 고객이 웹에서 장바구니에 물건을 담는 행위를 '장바구니 버튼 클릭' 이벤트로 정의하고자 한다면, 앱에서도 똑같은 행위를 '장바구니 버튼 클릭' 이벤트로 정의해야 한다. 결론은 마케터는 어떤 이벤트를 수집할지 항목들을 정하고, 그 이벤트의 이름과 매개변수까지 지정한 다음 개발자에게 전달해야 한다. 즉 '장바구니 버튼 클릭' 이벤트를 추적하는데 단순히 클릭 여부 외에 '상품 이름', '금액', '카테고리 이름' 등 어떤 변동 값을 추가할 것인지 정하는 것이다. 개발자와의 커뮤니케이션이 원활하기 위해서는 마케터 본인이 어떤 데이터를 보고 싶은지 파악해서 정리하는 것이 중요하다.

- **이벤트와 매개변수**: 이벤트는 고객 행동 자체를 의미한다. 매개변수는 컴퓨터 프로그래밍에서 변동성이 있는 값 또는 여러 데이터 중 하나를 가리키기 위해 광범위하게 쓰는 용어다. 예를 들어 고객이 장바구니에 물건을 담았을 때 '장바구니 사용'은 이벤트고 '상품 이름'은 매개변수다. 사용자가 결제를 완료했을

때 '거래'는 이벤트고 '결제 금액', '주문번호'는 매개변수다. 사용자가 쿠폰을 사용했을 때 '쿠폰 사용'은 이벤트고 '쿠폰 이름'과 '쿠폰 가격'은 매개변수다. 사용자가 앱에서 검색할 때 '검색'은 이벤트고 검색한 '키워드'는 매개변수다. 즉, 이벤트는 '행동'이고 매개변수는 '값'이다. 매개변수는 매개체의 변수 또는 대상의 변수를 의미한다. 예를 들어 이벤트 purchase에 매개변수 items, transaction_id, value라 하면, 고객의 거래(purchase) 행동에 대해 상품(items), 주문번호(transaction_id), 결제금액(value)을 추가로 수집한다는 의미이다. 마케터가 이벤트와 매개변수를 정의하는 행위는 이러한 것들을 정리하는 것을 말한다.

 Tip   이벤트를 정의할 때 주의할 점

자동으로 추적되는 이벤트는 아니어서 직접 구현해야 하지만, Google에서 사전에 정의한 이름을 사용해야 하는 이벤트들이 있다. 이러한 이벤트들을 '추천 이벤트'라 부른다. GA4 속성에서 사용 가능한 세부 정보를 최대한 보장하고 향후 기능 통합이 제공될 때 혜택을 받으려면 지정된 이벤트 이름과 지정된 매개변수를 써야 한다. 추천 이벤트는 모든 앱에 공통으로 사용하는 것과 업종별로 지정된 것이 있는데, 편의대로 섞어 사용한다. 아래 추천 이벤트를 정리한 표를 참조하여 수집할 이벤트를 정리한다. 이벤트는 추천 이벤트를 포함하여 Google에서 사전 정의하지 않아 마음대로 이름을 지정하는 것까지 총 500개를 정의할 수 있다.

Google에서 정의한 이벤트 이름과 매개변수 리스트

• **모든 앱 공통으로 추천되는 이벤트**

원본 URL: https://support.google.com/firebase/answer/6317498?hl=ko

이벤트 이름	트리거	매개변수
join_group	사용자가 길드에 참여할 때 (다양한 집단이나, 길드의 인기도를 추적할 수 있다.)	group_id
login	사용자가 로그인할 때	method
search	사용자가 앱에서 검색할 때	search_term
select_content	사용자가 앱에서 콘텐츠를 선택할 때	content_type item_id
share	사용자가 앱에서 콘텐츠를 공유할 때	content_type item_id
sign_up	사용자가 서비스에 가입할 때	method
spend_virtual_currency	사용자가 앱에서 쿠키, 보석, 루찌 등의 가상 화폐를 사용할 때	item_name vitual_currency_name value
tutorial_begin	사용자가 튜토리얼을 시작할 때	매개변수 없음
tutorial_complete	사용자가 튜토리얼을 완료할 때	매개변수 없음

- **전자상거래 서비스에 추천되는 이벤트**

  원본 URL: https://support.google.com/analytics/answer/9268036

이벤트 이름	트리거	매개변수
add_payment_info	사용자가 결제정보를 제출할 때	coupon, currency, items, payment_type, value
add_shipping_info	사용자가 배송 정보를 제출할 때	coupon, currency, items, shipping_tier, value
add_to_cart	사용자가 장바구니에 상품을 추가할 때	currency, items, value
add_to_wishlist	사용자가 위시리스트에 상품을 추가할 때	currency, items, value
begin_checkout	사용자가 결제를 시작할 때	coupon, currency, items, value
generate_lead	사용자가 양식을 제출하거나 정보를 요청할 때	value, currency
purchase	사용자가 구매를 완료할 때	affiliation, coupon, currency, items, transaction_id, shipping, tax, value
refund	환불이 처리되었을 때	affiliation, coupon, currency, items, transaction_id, shipping, tax, value
remove_from_cart	사용자가 장바구니에서 상품을 삭제할 때	currency, items, value
select_item	목록에서 상품이 선택되었을 때	items, item_list_name, item_list_id
select_promotion	사용자가 프로모션을 선택할 때	items, promotion_id, promotion_name, creative_name, creative_slot, location_id
view_cart	사용자가 장바구니를 볼 때	currency, items, value
view_item	사용자가 상품을 볼 때	currency, items, value
view_item_list	사용자가 상품 또는 서비스 목록을 조회할 때	items, item_list_name, item_list_id
view_promotion	사용자에게 프로모션이 표시될 때	items, promotion_id, promotion_name, creative_name, creative_slot, location_id

- **취업정보, 교육, 지역 거래, 부동산 비즈니스에 추천되는 이벤트**

  원본 URL: https://support.google.com/analytics/answer/9268037

이벤트 이름	트리거	매개변수
add_payment_info	사용자가 결제 정보를 제출할 때	coupon, currency, items, payment_type, value
add_shipping_info	사용자가 배송 정보를 제출할 때	coupon, currency, items, shipping_tier, value
add_to_cart	사용자가 장바구니에 상품을 추가할 때	currency, items, value
add_to_wishlist	사용자가 위시리스트에 상품을 추가할 때	currency, items, value
begin_checkout	사용자가 결제를 시작할 때	coupon, currency, items, value
purchase	사용자가 상품을 구매할 때	affiliation, coupon, currency, items, transaction_id, shipping, tax, value
refund	환불이 처리되었을 때	affiliation, coupon, currency, items, transaction_id, shipping, tax, value
remove_from_cart	사용자가 장바구니에서 상품을 삭제할 때	currency, items, value
select_item	목록에서 상품이 선택되었을 때	items, item_list_name, item_list_id
select_promotion	사용자가 프로모션을 선택할 때	items, promotion_id, promotion_name, creative_name, creative_slot, location_id

이벤트 이름	트리거	매개변수
view_cart	사용자가 장바구니를 볼 때	currency, items, value
view_item	사용자가 상품을 볼 때	currency, items, value
view_item_list	사용자가 상품 또는 서비스 목록을 조회할 때	items, item_list_name, item_list_id
view_promotion	사용자에게 프로모션이 표시될 때	items, promotion_id, promotion_name, creative_name, creative_slot, location_id

- **여행,호텔 및 항공 비즈니스에 추천되는 이벤트**

    원본 URL: https://support.google.com/analytics/answer/9267738

이벤트 이름	트리거	매개변수
add_payment_info	사용자가 결제 정보를 제출할 때	coupon, currency, items, payment_type, value
add_shipping_info	사용자가 배송 정보를 제출할 때	coupon, currency, items, shipping_tier, value
add_to_cart	사용자가 장바구니에 상품을 추가할 때	currency, items, value
add_to_wishlist	사용자가 위시리스트에 상품을 추가할 때	currency, items, value
begin_checkout	사용자가 결제를 시작할 때	currency, items, value
generate_lead	사용자가 양식을 제출하거나 정보를 요청할 때	value, currency
purchase	사용자가 상품을 구매할 때	affiliation, coupon, currency, items, transaction_id, shipping, tax, value
refund	환불이 처리되었을 때	affiliation, coupon, currency, items, transaction_id, shipping, tax, value
remove_from_cart	사용자가 장바구니에서 상품을 삭제할 때	currency, items, value
select_item	목록에서 상품이 선택되었을 때	items, item_list_name, item_list_id
select_promotion	사용자가 프로모션을 선택할 때	items, promotion_id, promotion_name, creative_name, creative_slot, location_id
view_cart	사용자가 장바구니를 볼 때	currency, items, value
view_item	사용자가 상품을 볼 때	currency, items, value
view_item_list	사용자가 상품 또는 서비스 목록을 조회할 때	items, item_list_name, item_list_id
view_promotion	사용자에게 프로모션이 표시될 때	items, promotion_id, promotion_name, creative_name, creative_slot, location_id

- **게임 비즈니스에 추천되는 이벤트**

    원본 URL: https://support.google.com/analytics/answer/9267565

이벤트 이름	트리거	매개변수
earn_virtual_currency	사용자가 앱에서 쿠키, 보석, 루찌 등의 가상 화폐를 획득할 때	vitual_currency_name, value
spend_virtural_currency	사용자가 앱에서 쿠키, 보석, 루찌 등의 가상 화폐를 사용할 때	itcm_namc, vitual_currcncy_namc, valuc

이벤트 이름	트리거	매개변수
join_group	사용자가 길드에 참여할 때 (다양한 집단이나, 길드의 인기도를 추적할 수 있다.)	group_id
level_end	사용자가 게임에서 레벨을 달성할 때	level_name, success
level_start	사용자가 게임에서 새로운 레벨을 시작할 때	level_name
level_up	사용자가 게임에서 레벨을 올렸을 때	character, level
post_score	사용자가 점수를 게시할 때	leve, character, score
select_content	사용자가 콘텐츠를 선택할 때	content_type, item_id
tutorial_begin	사용자가 튜토리얼을 시작할 때	매개변수 없음
tutorial_complete	사용자가 튜토리얼을 완료할 때	매개변수 없음
unlock_achievement	사용자가 업적을 달성할 때	achievement_id

이벤트는 업종별로 구분이 되어 있는 것과 무관하게 필요한 것들을 추려서 사용하면 된다. 또 각 이벤트에 종속된 매개변수도 필요한 것만 사용하면 된다. GA4 속성에 도입된 '머신러닝'이 제대로 된 인사이트를 대시보드에 표시해주길 바란다면 앱과 웹에서 발생하는 이벤트에 대해 지정된 이름과 매개변수를 사용하는 것이 좋다. 또 웹과 앱에서 같은 이름을 사용해야 한다. 예를 들어 웹은 '장바구니 버튼 클릭'이란 이벤트 이름을 쓰는데, 앱은 'add_to_cart'라고 다른 이름을 사용하면 같은 행위를 다른 행위로 인식하게 된다. 이제 '이벤트 수집 범위'가 정리되었다면 요청 준비는 끝난 것이다. 현업에서 앱 하나를 만들 때 많게는 20개 이상의 SDK를 사용하기도 한다. 책의 앞부분에서 SDK를 만든 곳은 필수로 가이드를 제공하고, 개발자는 지침을 따른다고 설명했다. 즉 개발자도 처음 보는 SDK는 작업 전에 학습해서 이해하는 과정을 거치는 것이다. 이 과정을 수월하게 하도록 마케터가 길을 터주는 것으로 충분하다. 아래는 마케터가 현업에서 실제 Firebase SDK를 개발자에게 요청하는 메일 내용이다.

 실제) 마케터가 개발자에게 보내는 Firebase SDK 설치 요청 메일

안녕하세요 개발자님

구글 애널리틱스 4와 Firebase 프로젝트를 도입하여 앱과 웹의 사용자 데이터를 통합적으로 수집하고 이를 바탕으로 마케팅 의사결정을 개선하기 위해 Firebase SDK 설치 건으로 메일 드립니다.

이 작업을 구글 애널리틱스 인터페이스에서 시작하는 경우, Firebase 프로젝트 생성과 동시에 GA4 속성이 자동으로 연결되는 이점이 있습니다. 아래 가이드를 따라주세요.

❶ 구글 애널리틱스 계정 접속 〉GA4 속성 〉관리 〉데이터 스트림 〉iOS 또는 Android 스트림 추가

❷ 이 단계는 Android, iOS 각각 존재합니다. 아래를 따라 주세요

1. 앱 등록

2. Google Cloud 프로젝트 할당 및 구성(시스템에서 자동으로 진행됩니다.)

3. 구성파일 다운로드

4. Firebase SDK 추가

5. 앱을 실행하여 SDK 설치 확인 및 Google 서버 간에 통신 확인

- 2번은 시스템에서 자동으로 진행됩니다.
- 단계를 진행할 때마다 요약된 설명이 제공됩니다.
- 위 과정은 필요한 만큼 진행한 후 건너뛴 다음 언제든지 다시 할 수 있습니다.

[참조]

① "Firebase SDK 통합 개발자 가이드" URL 드립니다.

https://firebase.google.com/docs/guides?authuser=0

② Firebase SDK를 설치하면 기본으로 분석기능을 사용할 수 있지만, 환경에 따라 아래 "Firebase의 애널리틱스 시작 가이드"가 필요할 수 있습니다.

https://firebase.google.com/docs/analytics/get-started?authuser=0&platform=iOS

③ 기본 SDK 설치를 완료합니다. 그런 다음 자동으로 수집되지 않는 이벤트를 추가 수집하도록 구현이 필요합니다. 아래 URL에서 안내하는 일반적인 이벤트를 로깅 방법과 커스텀 이벤트를 로깅 하는 방법을 참조하여 요청하는 이벤트를 구현해주세요

https://firebase.google.com/docs/analytics/events?hl=ko&platform=iOS

요청 이벤트

추천 이벤트#1 (게임업종 예시)

- **사용자가 튜토리얼을 시작할 때** - 이벤트 이름: tutorial_begin // 매개변수 : 없음
- **사용자가 튜토리얼을 완료할 때** - 이벤트 이름: tutorial_complete // 매개변수 : 없음
- **플레이어가 새로운 레벨을 시작할 때** - 이벤트 이름: level_start // 매개변수: level_name
- **플레이어가 게임에서 레벨을 올렸을 때** - 이벤트이름: level_up // 매개변수: character, level
- **사용자가 콘텐츠를 선택할 때** - 이벤트 이름: select_content // 매개변수: content_type
- **플레이어가 업적을 달성할 때** - 이벤트 이름: unlock_achievement // 매개변수: achievement_id
- **위 이벤트들은 Google에서 사전에 지정한 명칭과 매개변수를 사용해야 합니다.**

  [참조] https://support.google.com/analytics/answer/9267565

커스텀 이벤트

- **플레이 시간** - 이벤트 이름: play_time // 매개변수: time (초)
- **플레이어가 게임에서 죽을 때** - 이벤트 이름: death_note // 매개변수: death_count
- **플레이어가 게임에서 파티를 맺을 때** - 이벤트 이름: join_party // 매개변수: party_count

추천 이벤트#2 (전자상거래 예시)

- **사용자가 로그인할 때** – 이벤트 이름: login // 매개변수: method

- **사용자가 서비스에 가입할 때** – 이벤트 이름: sign_up // 매개변수: method

- **사용자가 장바구니에 상품을 추가할 때** – 이벤트 이름: add_to_cart // 매개변수: items, value

- **사용자가 결제를 시작할 때** – 이벤트 이름: begin_checkout // 매개변수: coupon, items, value

- **사용자가 구매를 완료할 때** – 이벤트 이름: purchase // 매개변수: affiliation, coupon, transaction_id, items, value, shipping,

- **사용자가 결제정보를 제출할 때** – 이벤트 이름: app_payment_info // 매개변수: coupon, payment_type, items, value

- **사용자가 배송 정보를 제출할 때** – 이벤트 이름: add_shipping_info // 매개변수: coupon, shipping_tier, items, value

④ 아래는 SDK를 사용하면 추가로 코드를 작성하지 않아도 수집되는 이벤트 리스트입니다. 참조로 드립니다.

https://support.google.com/analytics/answer/9234069

감사합니다.

위 내용은 개발자가 Firebase SDK를 처음 진행해본다는 가정하에 작성된 요청 메일이다. 반대로 다수의 진행 경험이 있는 개발자라면 구글 애널리틱스 로그인 ID와 이벤트 항목만 전달해도 문제없을 것이다. 현업에서 업무를 진행할 때 가장 중요시할 점은 개발자의 경력을 논외하고 처음부터 완벽한 데이터가 나오지 않는다는 것이다. 마케터가 보고자 했던 데이터와 개발자가 이해해서 구현해준 데이터가 처음부터 딱 맞는 일은 드물다. 커뮤니케이션을 자주 가져야 하며 검수 기간을 두고 데이터 합을 맞춰보는 시간을 가져야 한다. 업무를 여유 있게 요청하길 바란다. 앞으로 이벤트 항목만 변경하여 언제든 위 내용을 그대로 복사해서 요청해도 무관하다. 또 메일의 요청대로 개발자가 제대로 구현해주었다면 앱에서 발생하는 전자 상거래 및 이벤트 데이터는 무리 없이 Firebase 프로젝트와 GA4 속성에 보고될 것이다. 앱은 이제 더 건드릴 게 없다. 데이터가 제대로 들어온다면 나머지는 GA4에서 분석하는 것으로 족하다.

Firebase 프로젝트 대시보드

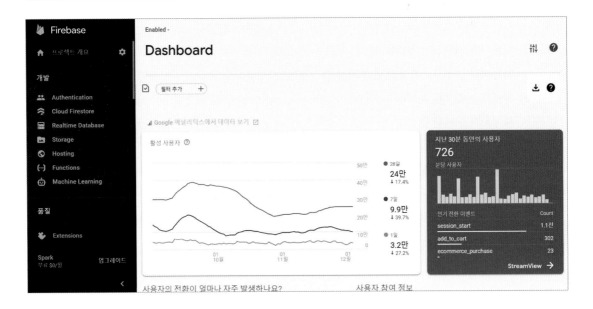

Firebase 프로젝트 Conversion 보고서

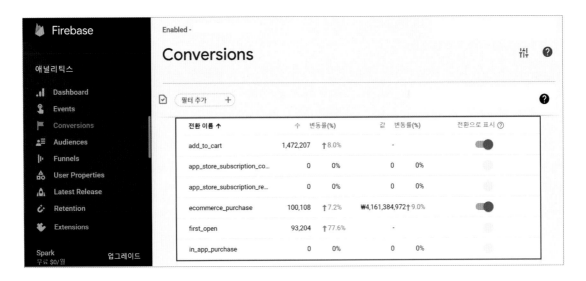

마케터가 요청하고 개발자가 구현한 이벤트 항목이 Firebase 프로젝트에 표시된다. 이 데이터는 그대로 똑같이 GA4 속성에도 표시된다.

Tip join_group, level_end, tutorial_begin 이런 데이터가 왜 필요한가?

길드 가입 여부, 레벨 달성 여부, 튜토리얼 시작 여부 등의 데이터와 마케팅이 무슨 상관인지 궁금해하는 사람도 있을 것이다. 하지만 이건 생각하기 나름이다. 플레이어 가입 유치를 활발하게 하는 길드가 있다면 장려 프로모션을 해줘야 하고, 특정 레벨에서 이탈자가 많이 발생한다면 직전 레벨 단계의 플레이 요소를 수정해야 하고, 튜토리얼 시작은 많으나 달성률이 떨어진다면 튜토리얼 난이도를 조절해야 한다. 즉 paid 마케팅으로 '앱 설치 수'를 획득하는 것만 마케팅 영역으로 두지 말고 유저를 유지하는 것도 마케팅의 영역으로 고심해달라는 의미이다. 필자는 마케터가 게임 디렉터들 사이에서 광고매체 운영만 하는 입지 낮은 사람으로 남아 있지 않길 바라는 마음이다. 필자가 구글 애널리틱스를 가르칠 때 "데이터를 쌓을 수 있을 때 최대한 많은 데이터를 쌓아야 한다"고 늘 이야기한다. 데이터가 없을 때는 문제 발견 자체가 불가능하지만, 데이터가 있다면 문제는 언젠가 열정 있는 마케터 눈에 보일 것이기 때문이다.

구글 태그 매니저로 구글 애즈 구축하기

이번에는 다시 구글 태그 매니저로 돌아와 구글 애즈의 기본 사이트 태그인 잠재고객 태그를 구현할 것이다. 일명 리마케팅 태그다.

1단계　구글 태그 매니저의 인터페이스에 접속한다.

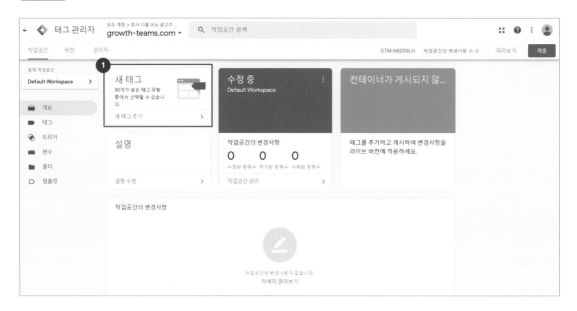

❶ [새 태그]를 클릭해서 오른쪽에 태그 생성창을 활성화한다.

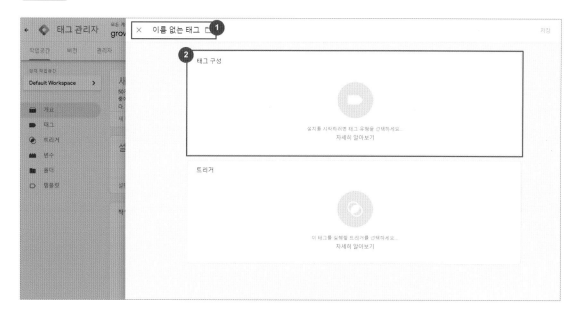

❶ 태그 이름을 "[태그]구글애즈_페이지뷰"로 작성한다. 구글 애즈의 잠재고객용 전체 사이트 태그또한 모든 페이지에서 트리거되어 태그가 실행되어야 하므로 '페이지뷰' 트리거를 사용한다.

❷ [태그 구성]을 클릭한다.

3단계

❶ 태그의 이름이 바뀐 것을 확인한다.

❷ 태그 유형 선택에서 "Google Ads 리마케팅"을 클릭한다.

❶ 전환 ID란에 미리 메모해둔 전환ID를 입력한다. 이 책의 경우 '479256561'이다.

5단계 전환 ID를 입력한 다음 하단에 '트리거'를 클릭한다.

❶ [트리거]를 클릭해서 오른쪽에 트리거 유형 선택창을 활성화한다.

❶ 트리거 선택에서 [All pages]를 클릭한다.

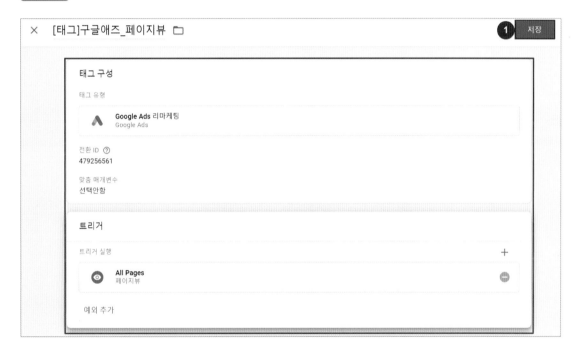

❶ 태그 구성과 트리거를 확인한 후 [저장]을 클릭한다.

8단계

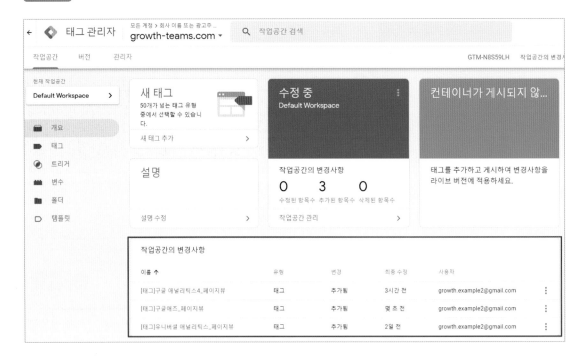

❶ '작업공간의 변경사항' 영역에 "[태그]구글애즈_페이지뷰"가 표시되면 설정이 완료된 것이다.

CHAPTER. 6

구글 태그 매니저로 구글 옵티마이즈 구축하기

이번 단락에서는 구글 옵티마이즈의 가상 태그를 구현할 것이다. 구글 옵티마이즈는 '트리거'를 만들 필요가 없다. 대신 '태그 시퀀싱'이라는 기능을 사용할 것이다.

1단계   구글 태그 매니저에서 [새 태그]를 클릭하고 태그 이름에 "[태그]구글 옵티마이즈 컨테이너"라고 작성한다. 그런 다음 태그 유형 "Google Optimize"를 선택해 아래와 같이 구성한다.

❶ 태그 유형 "Google Optimize" 선택

❷ 컨테이너 ID란에 미리 메모해둔 컨테이너 ID를 입력한다. 이 책의 경우 'OPT-k66GLKM'이다.

❸ [저장]을 클릭하면 "선택된 트리거가 없음" 팝업이 뜨는데 [태그 저장]을 누르면 강행된다.

2단계 '작업공간의 변경사항' 영역에 [태그]구글 옵티마이즈 컨테이너가 생성되었을 것이다. 이제 트리거를 대체할 '태그 시퀀싱' 기능을 사용할 것이다.

❶ "[태그]유니버셜 애널리틱스_페이지뷰"를 클릭해서 오른쪽에 설정창을 활성시킨다.

3단계 유니버셜 애널리틱스 태그의 기존 설정 화면이 보일 것이다.

❶ 붉은 테두리 안에 아무 영역을 마우스로 클릭하면 설정 수정 모드로 바뀐다.

4단계   태그 구성 하단에 기타 설정, 고급설정이 보이면 '설정 수정 모드' 상태다.

❶ [고급 설정]을 클릭하여 드롭다운 메뉴를 확장한다.

5단계

❶ [태그 시퀀싱]을 클릭한 후 나음을 따른다.

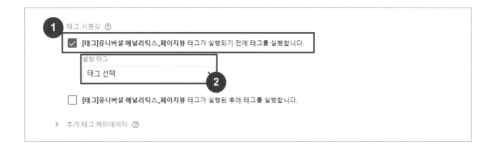

❶ 유니버셜 애널리틱스 태그가 '페이지뷰'를 보내기 전에 구글 옵티마이즈의 태그가 먼저 실행되어 화면의 요소를 바꿀 수 있도록 장려하기 위해 '태그 시퀀싱' 기능을 사용한다. 구글 태그 매니저를 사용하여 구글 옵티마이즈를 구현할 때는 이 기능을 항상 설정해야 한다.

❷ [태그 선택]을 클릭하여 오른쪽에 먼저 실행될 태그 선택 창을 활성시킨다.

7단계

❶ "[태그]구글 옵티마이즈 컨테이너"를 클릭한다.

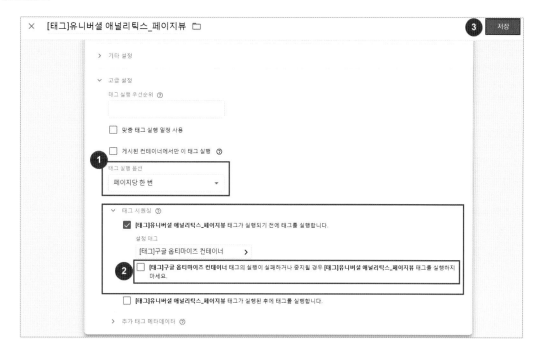

❶ 태그 실행 옵션을 '이벤트당 한 번'에서 '페이지당 한 번'으로 변경한다.

❷ 구글 옵티마이즈 컨테이너 태그가 실행에 실패해도 유니버셜 애널리틱스의 태그는 실행되어야 하므로 체크하지 않는다.

❸ [저장]을 클릭하여 이 상태로 설정을 마무리한다.

9단계　다시 구글 태그 매니저의 메인 인터페이스 화면으로 돌아갔다면 완료된 것이다.

구글 옵티마이즈 구현 시 권장 사항

A/B 테스트를 진행할 때 실험군에게 '대안' 요소만 보여야 함에도 페이지의 로딩 과정에서 한순간 '원본' 요소가 등장하는 경우가 있다. 이를 "깜박임"이라 표현하는데, 웹사이트 환경에 따라 드물게 나타난다. 만약 깜박임이 발생한다면 아래의 "깜박임 방지 스니펫"이라고 불리는 스크립트를 웹사이트에 직접 삽입해야 한다.

```
<HEAD>
<!-- Anti-flicker snippet (recommended)  -->
<style>.async-hide { opacity: 0 !important} </style>
<script>(function(a,s,y,n,c,h,i,d,e){s.className+=' '+y;h.start=1*new Date;
h.end=i=function(){s.className=s.className.replace(RegExp(' ?'+y),'')};
(a[n]=a[n]||[]).hide=h;setTimeout(function(){i();h.end=null},c);h.timeout=c;
})(window,document.documentElement,'async-hide','dataLayer',4000,
{'CONTAINER_ID':true});</script>
```

구글 검색창에서 "깜박임 방지 스니펫"으로 검색하면 스크립트 원문을 쉽게 찾을 수 있다. "CONTAINER_ID"에는 구글 태그 매니저로 옵티마이즈를 구현하는 경우에 구글 태그 매니저의 컨테이너 ID를 입력한다. 예를 들어 이 책에서는 {'GTM-N8S59LH':true});</script> 이다.

스크립트의 삽입 위치는 웹사이트 〈head〉 태그와 최대한 가깝게, 그리고 구글 태그 매니저 컨테이너 스크립트보다 위에 두어야 한다. 이유는 웹페이지가 열릴 때 깜박임 방지 스니펫이 구글 태그 매니저보다 먼저 로드되어야 해서다. 깜박임 방지 스니펫은 실제 소스코드에 삽입해야 하며 혹여라도 구글 태그 매니저를 사용해서 설치해서는 작동하지 않는다. 어디까지나 웹사이트 소스코드에 실제로 삽입해야 한다. 그렇게 할 수 없는 경우 건너뛰어야 한다.

CHAPTER. 7

구글 태그 매니저 최종 게시하기

지금까지 구글 태그 매니저로 유니버셜 애널리틱스와, GA4, Ads, Optimize의 가상 태그를 만들고 설정 저장까지 했다. 이번 단락에서는 실제로 웹사이트에 배포하는 과정을 거칠 것이다. 구글 태그 매니저는 설정 저장 후 항상 [미리보기]를 이용하여 설정한 트리거 조건에 맞게 태그가 실행되는지 테스트한 다음 [게시]하는 습관을 들여야 한다.

1단계

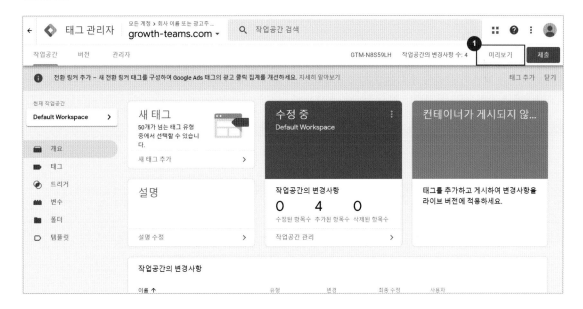

❶ 구글 태그 매니저 메인 화면에 접속하여 [미리보기]를 클릭한다.

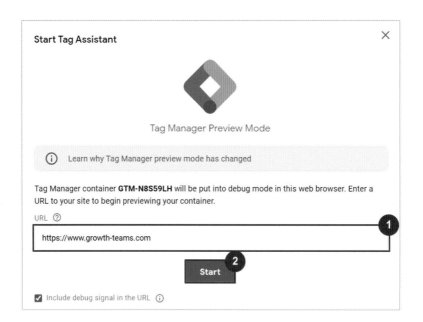

❶ 구글 태그 매니저 컨테이너 스크립트가 삽입된 홈페이지 URL을 넣는다. 또는 티스토리 블로그에 삽입하였다면 생성할 당시 작성했던 블로그 URL을 넣는다.

❷ [Start]를 클릭하면 홈페이지가 열리면서 미리보기 모드와 연결된다.

3단계

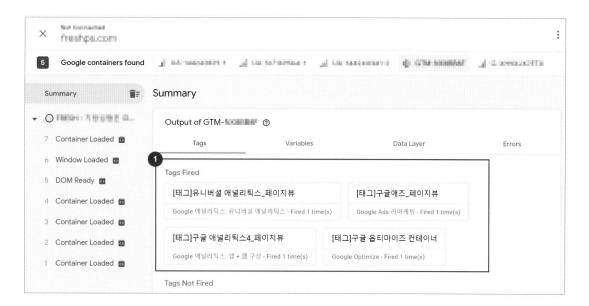

❶ 미리보기 화면에서 [Tags Fired] 영역에 설정해둔 태그들이 보인다면 제대로 작동된 것이다. 옵티마이즈 태그는 유니버설 애널리틱스 태그가 실행되기 전에 실행되도록 태그 시퀀싱 기능을 걸었고, 나머지는 페 이지뷰를 트리거로 설정해두어서 홈페이지 접속과 동시에 태그들이 트리거 된 것이다. 이제 미리보기는 닫아도 된다.

4단계

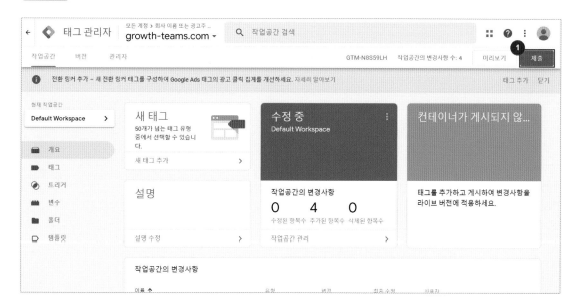

❶ 이제 실제로 웹 사이드에 가상 태그를 배포할 것이다. 구글 태그 매니저 메인 화면에 접속하여 [세출]을 클릭한다.

❶ 구글 태그 매니저는 협업으로 많이 사용해서 해당 작업을 누가 했는지 표식을 남기는 과정이다. 버전 이름에는 대체로 날짜와 작업자 이름을 작성한다.

❷ 버전 설명에는 배포한 태그명을 작성한다. 또는 편의대로 설명을 추가해도 상관없다.

❸ [게시]를 클릭하면 모든 과정이 완료되고 가상 태그가 웹 사이트에 구현된다.

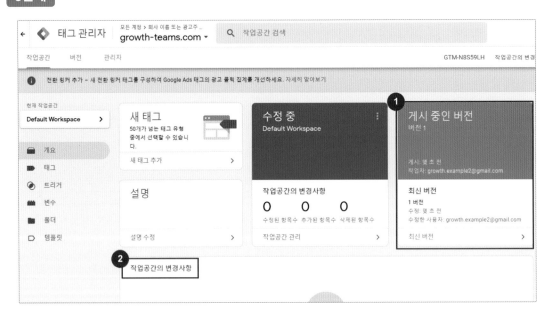

❶ 방금 게시한 버전의 번호와 작업자 이메일, 게시 날짜 등이 표시된다.

❷ [게시]한 후에는 작업공간의 변경사항이 초기화된다.

여러분들은 유니버셜 애널리틱스, GA4, 구글 애즈, 구글 옵티마이즈 전체 원리를 이해하고 구글 태그 매니 저로 구축하였다. 더불어 Firebase SDK를 개발자에게 어떻게 요청하고 구축하는지 배웠으니 마케터로서 든 든한 무기가 생긴 것이다. 지금까지 내용으로도 비즈니스에 강력한 마케팅 시스템 도입은 무리 없이 할 수 있을 것이다. 이제 도구 간에 연결 과정만 남았다.

 구글 태그 매니저를 보좌하고 디버깅할 수 있는 도구를 소개하고자 한다.

[Google Tag Assistant]
크롬 브라우저에 접속한 다음 구글 검색창에서 "크롬 웹 스토어"를 검색한다. 또는 아래 URL로 접속한다. 그런 다음 Tag Assistant를 검색한다.
https://chrome.google.com/webstore/category/extensions?hl=ko

Tag Assistant by Google을 클릭하고 Chrome에 추가하기를 클릭한다.

'Tag Assistant'는 크롬 브라우저에서 바로 실행할 수 있어서 태그를 가장 빠르게 디버깅할 수 있는 도구다. 설치를 완료 하면 크롬 브라우저 오른쪽 위에 아이콘이 표시되는데 아무 웹사이트에 들어가더라도 다음 내용을 알 수 있다.

① 현재 방문한 홈페이지에 구현된 GMP 제품 태그 종류
② 구현된 태그의 정상 작동 여부
③ 간략한 로그 기록

여러분이 배포한 태그가 있는 홈페이지 (티스토리)에 접속한 다음 Tag Assistant 아이콘을 클릭하면 다음과 같이 구현된 GMP 태그 종류와 고유 ID를 확인할 수 있다.

① GA4 속성 태그
② 구글 애즈 리마케팅 태그
③ 유니버셜 애널리틱스 속성 태그
④ 구글 옵티마이즈 컨테이너 태그
⑤ 구글 태그 매니저 컨테이너 태그

각 아이콘 색상은 태그의 동작 여부를 표시하는데, 일반적으로 파랑색 까지는 정상 구현으로 취급한다.

- **녹색**: 문제없음
- **파랑**: 작동에는 문제없으나 시스템적으로 더 나은 구현 방법이 존재함
- **노랑**: 경고, 문제를 발견함, 별도 안내
- **빨강**: 구현이 잘못됨, 작동 불가, 데이터 수신 안됨

빨간색인 경우 스크립트 삽입 위치, 태그 설정 등을 다시 체크 한다.

CHAPTER. 8

구글 옵티마이즈와 구글 애즈 연결하기

이번 단락에서는 구글 옵티마이즈와 구글 애즈, 그리고 유니버셜 애널리틱스 속성과 구글 애즈를 한 번에 연결할 것이다. GMP는 서로 간에 연결을 통해서 데이터를 주고받기 때문에 태그를 구현한 다음에는 연결을 진행해야 한다. 구글 애즈와 구글 애널리틱스 제품을 연결하면 구글 애널리틱스에서 설정한 목표를 가져오거나 잠재고객 목록을 가져와서 구글 애즈에서 사용할 수 있게 된다.

1단계

크롬 브라우저에서 구글 계정에 로그인한 후 https://ads.google.com/home/ (구글 애즈 홈)에 접속한 다음 '시작하기'를 클릭하여 구글 애즈 인터페이스에 접속한다.

❶ 오른쪽 위에 [도구 및 설정]을 클릭한다.

❷ 설정 아래에 있는 [연결된 계정]을 클릭한다.

2단계

❶ Google 애널리틱스 (UA)에서 [상세보기]를 클릭한다. 옵티마이즈 연결과, 유니버셜 애널리틱스 속성과의 연결은 모두 이곳에서 한다.

3단계

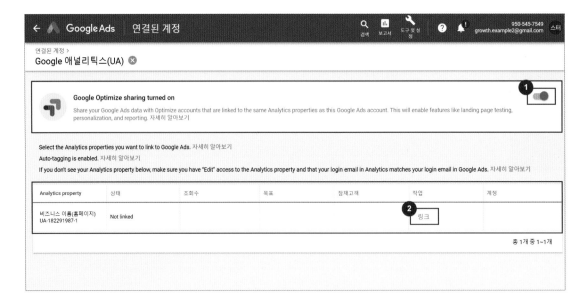

❶ 푸른색 버튼을 활성화하는 것으로 구글 옵티마이즈와 구글 애즈가 연결된다. 이제 구글 옵티마이즈에서 구글 애즈의 캠페인, 광고 그룹, 광고 소재 등을 실험군 타겟으로 사용할 수 있게 된다.

❷ 유니버셜 애널리틱스 속성과 구글 애즈를 연결하기 위해 [링크]를 클릭한다. 만약 속성이 표시되지 않으면 본인이 로그인한 구글 계정이 해당 속성에 대해 "속성 수정" 이상의 권한을 가졌는지 확인해야 한다.

CHAPTER. 9

유니버셜 애널리틱스와 구글 애즈 연결하기

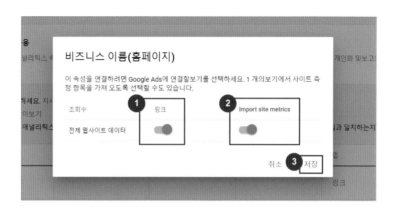

❶ 링크는 구글 애널리틱스와 구글 애즈 서버 간에 일종의 도킹 역할이다.

❷ Import site metrics 버튼을 활성화하면 구글 애즈의 모든 보고서에서 구글 애널리틱스 데이터인 이탈률, 세션당 페이지 조회수, 평균 세션 시간, 새 세션의 비율 등 네 가지의 데이터를 추가해서 볼 수 있게 된다. (단, '자동 태그 추가' 기능을 사용한 경우에만)

❸ [저장]을 클릭하면 연결이 완료된다.

Google 신호 데이터의 교류는 2번과 상관없이 1번 링크 연결로 이뤄지는 것이다.

CHAPTER. 10

구글 애널리틱스 4와 구글 애즈 연결하기

구글 애즈 인터페이스에서 도구 및 설정 > 연결된 계정으로 접속한다.

1단계

❶ Google Analytics (GA4) & Firebase에서 [상세보기]를 클릭한다.

2단계

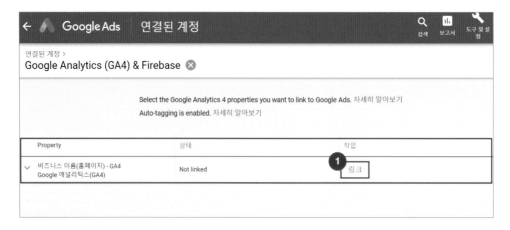

❶ [링크]를 클릭한다.

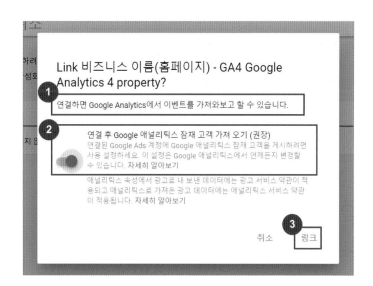

❶ GA4 속성과 Firebase SDK에서 자동으로 추적하는 이벤트와 사용자가 추가로 구현한 모든 이벤트를 선택적으로 구글 애즈로 불러와 전환 목표로 설정할 수 있게 된다.

❷ GA4 속성에서 특정 조건에 충족하는 사용자 그룹을 만든 다음 구글 애즈 잠재고객 리스트로 불러와 리타겟팅 광고를 할 수 있게 된다.

❸ [링크]를 클릭하면 서버 간 연결이 완료되고, Google 신호 데이터도 주고받을 수 있게 된다.

CHAPTER. 11

구글 애널리틱스 4와 Firebase 프로젝트 연결하기

앞서 'Firebase SDK, Android / IOS 스트림 구현하기' 단락에서 개발자에게 요청하는 메일 내용에서 아래 과정을 보았을 것이다. 여러분이 이번 단락에서 연결을 실습하기 위해서는 Firebase 프로젝트를 생성해야 한다. 실제 앱에 Firebase SDK를 구현하는 것은 논외로 치고 강제 진행할 수 있다.

1단계

❶ 구글 애널리틱스 계정 접속 〉 GA4 속성 〉 관리 〉 데이터 스트림 〉 Android 스트림 추가를 클릭한다.

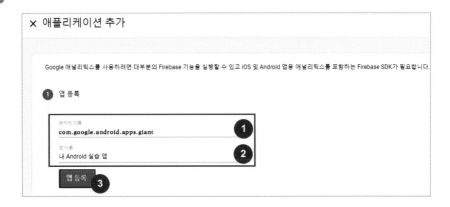

❶ 패키지 이름에 "com.google.android.apps.giant"를 작성한다. 책에서는 예시로 Google Play 스토어에 등록된 임의의 앱 패키지 이름을 작성했다. 여러분이 앱이 있다면 해당 앱으로 진행하는 것을 권장한다. 그렇지 않은 경우 책과 같은 이름을 작성하길 바란다. 책의 후반부에 나오는 구글 애즈의 UAC 캠페인 실습을 위해서는 스토어에 실제 등록되어있는 앱의 패키지 이름을 작성해야 하기 때문이다.

❷ 앱 이름 칸에 "내 Android 실습 앱"을 작성한다.

❸ [앱 등록]을 클릭한다.

3단계

❶ Firebase 프로젝트를 생성하고 GA4 속성과 연결되는 과정으로 시스템에서 자동으로 할당한다.

❷ [다음]을 클릭한다.

4단계

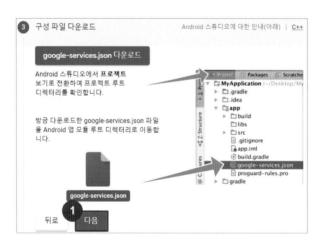

❶ [다음]을 클릭한다.

5단계

❶ 하단 부분 [다음]을 클릭한다.

6단계

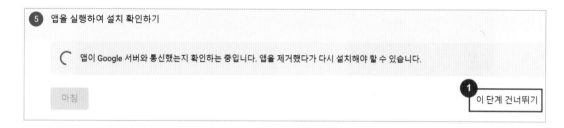

❶ [이 단계 건너뛰기]를 클릭한다.

7단계 아래 화면이 보인다면 Firebase Console에 프로젝트가 생성되었고 GA4 속성과 이 둘은 연결이
완료된 것이다. 이어서 iOS도 진행하는 경우 방금 생성된 프로젝트에 자동 귀속된다. 책의 후반
부분 Google Ads의 원활한 실습을 위해 iOS 스트림도 같은 방법으로 꼭 생성해두길 바란다.

8단계 https://console.firebase.google.com/ (Firebase Console 홈)에 접속한다. 아래처럼 방금 생성된 Firebase 프로젝트가 보일 것이다. [- GA4]를 클릭한다.

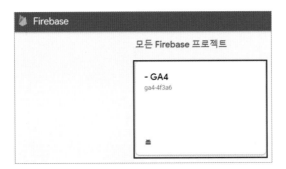

9단계

❶ 여러분이 앱 등록할 때 작성한 이름이 표시될 것이다.

❷ [관리]를 클릭한다.

❸ [프로젝트 설정]을 클릭한다.

10단계

❶ [통합]을 클릭한다.

❷ [관리]를 클릭한다.

11단계

❶ GA4 속성 이름과 속성 ID, 구글 애널리틱스 계정 이름이 보인다면 Firebase 프로젝트 속성과 GA4 속성의 연결이 완료된 것이다. 이제부터 이 두 개의 도구는 앞서 설명한 대로 앱과 웹의 데이터를 주고받는다. 양쪽 도구에서 웹에서 수집된 데이터와 앱에서 수집된 데이터가 통합되어 표시된다.

기존에 이미 생성된 Firebase 프로젝트에서 구글 애널리틱스를 연결하는 방법

Firebase 프로젝트는 유니버셜 애널리틱스 속성과 연결할 수 없다. GA4 속성만 연결할 수 있다. 그러므로 기존 유니버셜 애널리틱스를 GA4 속성으로 업그레이드하거나 새로 추가해야 한다. GA4 속성 생성은 Firebase 프로젝트 안에서도 가능하다. 이번에는 Firebase 프로젝트가 이미 있는 경우를 위해 Firebase에서 구글 애널리틱스와 연결하는 방법을 설명할 것이다. Firebase 프로젝트에 접속한다 〉 관리 〉 프로젝트 설정 〉 통합 〉 Google Analytics 사용설정으로 들어간다.

1단계

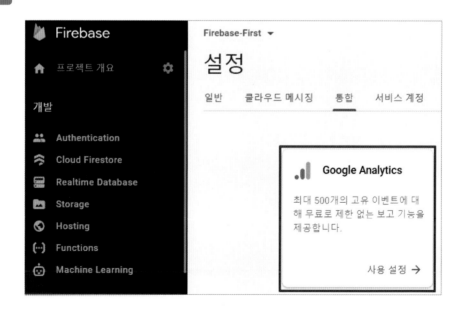

❶ 기존의 구글 애널리틱스 계정을 찾아 선택할 수 있다. 단 로그인한 구글 계정에 연결 하려는 구글 애널리틱스 계정 액세스 권한이 있어야 한다. 권한이 있는 항목만 표시된다. 만약 구글 애널리틱스 계정이 보이지 않는다면 권한 요청을 해야 한다.

❷ 연결하려는 구글 애널리틱스 계정에 GA4 속성이 없다면 이곳에서 생성할 수 있다. 또는 기존 GA4 속성과 연결할 수도 있다.

❸ [Google 애널리틱스 사용 설정]을 클릭하면 연결이 완료된다.

Tip **App Store에서 번들 ID 구하기**

'iOS번들 ID는 Android와는 다르게 외부에 노출되어 있지 않다.
여러분을 위해서 별도 가이드를 만든 후 접속 링크를 준비했다.

https://bit.ly/3tsKmPy

CHAPTER. 12

Google 신호 데이터 활성화하기

Google 신호 데이터는 기존에 인구통계 및 관심분야 보고 기능, 리마케팅 데이터 수집 기능, 향상된 광고 보고 기능으로 각각 분리되어 있던 기능의 통합이다. 즉 Google 신호 데이터가 가장 최상위 개념이며 활성화 시 애널리틱스의 수집 범위가 최적화되므로 필수로 사용한다.

1단계

❶ 유니버셜 애널리틱스 속성에 접속한다.

2단계

❶ 관리 〉 추적정보 〉 데이터 수집으로 접속한다.

Google 신호 데이터 활성화로 인해 광고 기능(교차 기기 데이터 수집 및 여러 기기에서 사용자에게 리마케팅)이 업그레이드되었습니다. ➊ 시작하기

광고 기능을 위한 데이터 수집

광고 기능을 사용 설정하면 표준 Google 애널리틱스 구현을 통해 수집되는 데이터 외에 트래픽 관련 데이터도 Google 애널리틱스에서 수집할 수 있습니다. 광고 기능을 사용 설정하려면 해당 정책을 검토하고 준수해야 합니다. 리마케팅을 위한 데이터 수집 기능을 사용하려면 광고 보고를 위한 데이터 수집 기능도 사용 설정해야 합니다. 자세히 알아보기

참고: 아래의 전환 기능을 설정하면 Google 애널리틱스에서 트래픽에 대한 데이터를 자동으로 수집할 수 있습니다. 광고 기능에 대한 데이터를 수집하지 않으려면 두 전환 기능을 모두 끄고 Google 애널리틱스 태그에서 광고 기능 데이터 수집을 수동으로 설정하지 않아야 합니다.

➋

리마케팅

디스플레이 및 검색 리마케팅의 데이터 수집을 사용 설정합니다. 여기에는 사용자가 Google 계정과 웹 및 앱 검색 기록을 연결하도록 설정하고 Google 계정에서 얻은 이러한 정보로 광고가 맞춤설정되도록 선택한 Google에 로그인한 사용자로부터 얻은 데이터가 포함됩니다. Google 애널리틱스는 잠재고객을 지원하기 위해 일시적으로 이러한 식별자를 광고주의 Google 애널리틱스 데이터에 결합합니다. 이 설정을 사용할 경우 민감한 카테고리 관련 규칙을 비롯한 Google 애널리틱스 광고 기능 정책 및 광고주가 수집하고 Google과 공유하는 데이터와 관련된 최종 사용자의 개인정보처리방침 공개를 준수해야 합니다.

 해제

광고 보고서 기능

잠재고객 인구통계 및 관심분야 보고서, Campaign Manager 360 보고서, Display & Video 360 보고서, Google 디스플레이 네트워크 노출 보고서 등 사용자를 이해하는 데 유용한 광고 보고 기능을 설정합니다. 자세히 알아보기

 해제

➊ [시작하기]를 클릭한다.

➋ Google 신호 데이터를 활성하면 리마케팅과 광고 보고서 기능은 자동 포함이다.

Google 신호 데이터 활성화

여러 기기에서 Google 로그인 데이터를 사용하여 고객을 보다 효과적으로 이해할 수 있도록 광고 기능이 개선되고 있습니다. 새 설정을 이용하면 기존 광고 기능 컨트롤을 업그레이드하고 다음 기능을 사용할 수 있게 됩니다.

 새 교차 기기 기능
새 교차 기기 보고서 및 리마케팅이 포함됩니다.

 Google 데이터 활용으로 더 많은 유용한 정보 확보
향상된 잠재고객 및 인구통계 보고서, 매장 방문 보고서 등의 Google 데이터를 사용하여 고객에 관한 유용한 정보를 더욱 깊이 있게 파악할 수 있습니다.

 모든 기존 광고 기능
Display & Video 360 노출 보고서 및 리마케팅, Google 디스플레이 네트워크 노출 보고서 및 리마케팅, 검색 광고용 리마케팅 목록과 같은 기존 광고 기능이 모두 포함됩니다.

Google 신호 데이터에 대해 자세히 알아보세요.

 계속

➊ [계속]을 클릭한다.

5단계

Google 신호 데이터 활성화

여러 기기에서 Google 로그인 데이터를 사용하여 고객을 보다 효과적으로 이해할 수 있도록 광고 기능이 개선되고 있습니다.
새 설정을 이용하면 기존 광고 기능 컨트롤을 업그레이드하고 다음 기능을 사용할 수 있게 됩니다.

 새 교차 기기 기능 ⑦

 Google 데이터 활용으로 더 많은 유용한 정보 확보 ⑦

 모든 기존 광고 기능 ⑦

Google 신호 데이터를 활성화하면 Google 애널리틱스에서 내 사이트 및 앱으로부터 방문 정보를 수집하고, 이를 로그인한 사용자 중 광고 개인 최적화를 위해 정보와 계정을 연결하는 데 동의한 사용자 계정의 Google 정보와 연결합니다. 이 Google 정보에는 최종 사용자 위치, 검색 기록, YouTube 사용 기록, Google과 파트너 관계를 맺고 있는 사이트의 데이터가 포함될 수 있으며, 사용자의 교차 기기 행동에 대해 익명으로 집계된 통계를 제공하는 데 사용됩니다. 이 기능을 사용 설정할 경우 개인정보 보호에 필요한 사항을 공개하고 정보와 계정 연결을 위한 권한을 최종 사용자로부터 확보했으며, 최종 사용자가 내 활동을 통해 해당 데이터에 액세스하거나 데이터를 삭제할 수 있음을 확인한 것으로 간주됩니다. 이 기능에는 Google 애널리틱스 광고 기능 정책도 적용됩니다.

활성화 대상: 모든 속성 ▼ in this account.

데이터 공유 설정 검토

Google 제품 및 서비스 개선을 위한 데이터 공유를 사용 설정하셨습니다. 데이터 공유 설정은 Google 사용자 계정에 연결된 Google 신호 데이터에서 수집한 인증된 방문 데이터에도 적용됩니다. 귀하는 이 데이터를 Google과 공유하기 위해 최종 사용자로부터 필요한 권리를 확보했으며 관련 내용을 귀하의 개인정보처리방침에 공개했음을 확인합니다. 향상된 인구통계 및 관심분야 보고서는 Google과의 데이터 공유를 사용 설정한 경우에만 이용할 수 있습니다. 데이터 공유 설정을 검토하려면 여기를 클릭하세요.

 ① 활성화   나중에 결정

① [활성화]를 클릭한다.

6단계

축하합니다.

Google 신호 데이터를 활성화했습니다.

새 기능을 자세히 알아보세요. 시작하려면 언제든지 다음 가이드를 참고하세요.

📄 Google 신호 데이터 시작하기

 ① 완료

① [완료]를 클릭한다.

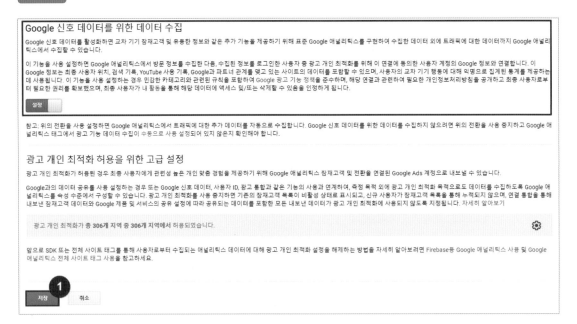

❶ [저장]을 클릭한다. 이제부터 유니버셜 애널리틱스 속성에서 추가 데이터를 자동으로 수집한다.

❶ GA4 속성에 접속한다.

9단계

❶ 관리 〉 데이터 설정 〉 데이터 수집으로 접속한다.

10단계

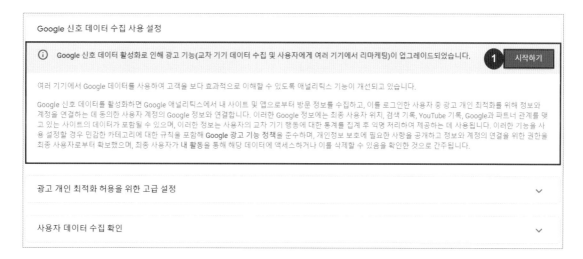

❶ [시작하기]를 클릭한다. 이후의 단계는 유니버셜 애널리틱스와 같다.

PART. 05

G.M.P 시스템
고도화 실습하기

이번 파트에서는 유니버셜 애널리틱스와 구글 애널리틱스 4에서 주요한 고객 행동을 추적하고 목표와 전환으로 이용하는 방법을 설명한다. 또 이것을 이용하여 구글 애즈에서 목표별 최적화된 세팅 방법을 안내할 것이다.

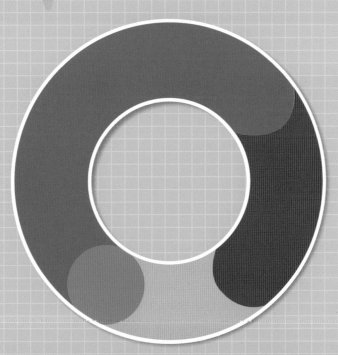

Google **M**arketing **P**latform

CHAPTER. 1

Universal Analytics with Google Tag Manager

 ## Unit. 01 웹사이트내 검색 키워드 추적 설정

쇼핑몰 또는 교육, 부동산 홈페이지 등은 웹사이트에서 '검색' 기능을 제공한다. 이번 단락에서는 고객이 홈페이지에서 검색하는 '키워드'를 유니버셜 애널리틱스 속성에서 추적하는 방법을 설명한다. GA4는 자동으로 추적하기 때문에 이 작업이 필요하지 않다.

1단계 먼저 내 홈페이지의 URL에서 형성되는 검색 매개변수를 찾아야 한다. 실제로 검색을 진행해보자. 책에서는 현대백화점 그룹의 쇼핑몰 브랜드인 '한섬EQL'을 예시로 한다. 이곳의 향상된 전자상거래를 필자가 구축하였고 검색어 키워드 추적에 직관적인 예시를 확인할 수 있기 때문이다.

홈페이지 https://www.eqlstore.com/main 에 접속한다.

❶ 화면에서 오른쪽 SEARCH를 이용해서 임의의 키워드를 검색해보자. 책에서는 "가방"을 검색했다.

❶ **'가방'을 검색하자 URL이 아래처럼 변하였다.**

https://www.eqlstore.com/public/search/view?searchWord=가방

여기서 'SearchWord'가 검색 매개변수다. 이렇게 검색을 통해서 매개변수를 찾는 게 먼저다. 일반적으로 검색 매개변수는 q, s, search, query, keywords 등 5가지가 주로 쓰인다. '쿠팡'에서 검색해보면 URL에 q라는 매개변수가 등장한다.

예시) https://coupang.com/np/search?component=&q=햇반&channel=user

GA4 속성은 매개변수가 위 5가지 단어 중에서 하나라도 포함되는 경우 자동으로 추적해서 보고서에 기록한다. 예를 들어 SearchWord={키워드}, queryWord={키워드} 등도 매개변수가 포함된 단어이니 자동 추적한다.

2단계   유니버셜 애널리틱스 속성에 접속한다.

❶ ~ ❸ 관리 〉 보기 설정 〉 사이트 검색 추적 버튼 활성을 순서대로 진행한다.

❹ 검색어 매개변수란에 쉼표를 기준으로 최대 5개 매개변수를 입력할 수 있다. 웹사이트에 구현된 실제 매개변수를 입력하면 된다.

❺ [저장]을 클릭한다.

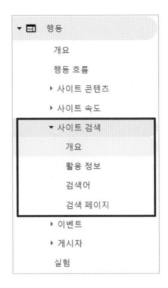

① 사이트 검색 추적이 설정되면 유니버설 애널리틱스 속성에서 해당 영역에 데이터가 쌓이기 시작한다.

사이트 검색 추적 기능을 사용하지 않고 있다면 꼭 추가하길 바란다. 사이트 내에 검색어는 방문한 고객들의 마음의 소리이다. 고객이 많이 찾는 제품을 추적하여 웹사이트에서 눈에 잘 띄게 강조하는 것은 기본 액션이고 추가 프로모션을 진행해 매출을 견인하는 선택도 있다. 방문한 고객들이 계속 없는 제품과 서비스를 빈번하게 찾는다면 채워야 할 수도 있다. 만일 비즈니스와 관련 없는 서비스를 계속 찾는다면 현재 광고에 사용되고 있는 광고 소재의 메시지를 검토하여 의도하지 않은 의미가 고객에게 전달되지는 않은지 살펴보고 수정해야 한다. 또 검색 결과가 사용자에게 얼마나 만족을 주고 있는지 '검색 후 이탈률'과 '검색 후 전환율' 등을 토대로 고객의 소리에 민감하게 반응하길 바란다.

Unit. 02 간편 결제, 소셜 로그인으로 인한 분절 세션 통합

간편 결제는 네이버 페이, 카카오 페이, 이니시스, 페이코, 모빌리언스 등이다. 소셜 로그인은 페이스북 계정, 구글 계정, 네이버 계정 등을 이야기한다. 사용자 입장에서 회원가입과 결제 과정이 대폭 간소화되니 이커머스에서는 필수로 사용한다. 이들의 특징은 웹에 있던 사용자를 한번 이탈시킨 후에 다시 웹으로 돌아오게 한다. 문제는 이 과정에서 애널리틱스가 유입 데이터를 다시 기록한다. 예를 들어 고객이 검색으로 들어와 구글 계정으로 로그인한 다음 회원가입 목표를 달성하는 경우 검색 채널이 달성한 걸로 기록해야 하지만 애널리틱스에서는 검색 유입이 아닌 구글 추천(account.google.com/referral)을 통해 들어온 트래픽이 목표를 달성했다고 표기한다. 유입되기 직전에 트래픽을 인식하여 보고서에 이 사이트의 도메인 이름을 추천 트래픽 소스로 표시하는 것이다. 마케터가 중요하게 생각하는 전환 데이터가 완전히 틀어지는 것이다. 다행히 유니버설 애널리틱스 속성의 '추천 제외 목록' 기능을 사용해서 분절되는 상황을 줄일 수 있다. 정확하게 이야기하면 되돌아올 때 두 번째 세션이 시작되지 않고 첫 번째 세션에 귀속된다. GA4 속성은 도메인 제외 기능 원리를 기반으로 시스템이 자동으로 작동하지만 관리 〉 웹 데이터스트림 〉 태그 설정 더보기 〉 원치 않는 추천 나열에서 지정도 가능하다

1단계　　유니버셜 애널리틱스 속성에 접속한다.

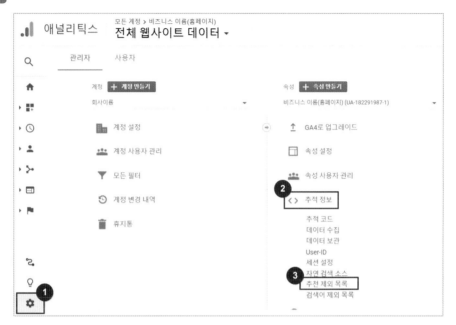

❶ 관리 〉 추적 정보 〉 추천 제외 목록 순서대로 접속한다.

2단계

❶ 유니버셜 애널리틱스 속성의 추적 스크립트는 총 세 가지의 버전이 있다. 가상 오래된 순서부터 ga.js 〉 analytics.js 〉 gtag.js이다. 지금은 기본으로 발급하는 모든 스크립트는 gtag 이며 일명 '전체 사이트 태그'라 불린다. 'gtag'는 GMP 도구끼리의 호환을 위한 최신 버전이다. 구글 태그 매니저로 유니버셜 애널리틱스 태그를 배포하는 경우 analytics.js 이상의 버전으로 작동한다.

❷ [추천 제외]를 클릭한다.

❶ 도메인에 간편 결제 및 소셜 로그인의 도메인 주소를 입력한다.

❷ [만들기]를 클릭하면 설정이 완료된다.

Tip **자주 쓰이는 추천 제외 도메인 리스트**

소셜 로그인	도메인
카카오톡	kauth.kakao.com
카카오톡	accounts.kakao.com
네이버	nid.naver.com
구글	account.google.com
페이코	payco.com

간편 결제	도메인
카카오페이	pg-web.kakao.com
삼성페이	mpay.samsung.com
네이버 페이	pay.naver.com
휴대폰 결제 KG모빌리언스	mup.mobilians.co.kr
휴대폰 결제 다날	danal.co.kr
이니시스 (메이크샵)	epg.makeshop.co.kr
KG이니시스	inicis.com
SSG pay	kspay.ksnet.to
페이코	id.payco.com

실제로 결제 과정을 해보면 확인할 수 있다. 도메인은 각 회사의 상황에 따라 달라질 수 있다.

Unit. 03 페이지 도착 목표 설정 실습

웹사이트 방문자가 특정 페이지에 도착했을 때 목표로 설정하는 방법은 구글 태그 매니저 도움 없이 유니버셜 애널리틱스 속성에서 할 수 있다. 앞서 URL 구도에서 설명했던 URL Path 영역을 사용하면 된다. 이 책에서는 티스토리의 방명록 방문을 예시로 한다.

예시의 티스토리의 기본 URL은 https://gmp-skillshop.tistory.com/ 이고
방명록 페이지의 URL은 https://gmp-skillshop.tistory.com/guestbook 이다.

여기서 /guestbook이 URL Path가 된다.

1단계

❶ 유니버셜 애널리틱스 속성 접속 〉 관리 〉 목표를 순차적으로 클릭한다.

2단계

❶ [새 목표]를 클릭한다.

❶ 직관적으로 알아볼 수 있는 [이름]을 적는다.

❷ 목표 유형에서 [도착]을 선택한다.

❸ [계속]을 클릭한다.

4단계

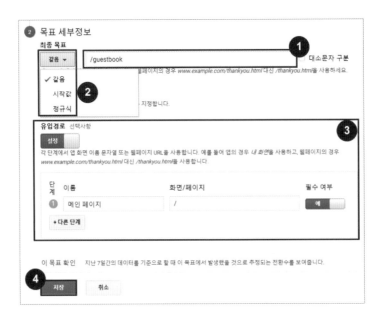

❶ URL Path를 적는다. URL 구도에서 설명한 것처럼 도메인과 쿼리 스트링 사이에 문자가 URL Path가 된다. 예를 들어 www.example.com/example/url/path?parameter인 경우 /example/url/path가 URL Path다. 대소문자 구분이 필요할 경우 선택할 수도 있다.

❷ 문자열에 대한 조건식을 선택하는 단계다. 구글 애널리틱스를 포함하여 구글 태그 매니저의 트리거는 모두 문자열에 대한 조건식으로 조건을 만든다. 정규식은 주어진 문자열의 집합을 정확하게 표현하기 위하여 사용되는 하나의 표현 규칙이다. 이러한 조건식을 사용하면 데이터를 필터 하거나, 세그먼트할 때 보다 정확하게 할 수 있다.

- **같음**: URL Path가 "/guestbook"과 완전하게 일치해야만 조건이 충족된다.

- **시작값**: URL Path 문자열이 "/guestbook"으로 시작하기만 하면 조건이 충족된다. 예를 들어 guestbook 뒤에 어떤 문자가 와도 상관없다. example.com/guestbook?parameter를 포함하고 example.com/guestbookXXXX도 포함된다.

- **정규식**: '연산자'로 불리는 다양한 특수 기호를 사용하여 조건식을 완성한다. 예를 들어 정규식 표현에서 [|] (키보드에서: Shift + ₩)연산자는 or을 연산한다. 무슨 말이냐면 정규식 조건을 사용하고 'A|B'로 작성하면 A or B라는 뜻이 된다. 예를 들어 구글 애널리틱스에서 데이터를 필터 하는 경우 naver|google로 작성하고 정규식 조건을 걸면 naver 또는 google을 포함하는 데이터를 추려서 보여준다. [^] 연산자는 시작 문자 일치다. ^n으로 필터 하면 알파벳 n으로 시작하는 모든 데이터가 추려진다. 반대로 n이외의 알파벳으로 시작하는 데이터는 모두 제외된다. 정규식은 연산자를 다채롭게 조합해서 사용할 수도 있는데 예를 들어 ^n|^a로 필터 하면 알파벳 n 또는 a로만 시작하는 데이터가 함께 추려진다. 가장 많이 쓰는 조합은 [.*] 으로 abc.* 이렇게 필터하면 abc 문자열 다음에 어떤 문자가 와도 된다는 뜻이다. 즉 abcxxx, abcdfg, abcooo등이 해당 된다.

일반적으로 사용자가 웹사이트에 방문할 때 경로와 방법에 따라 URI가 다양하게 형성된다. 그래서 '같음' 조건으로 URL Path를 사용하면 조건 불충분으로 누락 되는 데이터가 빈번하게 발생해 현업에서는 잘 사용하지 않는 조건식이다. 그래서 아래처럼 수정해야 한다. 또 정규식에 익숙해지는 것이 좋다.

정규식에서는 특수 기호를 먼저 정규 표현식의 맥락으로 해석한다. 일부 문자는 정규 표현식에서 사용할 때의 의미와, 기타 다른 맥락에서 사용할 때의 의미가 완전히 다르다. 점(.)을 예로 들자면, 정규 표현식에서는 모든 문자와 일치함을 나타내는 연산자지만 일반 문서에서는 마침표(.)로 사용되어 문장이 끝난다는 것을 나타낸다. 이때 연산자 앞에 [\ ] (키보드에서: ₩) 백슬래시를 사용하면 문자 그대로 해석한다.

❸ 유입경로는 최대 20개까지 지정할 수 있다. 그중 1단계를 [필수]로 설정하는 경우 1단계를 거친 트래픽에 대해서만 목표 달성 여부를 판단한다. Funnel 데이터를 확인할 때 유입에 대한 변수 요인을 줄이고 시나리오대로 성과를 확인하고자 한다면 [필수] 여부는 하는 것이 좋다.

❹ [저장]을 클릭하면 목표 설정이 완료된다.

> **Tip** **많이 사용하는 정규식**

정규식 메타 문자	연산 설명	예시
.	단일 문자(글자, 숫자 또는 기호)와 일치	1. = 10, 1A와 일치함 1.1 = 111, 1A1과 일치함
?	앞의 문자와 0 또는 1회 일치	10? = 1, 10과 일치
+	앞의 문자와 1회 이상 일치	10+ = 10, 100과 일치
*	앞의 문자와 0회 이상 일치	1 * = 1, 10과 일치
|	OR (또는) 일치	1|10 = 1 또는 10
^	문자열 앞 부분의 인접 문자와 일치	^10 = 10, 100, 10x와 일치 ^10 = 110, 110x와 불일치
$	문자열 끝부분의 인접 문자와 일치	10$ = 110, 1010과 일치 10$ = 100, 10x와 불일치
( )	문자열에서 같은 순서로 포함된 문자와 일치 또한 기타 표현식을 그룹화함	(10) = 10, 101, 1011과 일치 ([0-9][a-z]) = 모든 숫자 또는 모든 소문자와 일치
[ ]	문자열에서 순서에 상관없이 포함된 문자와 일치	[10] = 012, 120, 210과 일치
–	대괄호 안에 문자 범위를 만들면 포함된 문자열에서 모두 일치	[0-9] = 0~9를 포함하여 사이에 모든 숫자와 일치
\	인접 문자를 정규식 메타 문자가 아닌 자체 그대로 해석	\. = 마침표 또는 소수점으로 해석함

Unit. 04 버튼 클릭 추적 및 목표 설정 실습

특정 버튼의 클릭을 목표로 지정하는 방법은 구글 태그 매니저를 사용하여 추적 환경을 구현하는 게 언제나 가장 빠른 방법이다. 이번 단락에서는 버튼 클릭을 추적하는 트리거를 만든 다음, 이벤트 태그를 구현하고 이 데이터를 구글 애널리틱스에서는 목표로 설정하는 과정을 진행할 것이다.

1단계 먼저 추적 하려는 버튼에 어떤 요소가 있는지 확인을 위해 크롬 브라우저에서 비즈니스 웹사이트에 접속한다. 책에서는 티스토리를 예시로 한다.

❶ 크롬 브라우저에 접속한 다음 키보드에서 [F12] 키를 누르면 접속한 웹 사이트의 소스 코드를 볼 수 있다.

❷ ▣ 기호를 클릭한다.

❸ 추적하고자 하는 버튼을 찾아 클릭한다. 책에서는 사전에 티스토리에서 블로그 메뉴를 "버튼클릭_텍스트 추적" 이름으로 생성해 둔 것이다.

❹ 버튼에 대한 Elements (요소)를 확인할 수 있다. 여러분도 티스토리에서 메뉴를 만들면 버튼 이름을 요소에서 확인할 수 있을 것이다.

2단계   크롬 브라우저에서 구글 태그 매니저로 접속한다. 이번에는 트리거를 먼저 만들 것이다.

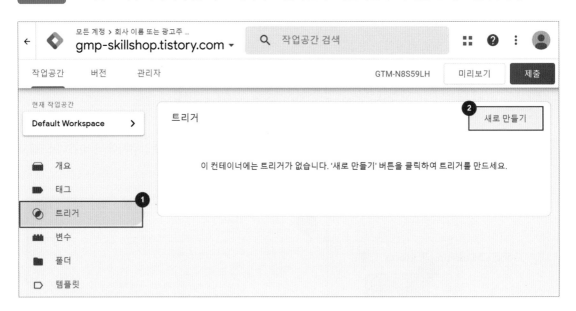

❶ [트리거]를 클릭한다.

❷ [새로 만들기]를 클릭한다.

3단계

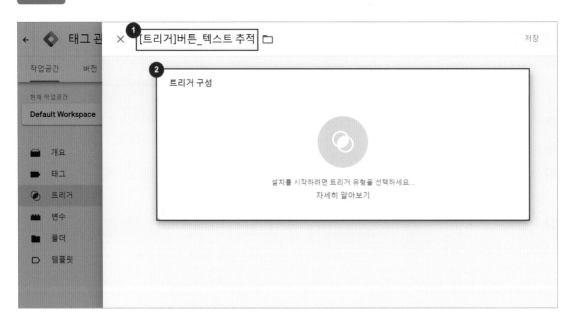

❶ 이름을 '[트리거]버튼_텍스트 추적'으로 작성한다.

❷ [트리거 구성]을 클릭한다.

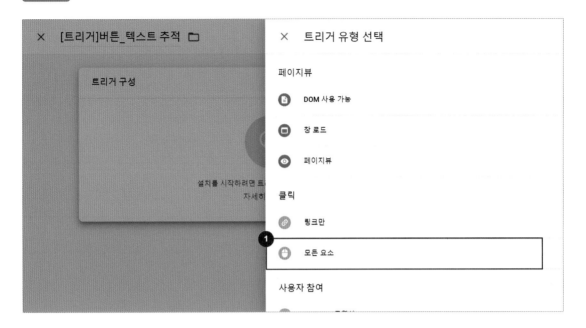

❶ 트리거 유형 선택에서 [모든 요소]를 클릭한다.

❶ [일부 클릭]을 선택한다.

❷ 변수 구성에서 [기본 제공 변수 선택]을 클릭한다.

　[모든 클릭]을 선택하면 발생하는 모든 클릭에 대해 태그가 트리거된다.

6단계

❶ [Click Text] 변수를 선택한다.

7단계

❶ 변수 구성이 [Click Text]로 바뀐 것을 확인한다.

❷ 조건식 [포함]으로 둔다.

❸ [버튼클릭_텍스트]를 입력한다. 또는 여러분이 추적하고자 하는 버튼의 텍스트를 입력한다.

❹ [저장]을 클릭하면 트리거가 생성된다.

8단계 구글 태그 매니저에서 [새 태그]를 클릭한다.

9단계 유니버셜 애널리틱스 태그를 선택하고 아래처럼 구성한다.

❶ 이름을 '[태그]UA-모든 버튼 클릭 추적'으로 작성한다.

❷ 태그 유형에 'Google 애널리틱스: 유니버셜 애널리틱스'를 선택한다.

❸ 추적 유형에 [이벤트]를 선택한다.

❹ 이벤트 카테고리에는 [고객 클릭 행동]으로 작성한다.

❺ 이벤트 작업(액션)에는 {{Click Text}}를 대소문자를 구분하여 작성한다.

   {{ }}를 이용해서 변수를 넣을 경우, 해당하는 값이 치환되어 애널리틱스 보고서에 기록된다.

❻ 이벤트 라벨에는 {{Click URL}}을 대소문자 구분하여 작성한다.

❼ 비 상호작용 조회 [거짓]으로 둔다. [참]으로하는 경우 해당 이벤트에 대한 고객 행동을 이벤트로 취급하지 않게 된다.

❽ Google 애널리틱스 설정에는 '[변수]UA_Property ID'를 선택한다.

10단계　아래처럼 태그가 잘 구성되었는지 확인한다.

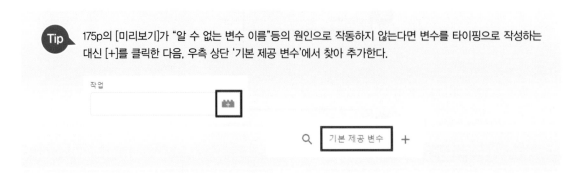

> **Tip**　175p의 [미리보기]가 "알 수 없는 변수 이름"등의 원인으로 작동하지 않는다면 변수를 타이핑으로 작성하는 대신 [+]를 클릭한 다음, 우측 상단 '기본 제공 변수'에서 찾아 추가한다.

❶ 트리거를 클릭한 다음 기존에 만들어둔 '[트리거]버튼_텍스트 추적'을 선택한다.

❷ [저장]을 클릭하여 태그 구성과 트리거 조합을 완료한다.

❶ 작업공간의 변경사항에 태그, 트리거, 사용한 변수를 확인한다

❷ [미리보기]를 클릭한다.

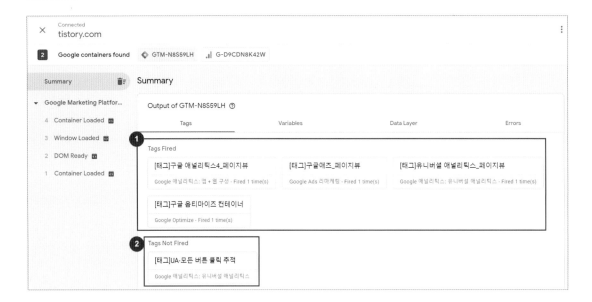

❶ 이미 방아쇠가 당겨져 발사된 태그들이다.

❷ 발사가 준비된 태그가 보인다. 이 태그는 여러분이 설정한 대로 클릭하는 요소에 "버튼클릭_텍스트"라는 문자를 포함하고 있을 때 발사된다.

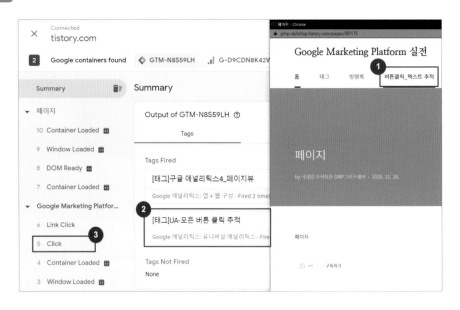

❶ [버튼클릭_텍스트 추적] 버튼을 클릭한다.

❷ Tags Fired로 태그가 발사된 것을 확인할 수 있다.

❸ [Click]를 클릭한다.

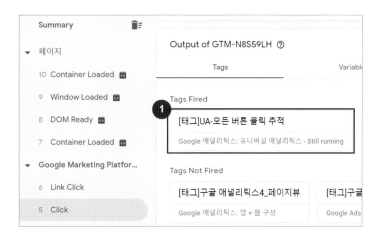

❶ "[태그]UA-모든 버튼 클릭 추적"을 클릭하면 해당 태그로 발생한 아래 정보를 확인할 수 있다.

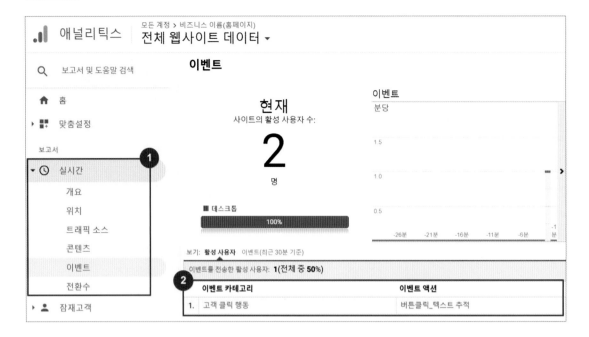

❶ 유니버셜 애널리틱스 속성에 접속한 다음 실시간 〉 이벤트 보고서를 확인한다.

❷ 이벤트 카테고리와 이벤트 액션을 확인할 수 있다.

지금까지의 방법을 토대로 응용하면 웹사이트에 존재하는 모든 버튼을 추적할 수 있을 것이다. 앞에서 "[모든 클릭]을 선택하면 발생하는 모든 클릭에 대해 태그가 트리거 된다."는 옵션을 기억할 것이다. 해당 트리거로 교체하는 경우 모든 클릭이 추적되며 이벤트 액션은 치환되어 각각의 버튼 이름으로 계속 쌓인다.

> **Tip 기본 제공 변수란?**
>
> 구글 태그 매니저에서 {{ }}를 이용해서 변수를 넣을 경우 해당하는 값을 치환해서 여러 방식으로 활용할 수 있다. 예를 들어 변수 {{Video Current Time}}를 애널리틱스에 넣으면 영상 재생 시간이 측정되어 기록되고, 트리거에 넣고 값을 10초로 지정하면 영상 재생 시간이 10초가 되었을 때 방아쇠를 당긴다. 구글 태그 매니저에는 다양하게 사용할 수 있는 변수를 43개 제공하며 "기본 제공 변수"로 부른다.

기본 제공 변수 리스트

정규식 메타 문자	연산 설명	예시
Percent Visible	공개 상태	데이터에서 받아오는 변수
On-Screen Duration	공개 상태	데이터에서 받아오는 변수
New History Fragment	기록	데이터에서 받아오는 변수
Old History Fragment	기록	데이터에서 받아오는 변수
New History State	기록	데이터에서 받아오는 변수
Old History State	기록	데이터에서 받아오는 변수
History Source	기록	데이터에서 받아오는 변수

정규식 메타 문자	연산 설명	예시
Video Provider	동영상	데이터에서 받아오는 변수
Video URL	동영상	데이터에서 받아오는 변수
Video Duration	동영상	데이터에서 받아오는 변수
Video Percent	동영상	데이터에서 받아오는 변수
Video Visible	동영상	데이터에서 받아오는 변수
Video Status	동영상	데이터에서 받아오는 변수
Video Current Time	동영상	데이터에서 받아오는 변수
Scroll Depth Threshold	스크롤	데이터에서 받아오는 변수
Scroll Depth Units	스크롤	데이터에서 받아오는 변수
Scroll Direction	스크롤	데이터에서 받아오는 변수
Form Element	양식	데이터에서 받아오는 변수
Form Classes	양식	데이터에서 받아오는 변수
Form ID	양식	데이터에서 받아오는 변수
Form Target	양식	데이터에서 받아오는 변수
Form URL	양식	데이터에서 받아오는 변수
Form Text	양식	데이터에서 받아오는 변수
Error Message	오류	데이터에서 받아오는 변수
Error URL	오류	데이터에서 받아오는 변수
Error Line	오류	데이터에서 받아오는 변수
Debug Mode	오류	디버그 모드
Event	유틸리티	맞춤 이벤트
HTML ID	유틸리티	HTML ID
Container Version	유틸리티	컨테이너 버전 번호
Random Number	유틸리티	임의의 숫자
Container ID	유틸리티	컨테이너 ID
Environment Name	유틸리티	환경 이름
Click Element	클릭	데이터에서 받아오는 변수
Click Classes	클릭	데이터에서 받아오는 변수
Click ID	클릭	데이터에서 받아오는 변수
Click Target	클릭	데이터에서 받아오는 변수
Click URL	클릭	데이터에서 받아오는 변수
Click Text	클릭	자동 이벤트 변수
Page URL	페이지	URL에서 받아오는 변수
Page Hostname	페이지	URL에서 받아오는 변수
Page Path	페이지	URL에서 받아오는 변수
Referrer	페이지	HTTP 레퍼러에서 받아옴

이해를 돕고자 "데이터에서 받아오는 변수"라는 용어를 사용했지만 원래 "데이터 영역 변수"로 불린다.

17단계 구글 태그 매니저를 사용해서 수집한 '이벤트'를 유니버셜 애널리틱스 속성에서 [목표]로 지정하는 방법을 설명할 것이다.

❶ 관리 〉 목표 〉 새 목표를 순서대로 클릭한다.

18단계

❶ 이름에는 [버튼클릭_텍스트 이벤트를 받아온 목표]를 넣는다.

❷ 유형에는 [이벤트]를 선택한다.

❸ [계속]을 클릭한다.

❶ 카테고리에 [고객 클릭 행동]을 입력하고, 액션에는 [버튼클릭_텍스트 추적]을 입력한다. 목표에 대한 조건에는 {{ }} 변수 이름이 아닌 실제 애널리틱스에 기록되는 값을 넣어야 한다.

❷ [저장]을 클릭하고 설정을 마무리한다.

❶ 유니버셜 애널리틱스 접속 〉 전환 〉 목표 〉 개요 〉 전체목표를 순서대로 클릭한다.

❷ 방금 생성한 목표를 확인한다. 이제 버튼 클릭 이벤트가 발생하면 해당 목표로 카운팅된다.

구글 태그 매니저로 추적하는 모든 이벤트가 같은 방법으로 목표 지정이 가능하며, 앞으로 필요한 것만 추려서 지정하면 된다.

CHAPTER. 2

Google Analytics 4 with Google Tag Manager

 Unit. 01 페이지 도착 전환 설정 실습

GA4에서는 모든 추적 매개를 '이벤트'라 부른다. 또 목표라는 단어 대신 '전환'이라는 단어를 사용한다. 웹 사이트 방문자가 특정 페이지에 도착했을 때 전환으로 설정하는 방법은 유니버설 애널리틱스와 마찬가지로 GA4 속성에서 해결할 수 있다. GA4는 우리가 구글 태그 매니저로 가상 태그를 구현한 순간부터 page_view 를 추적하고 있었고, 이 데이터 안에는 page_title (페이지 제목), page_URL 등의 매개변수 데이터가 이미 포 함되어 있었다. 이것들을 사용하여 특정 페이지 데이터를 색출하는 과정을 거칠 것이다. 예시로 GA4에서 티 스토리의 방명록 페이지 도착을 목표로 한다.

1단계 GA4 속성에 접속한다.

❶ 왼쪽 메뉴에서 [표 그림을] 클릭한다.

❷ [이벤트]를 클릭한다. GA4에서 이벤트를 확인하는 곳은 항상 여기다.

❶ [이벤트 만들기]를 클릭한다.

❶ [만들기]를 클릭한다.

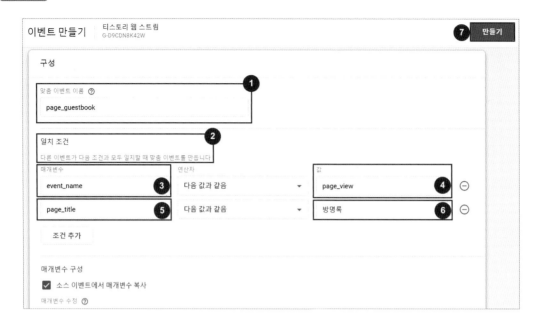

❶ 맞춤 이벤트 이름에 작성한 이름으로 보고서에 표시된다. 필자는 [page_guestbook]으로 작성했다.

❷ GA4의 이벤트 구성은 기본적으로 기존에 수집되는 이벤트에서 특정 데이터를 색출하는 것이다.

❸ 매개변수에 [event_name]을 적는다.

❹ 값에는 [page_view]를 적는다. 3번과 조합하면 이벤트 이름이 'page_view'인 이벤트에서 색출하겠다는 조건식이다.

❺ [조건 추가]를 클릭하고 [page_title]을 적는다.

❻ 값에는 '방명록'을 적는다.

❼ [만들기]를 클릭한다.

위 조건식을 해석하면 "기존에 GA4 속성이 수집하고 있는 page_view라는 이벤트 속에서, 매개변수인 page_title (페이지 제목)이 '방명록'과 일치하는 이벤트가 발생하면 찾아서 [page_guestbook] 이름으로 데이터를 다시 표시해줘"가 된다. 이것이 GA4 속성에서 새로운 이벤트를 추적하는 원리다. 그래서 자동으로 수집되는 이벤트 리스트를 알고 있어야 한다.

조건식은 다양하게 조합할 수 있는데 page_title로 '방명록'을 써도 되지만 아래처럼 URL을 이용해도 같은 뜻의 조건식이 된다.

❶ page_title 대신 page_location으로 변경한다.

❷ 연산자를 '다음 값을 포함'으로 변경한다.

❸ 값에는 URL Path를 넣는다.

5단계

❶ 생성된 이벤트 이름을 확인한다.

❷ 닫기 [X]를 클릭한다.

6단계

❶ 다시 [표 그림]을 클릭하고 [이벤트]를 클릭한다.

❷ 이벤트 이름에 여러분이 생성한 이벤트가 보일 것이다. 책에서는 [page_guestbook]으로 생성된 이벤트
　가 보인다.

이 데이터는 이벤트 생성 후 업데이트까지 최대 48시간이 걸린다. 그러므로 만들고 나서 바로 보이지 않는다. 여러분의 화면에 보이지 않는 것이 당연하다. 책에서도 생성 후 하루 지난 다음 화면을 캡처한 것이다. 또한 데이터가 실제 발생되어야 기록되니 해당 페이지를 방문해 보고 195page에서 안내하는 실시간 보기는 바로 이용해 보자.

이해를 돕기 위해서 확대하지 않은 전체 인터페이스 캡처 사진이다(보고서 〉 참여도 〉 이벤트).

7단계   이벤트를 만들었으니, 이 이벤트를 '전환'으로 설정할 것이다.

❶ 버튼을 클릭해서 푸른색으로 활성시킨다.

❷ [전환으로 표시] 기능은 추적하는 이벤트를 '전환'으로 지정하고 '전환' 보고서에 포함시킬지 여부를 결정하는 기능이다.

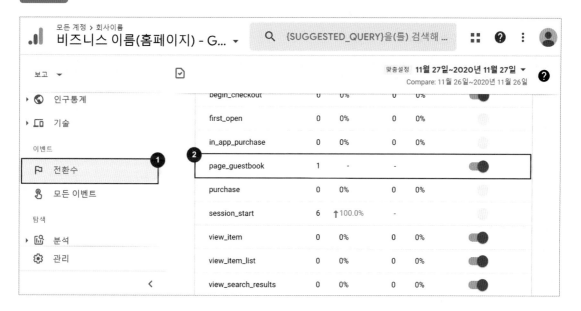

❶ 왼쪽 메뉴에서 [전환수]를 클릭한다.

❷ 전환 리스트에 [page_guestbook]이 추가된 것을 확인할 수 있다. 푸른색 버튼을 비활성하면 다시 목록에서 사라진다.

위 데이터도 업데이트되는 데 시간이 걸린다.

이해를 돕기 위해서 확대하지 않은 전체 인터페이스 캡처 사진이다.

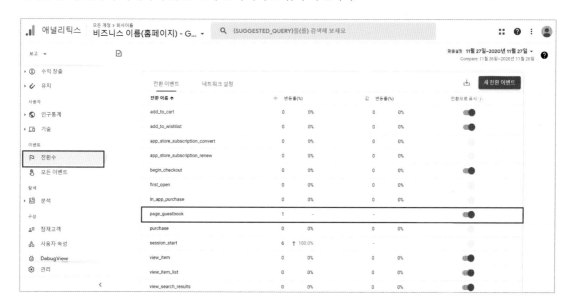

지금까지 특정 페이지에 도착한 트래픽을 '전환'으로 설정하는 방법을 배웠다. 다음 단락에서는 구글 태그 매니저로 특정 버튼을 이벤트로 추적하는 방법을 설명한다. 유니버셜 애널리틱스 속성에서 추적했던 버튼을 예시로 한다.

Tip **GA4에서 자동으로 수집되는 이벤트 리스트**

- 별도 기재가 없는 한 Android, iOS 모두를 추적함

이벤트 이름	자동으로 수집되는 시점	수집되는 매개변수
모든 이벤트 공통		language page_location page_referrer page_title screen_resolution
ad_click (앱)	사용자가 광고를 클릭할 때	ad_event_id
ad_exposure (앱)	모바일 광고 SDK에서 게재하는 광고가 화면에 있을 때	firebase_screen firebase_screen_id firebase_screen_class exposure_time
ad_impression (앱)	사용자가 노출된 광고를 볼 때	ad_event_id
ad_query (앱)	모바일 광고 SDK에서 광고를 요청할 때	ad_event_id
ad_reward (앱)	모바일 광고 SDK에서 게재하는 보상형 광고를 통해 리워드가 부여될 때	ad_unit_id reward_type reward_value
adunit_exposure (앱)	모바일 광고 SDK에서 게재하는 광고 단위가 화면에 표시될 때	firebase_screen firebase_screen_id firebase_screen_class exposure_time
app_clear_data (앱)	사용자가 앱 데이터를 재설정 또는 삭제하여 모든 설정과 로그인 데이터를 삭제할 때 (Android만)	
app_exception (앱)	앱이 다운되거나 예외가 발생할 때	fatal timestamp engagement_time_ msec
app_remove (앱)	애플리케이션 패키지가 Android 기기에서 삭제될 때	
app_store_refund	Google play에서 인앱 구매를 환불할 때 (Android만)	product_id value currency quantity
app_store_subscription_cancel	Google Play에서 유료 구독이 취소될 때 (Android만)	product_id price value currency cancellation_reason
app_store_subscription_convert (앱)	무료 체험 구독이 유료 구독으로 전환될 때	product_idprice value currency quantity
app_store_subscription_renew (앱)	유료 구독이 갱신될 때	product_idprice value currency quantity renewal_count
app_update (앱)	앱이 새 버전으로 업데이트되고 다시 실행될 때	previous_app_version

이벤트 이름	자동으로 수집되는 시점	수집되는 매개변수
click	사용자가 현재 도메인에서 나가는 링크를 클릭할 때, 기본적으로 향상된 측정을 통해 수집	매개변수 없음
dynamic_link_app_open (앱)	사용자가 동적 링크를 통해 앱을 다시 열때	source medium campaign link_id accept_time
dynamic_link_app_update (앱)	앱이 새 버전으로 업데이트되고 동적 링크를 통해 열릴 때 (Android만)	source medium campaign link_id accept_time
dynamic_link_first_open (앱)	사용자가 동적 링크를 통해 처음으로 앱을 열 때	source medium campaign link_id accept_time
error (앱)	오류가 있어 기록될 수 없는 이벤트 대신 기록	firebase_error firebase_error_value
file_download	사용자가 다음 유형의 파일로 연결되는 링크를 클릭할 때 • 문서 • 텍스트 • 실행 파일 • 프레젠테이션 • 압축 파일 • 동영상 • 오디오	file_extension file_name link_classes link_domain link_id link_text link_url
firebase_campaign	캠페인 매개변수가 있는 상태로 앱이 시작될 때	source medium campaign term content gclid aclid cp1 anid click_timestamp campaign_info_source
firebase_in_app_message_action (앱)	사용자가 firebase 인앱 메시지에서 특정 액션을 수행할 때	message_name message_device_time message_id
firebase_in_app_message_dismiss (앱)	사용자가 firebase 인앱 메시지를 닫을 때	message_name message_device_time message_id
firebase_in_app_message_impression (앱)	사용자에게 firebase 인앱 메시지가 표시될 때	message_name message_device_time message_id

이벤트 이름	자동으로 수집되는 시점	수집되는 매개변수
first_open (앱)	앱 설치 또는 재설치 후 처음으로 앱을 실행할 때 (다운로드 수가 아님)	previoius_gmp_app_id updated_with_analytics previous_first_open_count system_app system_app_update deferred_analytics_collection reset_analytics_cause engagement_time_msec
first_visit (앱, 웹)	사용자가 웹사이트를 처음 방문하거나 애널리틱스를 사용하는 Android 앱을 처음으로 실행할 때	
in_app_purchase (앱)	사용자가 iTunes의 App Store 또는 Google Play에서 최초 구독을 포함한 인앱 구매를 완료할 때 제품ID, 제품 이름, 통화, 수량등이 매개변수로 전달된다. (이 이벤트는 Firebase SDK가 구현된 앱에서만 트리거됨)	product_id price, value currency quantity subscription free_trial introductory_price
notification_dismiss (앱)	FCM에서 보낸 알림을 사용자가 닫을 때 (Android만)	message_name message_time message_device_time message_id topic label message_channel
notification_foreground	앱이 포그라운드 상태인 동안에 FCM에서 보낸 알림이 수신될 때	message_name message_time message_device_time message_id topic label message_channel message_type
nofitication_open (앱)	FCM에서 보낸 알림을 사용자가 열 때	message_name message_time message_device_time message_id topic label message_channel
notification_receive (앱)	앱이 백그라운드 상태인 동안 FCM에서 보낸 알림이 기기에 수신될 때 (Android만)	message_name message_time message_device_time message_id topic label message_channel message_type
os_update (앱)	기기 운영체제가 새 버전으로 업데이트될 때 이전 운영체제 버전ID가 매개변수로 전달된다.	previous_os_version
page_view (웹)	페이지가 로드되거나 활성 상태에서 브라우저 기록 상태가 변할 때, 기본적으로 향상된 측정을 통해 수집	page_location (페이지URL) page_referrer (이전 페이지 URL)

이벤트 이름	자동으로 수집되는 시점	수집되는 매개변수
screen_view (앱)	화면 전환이 발생하고 다음 기준 중 하나가 충족될 때 • 이전에 설정된 화면이 없음 • 새 화면 이름이 이전 화면 이름과 다름 • 새 화면 클래스 이름이 이전 화면 클래스 이름과 다름 • 새 화면ID가 이전 화면ID와 다름	firebase_screen firebase_screen_class firebase_screen_id firebase_previous_screen firebase_previous_class firebase_previous_id engagement_time_msec
scroll (웹)	사용자가 각 페이지에서 처음으로 하단에 도달할 때 기본적으로 향상된 측정을 통해 수집	
session_start (앱, 웹)	사용자가 앱 또는 웹사이트에 참여할 때	
user_engagement (앱, 웹)	앱이 포그라운드 상태일 때 주기적으로	
video_complete (웹)	동영상이 끝날 때, Youtube 동영상의 경우 기본적으로 향상된 측정을 통해 수집	video_current_time video_duration video_percent video_provider video_title video_url visible
video_progress (웹)	동영상 재생 시간이 전체 시간의 10%, 25%, 50%, 75%를 넘을 때, Youtube 동영상의 경우 기본적으로 향상된 측정을 통해 수집	video_current_time video_duration video_percent video_provider video_title video_url visible
video_start (웹)	동영상 재생이 시작될 때, Youtube 동영상의 경우 기본적으로 향상된 측정을 통해 수집	video_current_time video_duration video_percent video_provider video_title video_url visible
view_search_results (웹)	사용자가 사이트에서 검색을 할 때마다 (URL 쿼리 매개변수가 있을 경우) 기본적으로 향상된 측정을 통해 수집	search_term

Unit. 02 버튼 클릭 추적 및 전환 설정 실습

구글 태그 매니저로 접속한 다음 [새 태그]를 클릭한다.

1단계

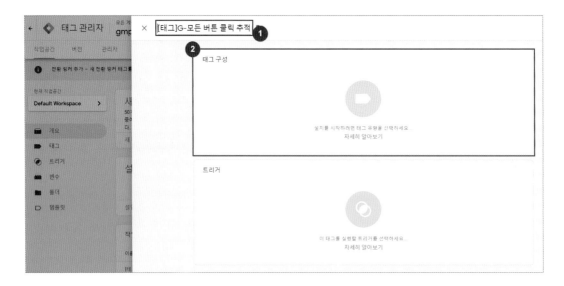

❶ 태그 이름을 '[태그]G-모든 버튼 클릭 추적'으로 작성한다.

❷ [태그 구성]을 클릭한다.

2단계

❶ 태그 유형에서 [Google 애널리틱스: GA4 이벤트] 태그를 선택한다.

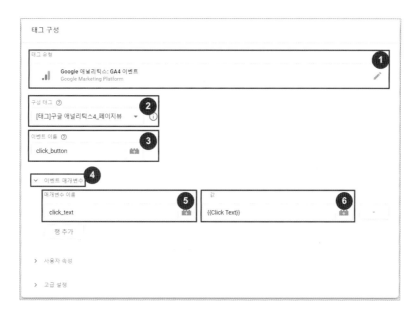

❶ GA4 속성용 이벤트 태그 유형이 제대로 선택되었는지 확인한다.

❷ 구성 태그를 클릭하고 앞에서 만들었던 '[태그]구글 애널리틱스4_페이지뷰'를 선택한다. 구성 태그를 선택하면 태그 안에 입력해둔 측정 ID를 기준으로 데이터를 보내준다. GA4 속성에서 이벤트 태그를 구현할 때는 항상 구성 태그를 선택해야 한다.

❸ 이벤트 이름에는 [click_button]으로 작성한다. 여러분은 알기 쉽게 임의로 작성하면 되는데 구글에서는 GA4 시스템이 자동으로 보고하는 인사이트 기능을 최대한 활용하기 위해서는 지정된 이벤트 이름을 사용하는 걸 권장하고 있다. 즉 권장되는 것은 이벤트 이름을 'click_button'이 아닌 'click'으로 작성해야 한다. 하지만 예시를 위해 쉽게 알아볼 수 있도록 click_button으로 작성했다.

❹ [이벤트 매개변수]를 클릭한다.

❺ 매개변수 이름에 [click_text]를 입력한다.

❻ 값으로 {{Click Text}}를 대소문자 구분하여 입력한다.

❶ 트리거는 새로 만들 필요는 없다. 만들어 둔 [트리거]버튼_텍스트 추적을 트리거로 선택한다.

❷ [저장]을 클릭해서 설정을 마무리한다.

한번 만들어둔 트리거는 다른 태그들과 조합해서 사용하는 것도 가능하다. 위 구성을 해석하면 "트리거 조건에 맞춰 태그가 발사되었을 때 클릭 당한 요소안에 Text를 찾아 click_text라는 매개변수의 값으로 적어주고, 그런 다음 click_button이라는 이벤트가 발생했다고 알려줘"가 된다.

5단계 구글 태그 매니저의 [미리보기] 모드에 접속한다.

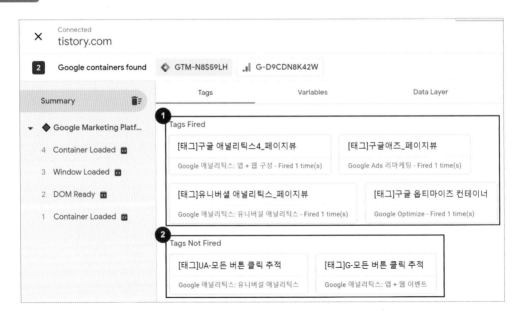

❶ '페이지뷰'를 트리거로 하는 태그들이 발사된 것을 확인한다.

❷ 버튼을 클릭했을 때 발사될 준비된 태그들을 확인한다.

6단계 실제 티스토리로 가서 [버튼]을 클릭해본다.

❶ '[태그]G-모든 버튼 클릭 추적' 태그가 발사된 것을 확인한다.

7단계 GA4 속성에 접속한다.

❶ 메뉴 [실시간]을 클릭한다.

❷ 이벤트 이름별 이벤트 수 영역에 [click_button] 네이터가 수집된 것을 볼 수 있을 것이다.

아래는 이해를 돕기 위한 확대하지 않은 전체 인터페이스 캡쳐 사진이다.

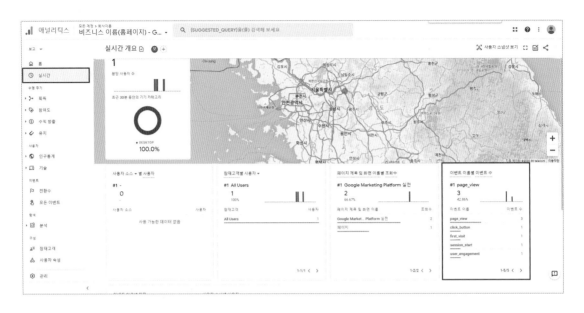

CHAPTER. 3

전자상거래 구현 실습 with Google Tag Manager

 Unit. 01 유니버셜 애널리틱스 전자상거래 페이지뷰 유형 실습

이번 단락에서는 구글 태그 매니저를 이용해서 전자상거래의 핵심인 'Purchase (거래)' 실습을 진행하고자 한다. 유니버셜 애널리틱스에서 매출, 거래수, 제품 판매 실적 등을 추적할 수 있다. 구글 태그 매니저를 통한 구현 방법은 총 두 가지다. 페이지뷰 유형과 이벤트 유형이다. 그중 페이지 유형부터 설명한다. 실제로는 둘 중에 한 가지 방식으로 선택해서 진행하면 된다.

1단계   유니버셜 애널리틱스 속성에 접속한다.

❶ 관리 〉 전지상거래 설정으로 접속한다.

❸ 전자상거래 사용과 향상된 전자상거래 보고서 사용설정을 활성한다.

❹ [저장]을 클릭하면 애널리틱스에서 하는 설정은 모두 끝난 것이다.

2단계 구글 태그 매니저로 접속한다.

❶ [변수]를 클릭한다.

❷ 만들어둔 '[변수]UA_Property ID'를 클릭한다.

3단계

❶ 변수 구성을 클릭해서 수정모드로 만든다.

❷ [기타 설정]을 클릭한다.

4단계

❶ 기타 설정 아래에 있는 전자상거래 탭을 클릭하고 '향상된 전자상거래 기능 사용'과 '데이터 영역 사용'
   에 전부 체크한다. 이렇게 설정하는 경우 데이터 영역에서 받을 수 있는 데이터를 자동으로 추적하여 유
   니버셜 애널리틱스 속성이 수집한다.

❷ [저장]을 클릭한다.

5단계 구글 태그 매니저에서 [새 태그]를 클릭하고 아래처럼 태그를 구성한다.

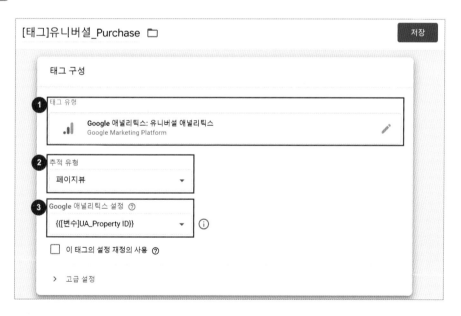

❶ 태그 유형에 'Google 애널리틱스:유니버셜 애널리틱스'를 선택한다.

❷ 추적 유형에 '페이지뷰'를 선택한다.

❸ Google 애널리틱스 설정에 '[변수]UA_Property ID'를 선택한다.

추적 유형을 '이벤트'로 구성할 수도 있지만, 구글에서는 가능한 '페이지뷰'와 함께 purchase데이터를 전송하는 것을 권장한다. 이 방법이 웹 환경에서 작동하지 않는 경우 차선책으로 '이벤트' 유형을 선택한다. '이벤트' 유형 방법은 '페이지뷰'유형 설명이 끝난 후 다룬다.

6단계

❶ [트리거]를 클릭한다.

❷ 트리거 선택에서 [+]를 클릭한다.

7단계

❶ 이름에 [트리거]Event를 입력한다.

❷ [트리거 구성]을 클릭한다.

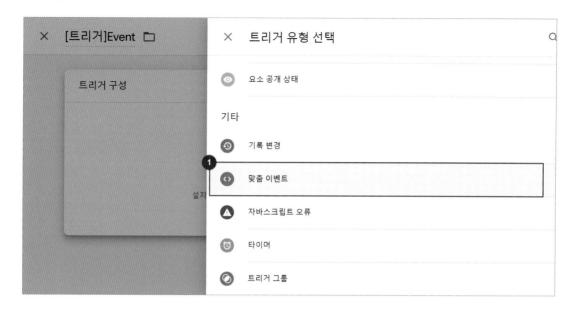

❶ 트리거 유형에서 [맞춤 이벤트]를 선택한다.

❶ 이벤트 이름에 [gtm.dom]을 입력한다.

❷ 이 트리거는 [일부 맞춤 이벤트]에만 실행되어야 한다.

❸ '기본 제공 변수'를 클릭하고 [Page URL]을 선택한다.

❹ '정규 표현식과 일치'를 선택한다.

❺ 값으로는 여러분들의 웹사이트에 실제 거래 완료 페이지의 URL Path을 넣는다. 책에서는 예시로 https://
example.com/order/complete/019385611039 형태의 거래 완료 페이지를 갖는 웹사이트를 추적하는 정
규식을 사용하였다. 여기서 난수가 주문 번호를 뜻한다.

❻ [저장]을 클릭한다.

10단계

❶ 태그 구성과 트리거를 확인한다.

❷ [저장]을 클릭한다.

과거에는 '[트리거]Event' 대신에 아래 트리거를 많이 사용하였고 지금도 잘 작동하는 방식이다. 작동 여부
에 따라 선택하는 것을 권장한다.

❶ 이름에 '[트리거]DOM_Purchase'을 입력한다.

❷ 트리거 유형을 '맞춤 이벤트' 대신 [페이지뷰-DOM사용 가능]을 선택한다.

❸ [일부 DOM 사용 가능 이벤트]를 선택한다.

❹ Page URL을 변수로 정규식으로 거래 완료 페이지 URL Path을 값으로 넣는다.

❺ [저장]을 클릭한다.

11단계   다음으로 거래 완료 페이지에서 '페이지뷰' 데이터가 중복으로 발생되는 것을 막는 작업을 해야한다.

❶ 기존에 생성해둔 [태그]유니버셜 애널리틱스_페이지뷰 태그를 선택한다.

❷ 트리거 영역을 클릭한다.

❸ [예외 추가]를 클릭한다.

12단계

❶ 트리거 선택에서 '[트리거]Event'를 클릭한다.

❶ 기존 '[태그]유니버셜 애널리틱스_페이지뷰' 태그는 모든 페이지가 로드될 때마다 트리거 되는 설정이었다. 이번에 'Purchase' 태그를 추가하면서 '거래 완료 페이지'에서 트리거 되는 '페이지뷰' 유형을 추가했기 때문에 중복 수집을 방지하기 위해 기존 태그가 '거래 완료 페이지'에서는 트리거 되지 못하도록 예외 설정을 하는 것이다.

❷ [저장]을 클릭한다.

향상된 전자상거래 추적을 위한 유니버셜 애널리틱스와 구글 태그 매니저 설정은 끝났다. 이제 개발자가 거래 완료 페이지에 스크립트 하나만 구현해주면 모든 과정이 완료된다. 다음 개발자에게 요청하는 메일을 참조하고, 여의치 않은 경우, 복사해서 붙여넣어도 무관하다.

 실제) 마케터가 개발자에게 보내는 향상된 전자상거래 Purchase 요청 메일 _ 페이지뷰 타입

안녕하세요 개발자님

유니버셜 애널리틱스 속성의 향상된 전자상거래 'Purchase' 세팅 건으로 메일 드립니다.

거래 완료 페이지가 열릴 때 함께 로드되어야 하는 스크립트입니다. 거래정보로 JavaScript 데이터 레이어를 구현해주세요, 이 데이터는 구글 태그 매니저에서 유니버셜 애널리틱스로 전달하는 데 사용됩니다.

삽입 위치는 〈head〉태그 안에, 구글 태그 매니저 컨테이너 스크립트보다 아래입니다.

```
<script>
dataLayer.push({
```

```
    'ecommerce':{
  'purchase':{
      'actionField':{
        'id':'주문 번호',
        'revenue':'최종 결제 금액',
        'tax':'세금',
        'shipping':'배송비',
        'coupon':'쿠폰이름'
      },
      'products':[{
        'name':'제품명',
        'id':'제품 번호 (SKU 넘버)',
        'price':'제품 가격',
        'brand':'브랜드명',
        'category':'카테고리 이름',
        'quantity':수량,
      },
      {
        'name':'Donut Friday Scented T-Shirt',
        'id':'67890',
        'price':'350,000',
        'brand':'Growth',
        'category':'Apparel',
        'variant':'White',
        'quantity':1
      }]
    }
  }});
  </script>
```

1) 각 매개변수는 결제 완료 페이지에서 해당하는 값이 할당되어야 합니다.

2) products 안에 Donut Friday Scented T-Shirt는 예시 데이터입니다.

3) 제품이 여러개인 경우, 같은 방식으로 호출되어야 합니다.

4) 매개변수는 몇 개를 선택하여 사용도 가능하지만, id, revenue, name, price, quantity는 필수입니다.

[참조] Google Tag Manager – UA Purchase 개발 가이드 문서 전달 드립니다.

https://developers.google.com/tag-manager/enhanced-ecommerce#purchases

감사합니다.

위에처럼 유니버셜 애널리틱스 속성과, 구글 태그 매니저에서 설정을 완료하면 거래 완료 페이지에서 스크립트가 호출될 때 모든 항목이 자동으로 유니버셜 애널리틱스의 각 보고서에 기록된다. 기본적으로 구글 태그 매니저를 활용한 데이터 수집은 dataLayer.push 함수를 기반으로 한다.

Unit. 02 유니버셜 애널리틱스 전자상거래 이벤트 유형 실습

앞서 페이지 유형 설정과 1단계~4단계까지는 동일하다. 5단계인 태그 구성부터 다르다. 그리고 이 방법은 어디까지나 '페이지뷰 유형' 설정의 차선책이다.

1단계 구글 태그 매니저에서 [새 태그]를 클릭하고 태그를 아래처럼 구성한다.

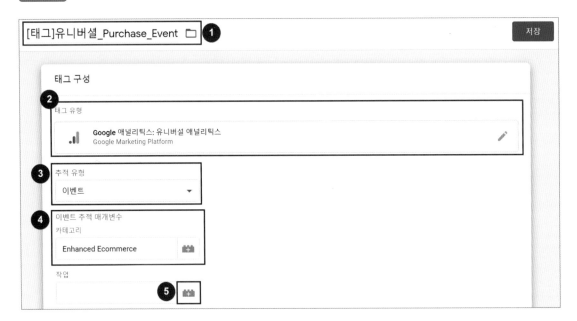

❶ 태그 이름에 '[태그]유니버셜_Purchase_Event'를 입력한다.

❷ 태그 유형에 'Google 애널리틱스:유니버셜 애널리틱스'를 선택한다.

❸ 추적 유형에 '이벤트'를 선택한다.

❹ 이벤트 추적 매개변수 영역에 카테고리에 'Enhanced Ecommerce'를 입력한다.

❺ 작업에는 [+]를 클릭한다.

❶ 오른쪽 위에 [기본 제공 변수]를 클릭한다.

❶ 기본 제공 변수 선택에서 [Event]를 선택한다.

❶ 변수{{Event}}가 제대로 설정되었는지 확인한다. 다음부터는 '기본 제공 변수' 선택 과정 없이 '{{Event}}'를 직접 작성해도 같은 설정이 된다.

❷ Google 애널리틱스 설정에 '[변수]UA_Property ID'를 선택한다.

❶ [트리거]를 클릭한다.

❷ 트리거 선택에서 [+]를 클릭한다.

6단계

❶ 트리거 이름에 '[트리거]Event_purchase'를 작성한다.

❷ [트리거 구성]을 클릭한다.

7단계

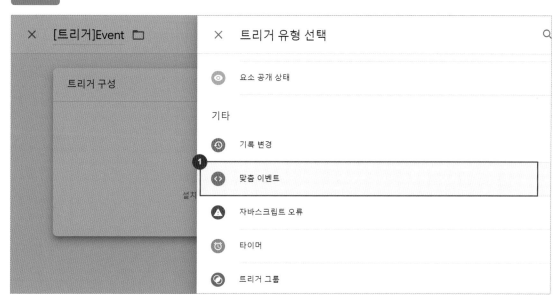

❶ 트리거 유형 선택에서 [맞춤 이벤트]를 클릭한다.

8단계

❶ 트리거 유형에 '맞춤 이벤트'를 확인한다.

❷ 이벤트 이름에 'purchase'를 소문자로만 작성한다.

❸ [모든 맞춤 이벤트]를 선택한다.

❹ [저장]을 클릭한다.

9단계

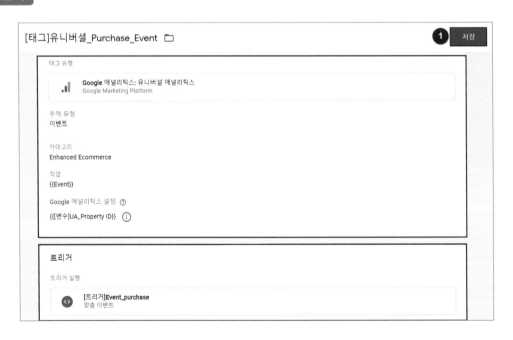

❶ 태그와 트리거 구성을 확인한 다음 [저장]을 클릭하여 설정을 마무리한다.

유니버셜 애널리틱스 속성의 'Purchase' 이벤트 유형 구글 태그 매니저 설정이 완료되었다. 이제 앞에서처럼 개발자에게 요청하는 메일을 보내는데, 이번에는 이벤트를 선언하고 이벤트 이름을 'purchase'로 지정하는 명령어가 들어간 '한 줄' 추가된 스크립트를 전달해야 한다.

'event': 'purchase', 항목 추가.

즉 아래처럼 메일을 보내면 된다.

 실제) 마케터가 개발자에게 보내는 향상된 전자상거래 Purchase 요청 메일 _ 이벤트 타입

안녕하세요 개발자님

유니버셜 애널리틱스 속성의 향상된 전자상거래 'Purchase' 세팅 건으로 메일 드립니다.

거래 완료 페이지가 열릴 때 함께 로드되어야 하는 스크립트입니다. 거래정보로 JavaScript 데이터 레이어를 구현해주세요, 이 데이터는 구글 태그 매니저에서 유니버셜 애널리틱스로 전달하는 데 사용됩니다.

삽입 위치는 〈head〉태그 안에, 구글 태그 매니저 컨테이너 스크립트보다 아래입니다.

```
<script>
dataLayer.push({
 'event': 'purchase',
   'ecommerce':{
      'purchase':{
       'actionField':{
           'id':'주문 번호',
           'revenue':'최종 결제 금액',
           'tax':'세금',
           'shipping':'배송비',
           'coupon':'쿠폰이름'
        },
       'products':[{
          'name':'제품명',
          'id':'제품 번호 (SKU 넘버)',
          'price':'제품 가격',
          'brand':'브랜드명',
          'category':'카테고리 이름',
          'quantity':수량,
        },
        {
```

```
        'name':'Donut Friday Scented T-Shirt',
        'id':'67890',
        'price':'350,000',
        'brand':'Growth',
        'category':'Apparel',
        'variant':'White',
        'quantity':1
      }]
    }
  }
});
</script>
```

- 각 매개변수는 결제 완료 페이지에서 해당하는 값이 할당되어야 합니다.
- products 안에 Donut Friday Scented T-Shirt는 예시 데이터입니다.
- 제품이 여러 개인 경우, 같은 방식으로 호출되어야 합니다.
- 매개변수는 몇 개를 선택하여 사용도 가능하지만, id, revenue, name, price, quantity는 필수입니다.

[참조] Google Tag Manager - UA Purchase 개발 가이드 문서 전달 드립니다.

https://developers.google.com/tag-manager/enhanced-ecommerce#purchases

감사합니다.

 ## Unit. 03 구글 애널리틱스 4 전자상거래 설정 실습

이번 단락에서는 GA4 속성에서 'Purchase'를 추적하는 과정을 진행한다. 시작하기 전에 만일 여러분 웹사이트에 유니버설 애널리틱스용 전자상거래 스크립트가 이미 있어서 GA4 속성이 재사용(마이그레이션)하게 하려는 경우 이 단계를 건너뛰고 "구글 애널리틱스 4에서 기존 전자상거래 연동하기" 방법을 따라야 한다. 이 방법은 웹사이트에 구글 태그 매니저 컨테이너 스크립트를 삽입하였고, 구글 태그 매니저를 사용하여 GA4 속성의 구성 태그를 가상으로 구현한 경우에 사용하는 방법이다. 필자가 권하는 방법이기도 하다.

책에서는 'Purchase' 이벤트에 대해 다음 매개변수를 예시로 하여 설명한다.

매개변수 이름	값
items	상품 정보
transaction_id	주문 번호
affiliation	가맹, 소속, 홈페이지 이름
value	최종 결제 금액
tax	세금
shipping	배송비
currency	화폐 구분(KRW)
coupon	쿠폰 이름

1단계 구글 태그 매니저에 접속한다.

❶ [변수]를 클릭한다

❷ [새로 만들기]를 클릭한다.

❶ 변수 이름을 '[DLV]GA4_Ecommerce.Items'로 작성한다. DLV는 'Data Layer Variable'의 약자다. 한글로
　는 '데이터 영역 변수'를 뜻한다.

❷ [변수 구성]을 클릭한다.

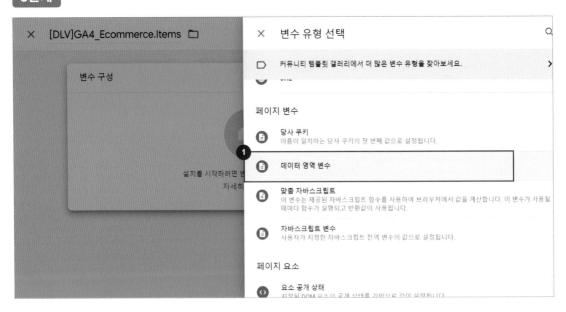

❶ 변수 유형에서 [데이터 영역 변수]를 선택한다.

4단계

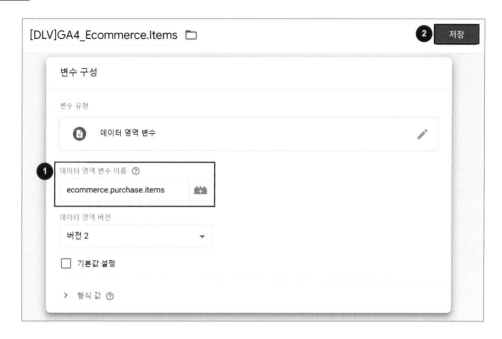

❶ 데이터 영역 변수 이름에 [ecommerce.purchase.items]를 입력한다.

❷ [저장]을 클릭한다.

데이터 영역 버전은 '버전2'로 둔다.

5단계　같은 방법으로 데이터 영역 변수를 아래 표를 참조하여 추가로 만든다.

변수 이름	데이터 영역 변수 이름	버전
[DLV]GA4_Ecommerce.transaction_id	ecommerce.purchase.transaction_id	버전2
[DLV]GA4_Ecommerce.affiliation	ecommerce.purchase.affiliation	버전2
[DLV]GA4_Ecommerce.value	ecommerce.purchase.value	버전2
[DLV]GA4_Ecommerce.tax	ecommerce.purchase.tax	버전2
[DLV]GA4_Ecommerce.shipping	ecommerce.purchase.shipping	버전2
[DLV]GA4_Ecommerce.currency	ecommerce.purchase.currency	버전2
[DLV]GA4_Ecommerce.coupon	ecommerce.purchase.coupon	버전2

변수를 모두 만든 모습이다. 실제로 이 변수들은 '거래 완료 페이지'에서 호출되는 매개변수 개수만큼 매칭
해서 만들어야 한다. 책에서는 8개의 매개변수를 예시로 했기에 8개의 변수를 만든 것이다.

6단계 구글 태그 매니저에서 [새 태그]를 클릭하고 아래처럼 태그를 구성한다.

❶ 이름에 '[태그]GA4_Purchase'를 입력한다.

❷ 태그 유형에는 'Google 애널리틱스:GA4 이벤트'를 선택한다.

❸ 구성 태그에는 '[태그]구글 애널리틱스4_페이지뷰'를 선택한다.

❹ 이벤트 이름에는 'purchase'를 입력한다. (소문자로만) 구글에서 지정해준 이벤트 이름이다.

❺ [이벤트 매개변수]를 클릭해서 추가 메뉴를 확장한다.

7단계

❶ 부족한 행은 [행 추가]를 클릭해서 추가할 수 있다.

❷ 매개변수 이름에 첫 번째로 [items]를 입력한다.

❸ [+]를 클릭해서 변수 선택 창을 활성한다.

8단계

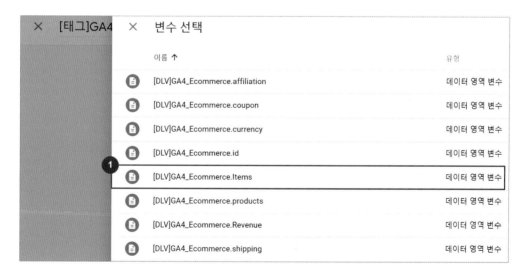

❶ 미리 생성해둔 데이터 영역 변수 [DLV]GA4_Ecommerce.Items를 선택한다.

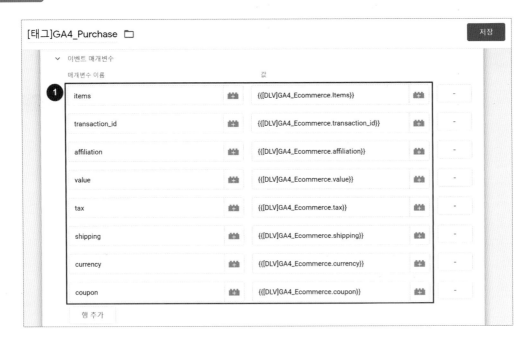

❶ 같은 방법으로 나머지 항목들도 모두 채운다. 여기에 작성하는 매개변수 들이 실제 거래 완료 페이지에서 스크립트가 호출될 때 GA4 대시보드에 표시된다.

10단계

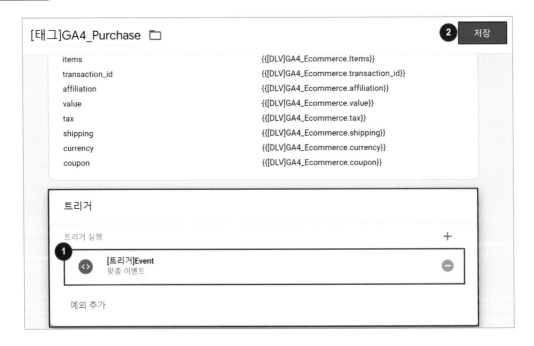

❶ 트리거는 유니버셜 애널리틱스 전자상거래 설정 때 생성해둔 '[트리거]Event'를 선택한다.

❷ [저장]을 클릭하고 설정을 마무리한다.

GA4 속성의 전자상거래 구현이 끝났다. 이제 아래 내용을 참조하여 거래 완료 페이지에 스크립트를 구현하면 끝이다.

 실제) 마케터가 개발자에게 보내는 구글 애널리틱스 4 전자상거래 Purchase 요청 메일

안녕하세요 개발자님

GA4 속성의 전자상거래 'Purchase' 세팅 건으로 메일 드립니다.

거래 완료 페이지가 열릴 때 함께 로드되어야 하는 스크립트입니다. 거래정보로 JavaScript 데이터 레이어를 구현해주세요. 이 데이터는 구글 태그 매니저에서 구글 애널리틱스 4로 전달하는 데 사용됩니다.

삽입 위치는 〈head〉태그 안에, 구글 태그 매니저 컨테이너 스크립트보다 아래입니다.

```
<script>
dataLayer.push({
  'event': 'purchase',
  'ecommerce': {
    'purchase': {
      'transaction_id': '주문 번호',
      'affiliation': '가맹, 소속, 홈페이지 이름',
      'value': '최종 결제 금액',
      'tax': '세금',
      'shipping': '배송비',
      'currency': 'KRW',
      'coupon': '쿠폰 이름',
      'items': [{
        'item_name': '제품명',
        'item_id': '제품 번호 (SKU 넘버)',
        'item_price': '제품 가격',
        'item_brand': '브랜드명',
        'item_category': '카테고리 이름',
        'item_variant': '옵션',
        'quantity': 수량,
        'item_coupon': '쿠폰 이름'
      }, {
        'item_name': 'Donut Friday Scented T-Shirt',
        'item_id': '67890',
        'item_pricc': '350,000',
```

```
            'item_brand': 'Growth',
            'item_category': 'Apparel',
            'item_variant': 'White',
            'quantity': 1
        }]
      }
    }
});
</script>
```

- 각 매개변수는 결제 완료 페이지에서 해당하는 값이 할당되어야 합니다.
- products 안에 Donut Friday Scented T-Shirt는 예시 데이터입니다.
- 제품이 여러 개인 경우, 같은 방식으로 호출되어야 합니다.
- 매개변수는 몇 개를 선택하여 사용도 가능하지만, transaction_id, value, items_(name, id, price, variant, quantity)은 필수입니다.

[참조] Google Tag Manager - GA4 Purchase 개발 가이드 문서 전달 드립니다.

https://developers.google.com/tag-manager/ecommerce-ga4#measure_purchases

감사합니다.

위에처럼 구글 태그 매니저를 설정하게 되면 전자상거래 스크립트가 호출될 때 1번 항목이 추가로 수집되고, items 매개변수의 세부 항목들은 치환되어 자동으로 수집된다.

[1번 항목]
```
dataLayer.push({
  'event': 'purchase',
  'ecommerce': {
    'purchase': {
      'transaction_id': '주문 번호',
      'affiliation': '가맹, 소속, 홈페이지 이름',
      'value': '최종 결제 금액',
      'tax': '세금',
      'shipping': '배송비',
      'currency': 'KRW',
      'coupon': '쿠폰 이름',
```

[2번 항목]
```
  'items': [{
```

```
'item_name': '제품명',
'item_id': '제품 번호 (SKU 넘버)',
'item_price': '제품 가격',
'item_brand': '브랜드명',
'item_category': '카테고리 이름',
'item_variant': '옵션',
'quantity': 수량,
'item_coupon': '쿠폰 이름'
```

Unit. 04 구글 애널리틱스 4에서 기존 전자상거래 연동하기

기존에 사용하던 유니버셜 애널리틱스 속성의 향상된 전자상거래를 GA4로 마이그레이션하는 방법이다. 즉, 유니버셜 애널리틱스용으로 삽입된 'purchase' 스크립트를 이용해서 GA4 속성에도 전자상거래 데이터를 가져오는 방법을 설명할 것이다. 이 방법은 웹사이트에 실제로 호출되는 스크립트를 파악하는 것부터 시작한다. 책에서는 웹사이트 '거래 완료 페이지'에서 아래 유니버셜 애널리틱스용 스크립트가 호출되고 있는 상태라고 가정한다.

```
<script>
dataLayer.push({
  'event': 'purchase',
   'ecommerce':{
      'purchase':{
        'actionField':{
            'id':'',
            'revenue':'',
        },
        'products':[{
          'name':'',
          'id':'',
          'price':'',
          'brand':'',
          'category':'',
          'quantity':,
        },
```

예시 스크립트가 이벤트 유형인 이유는 과거 많은 마케터들이 이 방식을 더 선호했기 때문이다. 참고로 GA4는 유니버셜 애널리딕스용 스크립트를 호환할 수 있지만, 반대의 경우는 호환되지 않는다. 그리고 필자는 마이그레이션하는 것보다 각각 구현하는 것을 늘 권장한다.

1단계 구글 태그 매니저를 사용해 스크립트에서 데이터를 찾아 받아올 변수를 먼저 생성해야 한다.

❶ [변수]를 클릭한다.

❷ 사용자 정의 변수에서 [새로 만들기]를 클릭한다.

2단계

❶ 변수 이름에 '[DLV]GA4_Ecommerce.products'를 입력한다.

❷ [변수 구성]을 클릭한다.

3단계

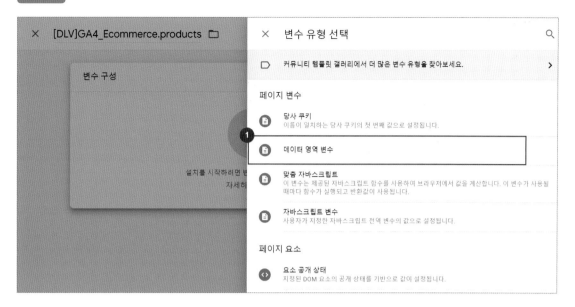

❶ 변수 유형 선택에서 [데이터 영역 변수]를 선택한다.

4단계

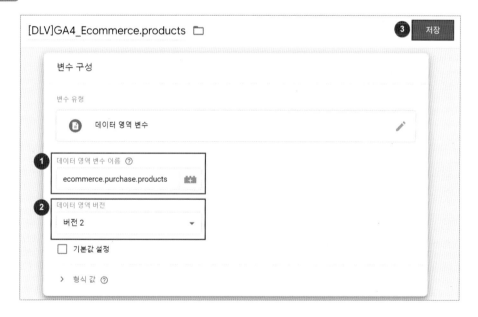

❶ 데이터 영역 변수 이름에 [ecommerce.purchase.products]를 입력한다.

❷ 데이터 영역 버전은 '버전2'를 선택한다.

❸ [저장]을 클릭한다.

❶ 사용자 정의 변수에 '[DLV]GA4_Ecommerce.products' 변수가 생긴 것을 확인한다.

6단계 1단계~5단계 과정을 반복해서 변수를 더 만들어야 한다. 아래 표를 참조하여 '데이터 영역 변수'를 추가로 생성한다. (대소문자 구분)

변수 이름	데이터 영역 변수 이름	버전
[DLV]GA4_Ecommerce.id	ecommerce.purchase.actionField.id	버전2
[DLV]GA4_Ecommerce.Revenue	ecommerce.purchase.actionField.revenue	버전2

실제로 이 변수의 개수는 웹사이트에서 호출되는 매개변수와 매칭되어야 한다. 책에서는 id. revenue. products의 매개변수만 있는 스크립트를 예시로 했기 때문에 [DLV]가 3개인 것이다. 어려워할 필요 없이 '데이터 영역 변수 이름'의 규칙을 살펴보면 스크립트 속에 정보를 찾는 방법이 [.] 점을 기준으로 내려가 찾고 있다. 예를 들어 'ecommerce.purchase.actionField.id'를 해석해 보면 "ecommerce 소스코드 안에, purchase 안에, actionField 안에, id 값을 찾아 해당 값을 써라"가 된다. 같은 방식으로 'ecommerce. purchase.actionField.revenue'는 "ecommerce 소스코드 안에, purchase 안에, actionField 안에, revenue 값을 찾아 해당 값을 써라"가 된다. 단 products 아래에 있는 매개변수들은 자동으로 치환되기 때문에 products 하나로 묶어도 된다.

7단계 변수를 모두 생성한 화면이다.

사용자 정의 변수		Q	새로 만들기
이름 ↑	유형		최종 수정일
[DLV]GA4_Ecommerce.id	데이터 영역 변수		2분 전
[DLV]GA4_Ecommerce.Items	데이터 영역 변수		하루 전
[DLV]GA4_Ecommerce.products	데이터 영역 변수		23분 전
[DLV]GA4_Ecommerce.Revenue	데이터 영역 변수		몇 초 전
[변수]UA_Property ID	Google 애널리틱스 설정		2일 전

8단계 구글 태그 매니저에서 [새 태그]를 클릭하고 아래처럼 태그를 구성한다.

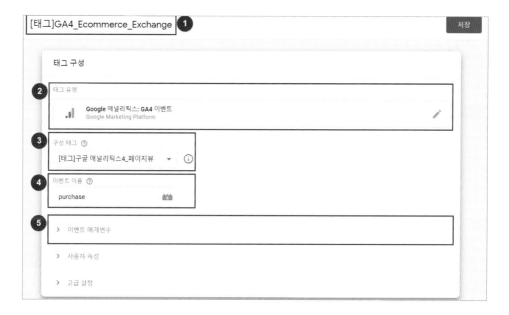

❶ 태그 이름에 '[태그]GA4_Ecommerce_Exchange'를 입력한다.

❷ 태그 유형에 'Google 애널리틱스:GA4 이벤트'를 선택한다.

❸ 구성 태그에 '[태그]구글 애널리틱스4_페이지뷰'를 선택한다.

❹ 이벤트 이름에 [purchase]를 소문자로 작성한다.

❺ [이벤트 매개변수]를 클릭해서 추가 메뉴를 확장한다.

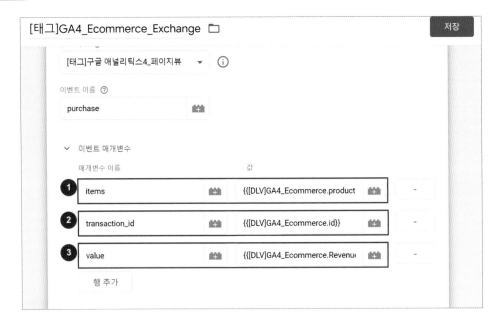

❶ 매개변수 이름에 [items]를 입력하고 값에 {{[DLV]GA4_Ecommerce.products}} 변수를 입력한다.

❷ 매개변수 이름에 [transaction_id]를 입력하고 값에 {{[DLV]GA4_Ecommerce.id}} 변수를 입력한다.

❸ 매개변수 이름에 [value]를 입력하고 값에 {{[DLV]GA4_Ecommerce.Revenue}} 변수를 입력한다.

매개변수 이름은 현재 GA4에서 수집하는 매개변수 이름을 적은 것이고, 값에는 기존 유니버셜 애널리틱스 스크립트에서 값을 찾는 변수를 사용한 것이다.

10단계 아래처럼 트리거를 구성한다.

❶ 트리거 유형에 [맞춤 이벤트]를 선택한다.

❷ 이벤트 이름에 [purchase]를 소문자로 작성한다.

❸ [모든 맞춤 이벤트]를 해도 무관하다. 이미 'purchase' 이벤트가 호출되는 때에만 트리거 된다.

11단계

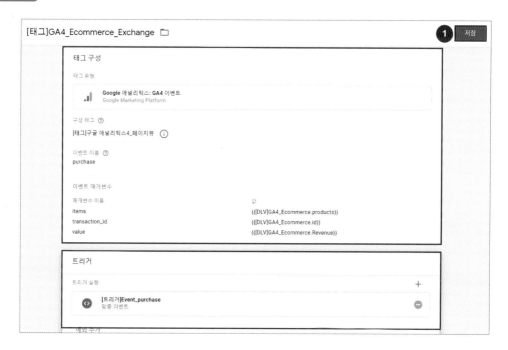

❶ 태그와 트리거 구성을 확인한 다음 [저장]을 클릭하고 설정을 마무리한다. 이제 GA4 속성이 유니버셜 애널리틱스 속성의 기존 전자상거래 스크립트에서 정보를 받아와 데이터를 표기하기 시작할 것이다.

여러분이 구글 태그 매니저를 현업에서 다룰 때, 다양한 장벽들을 만나 포기하게 되는 것을 막고 싶었다. 그래서 모든 경우의 수를 다뤄 설명했다. 지금까지 나온 내용이 구글 태그 매니저로 GMP를 구축하는 일반적인 모든 방법을 설명한 것이다. 축하한다. 여러분이 잘 따라왔다면 앱 + 웹 분석 환경과 A/B테스트 환경, 마케팅 환경을 훌륭하게 구축한 것이다. 이 과정에서 여러분들은 GMP 도구간 작동 원리, 자동으로 수집되는 이벤트 항목, 추천되는 이벤트 항목, 앱 스트림 개발 요청 방법, 구글 태그 매니저 세팅법 등을 배운 것이다. 지금까지의 내용만 이해하더라도 남들과는 차별된 경쟁력을 갖추게 된 것이다. 다음 챕터에서는 Google Ads를 활용한 마케팅 최적화를 다룰 것이다.

CHAPTER. 4

Google Ads 최적화

구글 애즈의 가장 큰 장점은 GMP 제품과 밀접하게 상호작용할 수 있다는 것이다. 앞에서 여러분은 고객의 유의미한 행동인 '버튼 클릭', '특정 페이지 방문', '전자상거래' 등의 이벤트를 추적하는 방법을 배웠다. 이제 이것들을 구글 애즈의 전환 항목으로 가져올 것이다. 더불어 각 비즈니스의 목표인 ROAS증대, 앱설치 증대, 앱매출 증대를 위해서 위대한 마케터들이 가장 많이 사용하는 입찰방식과 캠페인 전환 세팅을 설명하고자 한다. 구글 애즈가 어렵게 느껴지는 이유를 설명하면 첫 번째는 광고 상품이 매우 다양해서다. 두 번째는 다양한 입찰 방식, 세 번째는 다양한 전환 설정이다. 이 중에서 가장 중요하지 않은 것을 꼽으라고 한다면 당연히 광고 상품에 대한 설명이다. 무슨 말이냐면 어디에 노출되는지 설명을 듣는 것보다. 같은 노출 지면이라도 내부를 어떻게 설정해야 같은 광고비로 최적의 효과를 낼 수 있는지 설명을 들어야 한다. 광고 상품은 인터넷에서 흔하게 접할 수 있는 정보이지만, 이 책에서 추천하는 입찰 방식과 전환 설정 정보는 쉽게 얻을 수 없는 노하우에 가깝다. 광고 상품은 입찰 방식과 전환 설정을 이해한 다음 고민해도 충분하다.

 ## Unit. 01 UA, GA4, Firebase에서 전환 항목 가져오기

우선, 이번 단락에서는 앞에서 우리가 생성하였던 page_guestbook, click_button, 버튼 추적 등과 같이 유니버셜 애널리틱스와 GA4, Firebase 등에서 생성한 목표와 전환을 구글 애즈로 가져오는 방법을 설명할 것이다.

1단계   구글 애즈 홈에 접속한다.

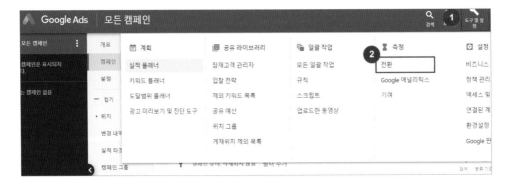

❶ 오른쪽 위에 위치한 [도구 및 설정]을 클릭한다.

❷ 측정 영역에 있는 [전환]을 클릭한다.

❶ [+]를 클릭한다.

구글 애즈를 처음 시작하는 계정은 아래 화면으로 보일 것이다.

❶ [+전환수]를 클릭한다.

3단계

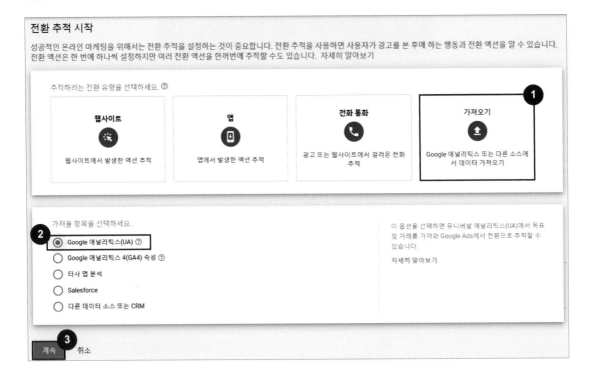

❶ [가져오기]를 클릭한다.

❷ Google 애널리틱스 (UA)를 선택한다.

❸ [계속]을 클릭한다.

4단계 　유니버셜 애널리틱스 속성에서 목표로 설정한 항목들이 표시된다.

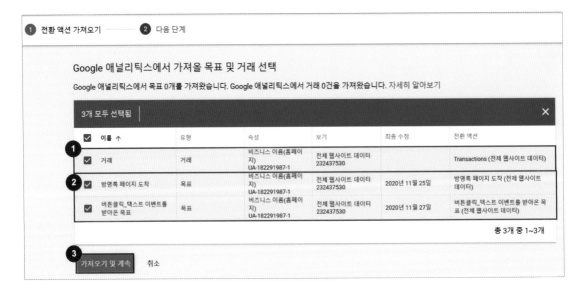

❶ '거래'는 UA에서 향상된 전자상거래를 '사용설정'하면서 자동으로 생성된 항목이다.

❷ '방명록 페이지 도착', '버튼클릭_텍스트 이벤트를 받아온 목표'는 여러분들이 생성한 목표이다.

❸ 모두 선택한 다음 [가져오기 및 계속]을 클릭한다.

`5단계`

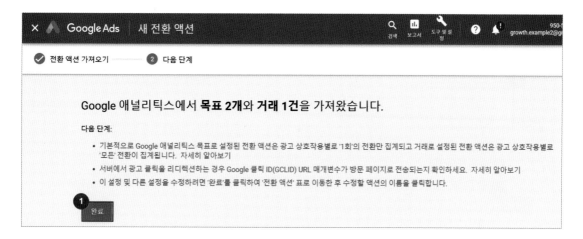

❶ [완료]를 클릭한다.

`6단계`

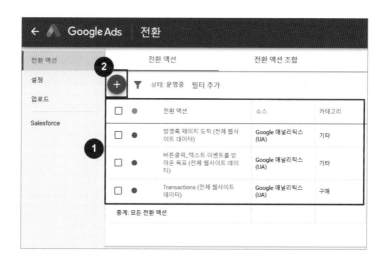

❶ 유니버설 애널리틱스 속성에서 가져온 '전환' 항목이 표시된 것을 볼 수 있다.

❷ [+]를 클릭한다.

7단계

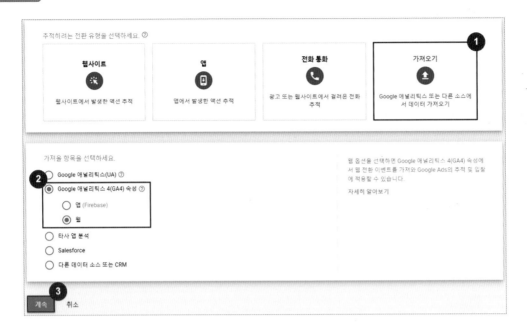

❶ [가져오기]를 클릭한다.

❷ [Google 애널리틱스4 (GA4) 속성]을 선택한 다음 [웹]을 선택한다.

❸ [계속]을 클릭한다.

8단계

7개 선택됨

	분석 이벤트 ↑	속성 이름	속성 ID	만든 날짜	전환 액션
☑	add_to_cart	비즈니스 이름(홈페이지) - GA4	251881801	2020년 11월 22일	비즈니스 이름(홈페이지) - GA4 (web) add_to_cart
☐	add_to_wishlist	비즈니스 이름(홈페이지) - GA4	251881801	2020년 11월 22일	비즈니스 이름(홈페이지) - GA4 (web) add_to_wishlist
☐	app_store_subscription_convert	비즈니스 이름(홈페이지) - GA4	251881801	2020년 11월 19일	비즈니스 이름(홈페이지) - GA4 (web) app_store_subscription_convert
☐	app_store_subscription_renew	비즈니스 이름(홈페이지) - GA4	251881801	2020년 11월 19일	비즈니스 이름(홈페이지) - GA4 (web) app_store_subscription_renew
☑	begin_checkout	비즈니스 이름(홈페이지) - GA4	251881801	2020년 11월 22일	비즈니스 이름(홈페이지) - GA4 (web) begin_checkout
☑	click_button	비즈니스 이름(홈페이지) - GA4	251881801	2020년 11월 30일	비즈니스 이름(홈페이지) - GA4 (web) click_button
☑	first_open	비즈니스 이름(홈페이지) - GA4	251881801	2020년 11월 19일	비즈니스 이름(홈페이지) - GA4 (web) first_open
☑	in_app_purchase	비즈니스 이름(홈페이지) - GA4	251881801	2020년 11월 19일	비즈니스 이름(홈페이지) - GA4 (web) in_app_purchase
☑	page_guestbook	비즈니스 이름(홈페이지) - GA4	251881801	2020년 11월 28일	비즈니스 이름(홈페이지) - GA4 (web) page_guestbook
☑	purchase	비즈니스 이름(홈페이지) - GA4	251881801	2020년 11월 19일	비즈니스 이름(홈페이지) - GA4 (web) purchase
☐	session_start	비즈니스 이름(홈페이지) - GA4	251881801	2020년 11월 22일	비즈니스 이름(홈페이지) - GA4 (web) session_start
☐	view_item	비즈니스 이름(홈페이지) - GA4	251881801	2020년 11월 22일	비즈니스 이름(홈페이지) - GA4 (web) view_item
☐	view_item_list	비즈니스 이름(홈페이지) - GA4	251881801	2020년 11월 22일	비즈니스 이름(홈페이지) - GA4 (web) view_item_list
☐	view_search_results	비즈니스 이름(홈페이지) - GA4	251881801	2020년 11월 22일	비즈니스 이름(홈페이지) - GA4 (web) view_search_results

행 표시: 50 ▼   총 14개 중 1~14개 |< < > >|

가져오기 및 계속 취소

❶ '분석 이벤트'에서 여러분들이 GA4 속성에 추가한 click_button과 page_guestbook 이벤트를 확인할 수 있을 것이다. 나머지는 자동으로 생성된 것들이다. 이 두 이벤트를 포함하여 add_to_cart, begin_checkout, first_open, in_app_purchase, purchase 이벤트를 추가로 선택한다.

❷ [가져오기 및 계속]을 클릭한다.

9단계

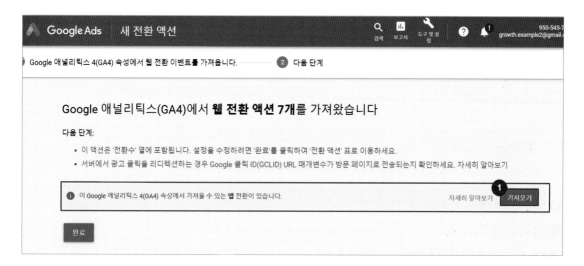

❶ GA4 속성의 '웹' 전환 항목에 이어 '앱' 전환 항목도 가져오라는 안내문이다. [가져오기]를 클릭한다.

위의 화면이 보이지 않는 경우 다음 단계를 따른다.

❶ [+]를 클릭한다.

❶ [앱]을 클릭한다.

❷ 'Google 애널리틱스 4(GA4)속성 (Firebase)'를 선택한다.

❸ [계속]을 클릭한다.

❶ 같은 이벤트가 Android, iOS 플랫폼별로 두 개씩 보일 것이다. 웹 전환 항목에서 가져온 리스트대로 똑같

이 선택해서 가져온다. 책에서는 click_button, page_guestbook, add_to_cart, begin_checkout, first_open, in_app_purchase, purchase 이벤트를 두 개의 플랫폼에서 총 14개를 가져온다.

❷ [가져오기 및 계속]을 클릭한다.

12단계

❶ [완료]를 클릭한다.

13단계 아래 화면처럼 가져온 전환 항목이 잘 보인다면 가져오기는 완료된 것이다.

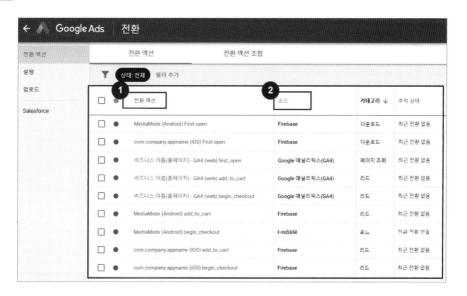

❶ '전환 액션' 항목에는 가져온 전환의 리스트를 확인할 수 있다.

❷ '소스'에는 어떤 도구로부터 받아온 것인지 확인할 수 있다.

Tip 전환 추적 기간 및 머신러닝 기여모델 설정

전환 액션들은 각각 전환 추적 기간과 머신러닝 기여 분석 모델 등을 개별적으로 설정할 수 있다.

전환 이름	Transactions (전체 웹사이트 데이터)	⌄
카테고리	구매	⌄
값	애널리틱스의 가치 및 통화 사용‥	⌄
소스	Google 애널리틱스(UA)	
Google 애널리틱스의 속성	비즈니스 이름(홈페이지) (UA-182291987-1)	
Google 애널리틱스 보기	전체 웹사이트 데이터	
Google 애널리틱스 유형	거래	
횟수	모든 전환	⌄
클릭연결 전환 추적 기간	30일	⌄
'전환'에 포함	예	⌄
기여 분석 모델	마지막 클릭	⌄

전환 추적 기간은 책의 서두에 설명한 것처럼 광고와 상호작용 후 며칠까지 추적할지 범위를 지정한다. 기여 분석 모델은 고객이 광고와 상호작용할 때 데이터 기반, 마지막 클릭, 첫 번째 클릭, 선형, 시간 가치 하락, 게재순위 기반 중에서 어디에 가중치를 두고 기여를 분석해서 머신러닝을 학습할지 지정하는 것이다. 단, 기여 분석 모델은 유니버설 애널리틱스에서 가져오는 전환 항목만 수정할 수 있다. 구글 애널리틱스 4 또는 Firebase 전환은 [마지막 클릭] 모델에서 변경할 수 없다.

Unit. 02 최적화를 위한 전환 액션 조합 만들기

구글 애즈에는 몇 가지 설정을 통해 머신러닝의 능력이 제대로 사용되게 할 수도 있고 반대로 잘못된 설정으로 머신러닝에 영향을 줄 수도 있다. 책에서는 위대한 마케터들이 일반적으로 활용하는 방법을 설명하고자 한다.

설명을 위해 가져온 전환 항목의 사용 목적을 구분해보았다. 아래 표를 참조한다.

전환 이름	목적
purchase	ROAS 증대를 위한 핵심 전환
add_to_cart	ROAS 증대를 위한 보조 전환
begin_checkout	ROAS 증대를 위한 보조 전환
in_app_purchase	인앱 액션을 위한 핵심 전환
first_open	앱설치를 위한 핵심 전환
click_button	DB수집을 위한 핵심 전환
page_guestbook	DB수집을 위한 보조 전환

전환을 핵심전환과, 보조전환으로 나눈 것인데, 보조 전환은 목표와 관련된 직접적인 '전환'은 아니지만, 충분히 고객의 유의미한 행동을 말한다. 그래서 유의미한 '보조' 데이터로서 포함해 머신러닝이 학습할 수 있도록 하는 것이 전환 액션 조합의 핵심이다.

1단계

❶ [전환 액션 조합]을 클릭한다.

2단계

❶ [전환 액션 조합 만들기]를 클릭한다. 이 화면이 보이지 않으면 [+]를 클릭한다.

3단계

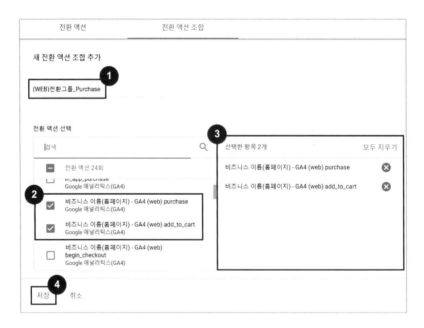

❶ 이름에 '(WEB)전환그룹_Purchase'으로 작성한다.

❷ GA4 속성에서 받아온 'Purchase'와 'add_to_cart' 이벤트를 찾아 선택한다.

❸ 선택한 전환 목록이 표시된다.

❹ [저장]을 클릭한다.

4단계

화면 아래에 전환 액션 조합이 생성된 것을 확인할 수 있다. 이제 캠페인을 만들고 적용하는 과정이 필요하다.

전환 액션	전환 액션 조합	

| | 필터 추가 | |

☐ 전환 액션 조합 ↑	상태	전환 액션
☐ (WEB)전환그룹_Purchase 이 계정	운영중	비즈니스 이름(홈페이지) - GA4 (web) add_to_cart 및 비즈니스 이름(홈페이지) - GA4 (web) purchase

Unit. 03 ROAS 증대를 위한 캠페인 세팅 최적화

1단계 이번 단락에서는 캠페인을 실제로 생성해본다. 그런 다음 전환 액션 조합을 적용할 것이다. 구글 애즈 메인 화면으로 돌아간다.

❶ [캠페인]을 클릭한다.

❷ [+]를 클릭한 다음 [새 캠페인]을 클릭한다.

❶ 캠페인 목표를 [판매]로 선택한다.

3단계

❶ [디스플레이]를 선택한다. 이번 단락에서 이야기하고자 하는 내용을 이해하는데 어떤 유형을 선택하든
지 상관없다. 책에서는 예시로 디스플레이를 선택했을 뿐이다.

4단계

❶ [표준 디스플레이 캠페인]을 선택한다.

❷ 여러분의 비즈니스 웹사이트 URL을 입력한다. 책에서는 티스토리 URL를 넣었다.

5단계   이제부터가 본격적인 캠페인의 세부 설정 단계다.

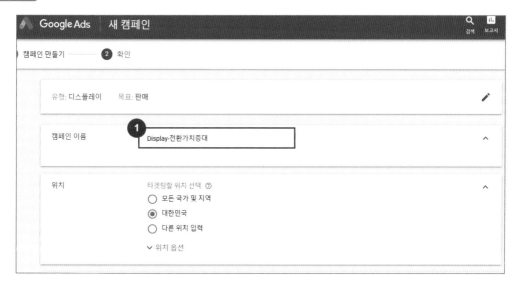

❶ 캠페인 이름에 [Display-전환가치증대]로 적는다.

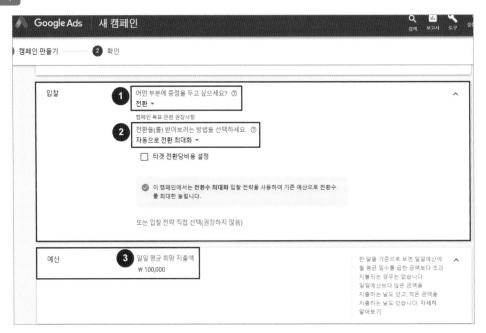

❶ 입찰영역에서 [전환]을 선택한다.

❷ [자동으로 전환 최대화]를 선택한다. 이 입찰방식은 '전환수 최대화' 입찰방식과 같은 것이다.

❸ 일일 예산을 작성한다.

다음으로 광고 그룹 생성과 광고 소재 추가단계가 남아 있지만, 이 과정을 생략하고 캠페인을 생성했다고 가정해서 다음 설명을 이어서 한다. [캠페인 만들기]를 클릭해서 캠페인을 생성한다. 광고 그룹과 광고 소재 설정이 필요해서 진행이 불가한 경우 임의로 작성하여 진행한다.

7단계 해당 캠페인에만 사용할 전환 설정 단계다.

❶ 생성한 [Display-전환가치증대] 캠페인을 선택한다.

❷ [설정]을 클릭한다.

8단계

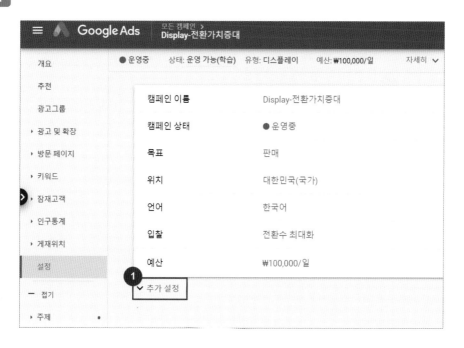

❶ [추가 설정]을 클릭하고 드롭다운 메뉴를 확장한다.

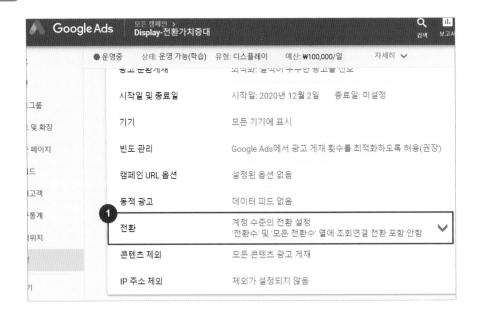

❶ [전환]을 선택해서 다시 드롭다운 메뉴를 확장한다.

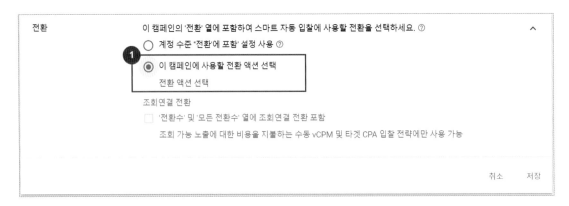

❶ '이 캠페인에 사용할 전환 액션 선택'을 선택한 다음 [전환 액션 선택]을 클릭한다.

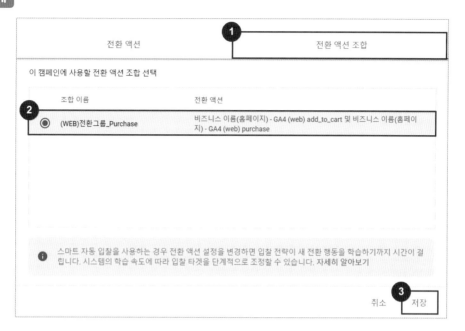

❶ [전환 액션 조합]을 클릭한다.

❷ 생성해둔 '(WEB)전환그룹_Purchase'를 선택한다.

❸ [저장]을 클릭하고 설정을 마무리한다.

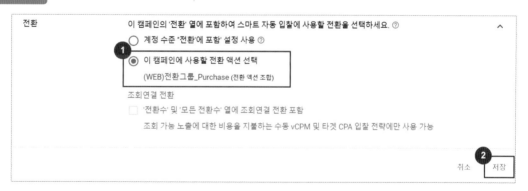

❶ 전환 액션 조합을 확인한다.

❷ [저장]을 클릭한다.

이제부터 'Display-전환가치증대' 캠페인은 조합된 전환을 발생시키기 위해 머신러닝이 실시간으로 자동화된 입찰을 진행한다. Purchase 전환뿐 아니라 add_to_cart 전환 데이터를 함께 조합하여 최적화가 이뤄진다. '전환 액션 조합'은 잘 알려지지 않은 기능이나, 머신러닝이 입찰모델에서 더 많은 액션을 통해 학습한 결과를 반영하기 때문에 광고 실적을 높일 수 있게 되어 권장하는 기능이다. 즉 머신러닝에 최대한 많은 데이터를 안겨주는 것이 핵심이다. 여러분도 필요에 따라 유의미한 행동 데이터를 다채롭게 조합해서 사용해보길 바란다. 한가지, 구글 애즈의 '전환 수' 보고에 두 개의 전환 횟수가 모두 표시되기 때문에 아래 방식으로 구분해서 확인해야 한다는 사소한 불편함은 존재한다.

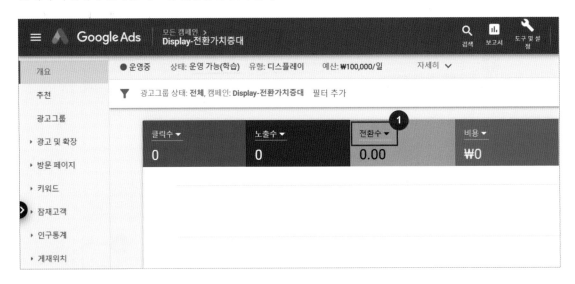

❶ [전환수]를 클릭한다.

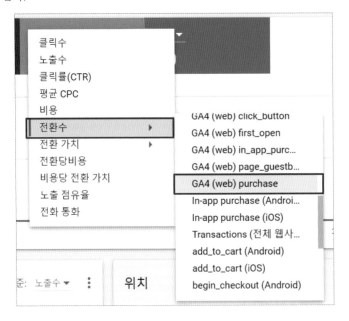

이 방법으로 보고자 하는 특정 전환만을 선택해서 확인할 수 있다.

13단계 사실 ROAS 증대를 위해 추가로 해야 하는 설정이 남았다. 위 방법대로 초기에 진행한 다음 전환 달성 횟수가 특정 수치 이상 발생할 때 아래 단계를 거쳐 입찰방식을 변경한다.

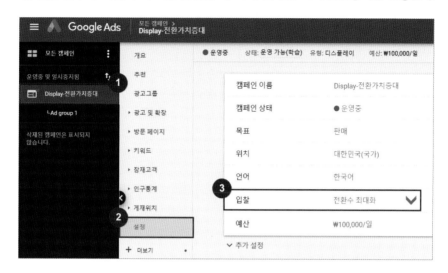

❶ [Display-전환가치증대] 캠페인을 클릭한다.

❷ [설정]을 클릭한다.

❸ [입찰]을 클릭해 드롭다운 메뉴를 확장한다.

14단계

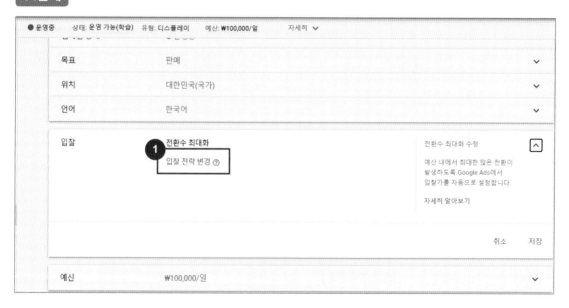

❶ [입찰 전략 변경]을 클릭한다.

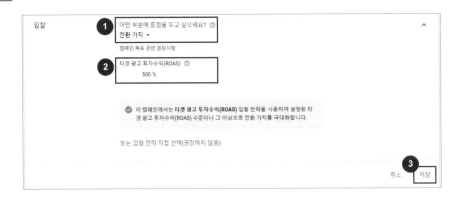

❶ 기존 '전환'에서 [전환 가치]로 변경한다.

❷ 타겟 광고 투자수익 ROAS에 목표값을 넣는다.

❸ [저장]을 클릭하고 설정을 마무리한다.

16단계 타겟 광고 투자수익(ROAS)을 설정하면 입찰가를 조정하여 해당 ROAS를 유지하는 알고리즘이 실행되고 설정한 목표와 동일한 ROAS를 기준으로 캠페인이 최적화하려 한다. 이 전략은 일일 예산을 공격적으로 모두 사용하려 하니 유의하자. 전환 조합을 Purchase와 add_to_cart를 묶은 이유는 캠페인이 결국 ROAS를 달성하기 위해 움직이면서 '장바구니 사용'이라는 유의미한 행동 데이터를 함께 참조 하길 바래서이다. 결국 장바구니 이용자가 매출을 발생시킨다는 상관관계도 있으니 말이다. 이 방식을 사용하려면 최근 45일간 '20회' 이상 전환이 발생되어야 진행할 수 있다. 단 타겟 광고 투자수익을 사용하지 않고 '전환수 최대화' 입찰전략을 유지하고자 한다면 액션 조합을 해제하고 핵심 전환만을 설정하는 걸 권장한다. add_to_cart를 넣어도 무관하나 '전환수 최대화' 전략은 일반적으로 가장 중요한 전환으로만 최적화를 진행하기 때문이다. 이제 여러분도 지금보다 높은 ROAS를 달성할 수 있을 것이다.

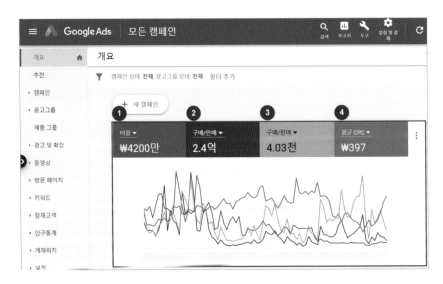

❶ 광고로 소진한 비용이다.

❷ Purchase의 '전환 가치'로 매출액이다.

❸ 구매 전환 수다.

❹ 해당 캠페인의 평균 cpc를 뜻한다.

 ## Unit. 04 앱설치 증대를 위한 UAC 세팅 최적화

구글 애즈에서 할 수 있는 앱 광고는 'UAC (Universal App Campaigns)' 캠페인 하나이다. UAC 캠페인은 '앱 설치' 또는 '인앱 액션'을 목표로 구분하는 두 가지 타입이 존재한다. UAC는 구글 애즈에서 할 수 있는 유일한 앱 광고지만, 지금처럼 많은 사용자가 대규모 Google 서비스를 이용하는 시대에 가장 많은 유저에게 도달할 수 있는 강력한 방법이다. 마케팅 예산이 한정되어 있다면 Apple Search Ads보다는 우선 UAC를 사용해보길 권장한다.

1단계　　이번 단락에서는 UAC에서 '앱 설치'를 목표로 하는 일반적인 캠페인 설정 방법을 설명한다.

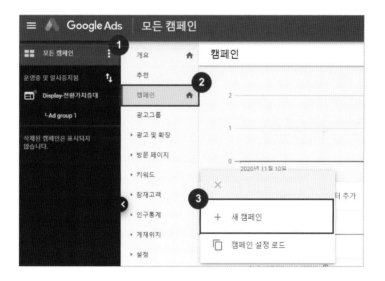

❶ [모든 캠페인]을 클릭한다.

❷ [캠페인]을 클릭한다

❸ [+] 버튼을 클릭하고 [새 캠페인]을 선택한다.

2단계

❶ 캠페인 목표에 [앱 프로모션]을 선택한다.

3단계

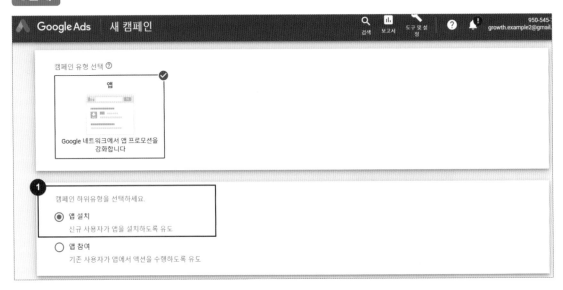

❶ 캠페인 하위 유형에 [앱 설치]를 선택한다.

4단계

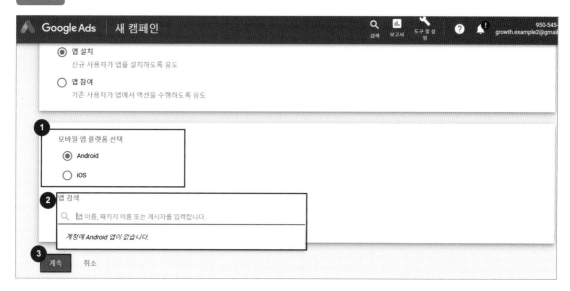

❶ 모바일 앱 플랫폼 선택은 Android Google Play에 등록되어있는 앱을 홍보할 것인지, 아니면 iOS Apple Store에 등록되어있는 앱을 홍보할 것인지 선택하는 단계다. 책은 Android 플랫폼을 예시로 하지만, 단계는 iOS 플랫폼도 같다.

❷ Google Play 또는 Apple Store에 등록된 앱 이름을 검색한다. 만일 앱이 없다면 소유한 앱이 아니더라도 임의의 앱을 설정해도 무관하다. 가장 완벽한 실습환경은 앞단에 Firebase 연결을 실습할 당시에 스토어에 등록되어있는 앱을 Firebase에 등록했다면, 이곳에서 같은 앱을 검색해서 진행하는 것이다.

❸ [계속]을 클릭한다.

5단계   UAC 캠페인의 세부 설정을 진행하는 단계다.

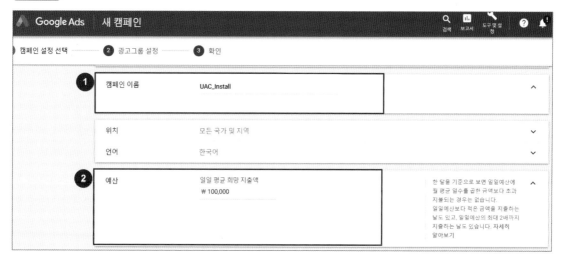

❶ 캠페인 이름에 [UAC_Install]을 입력한다.

❷ 일일 평균 예산을 작성한다.

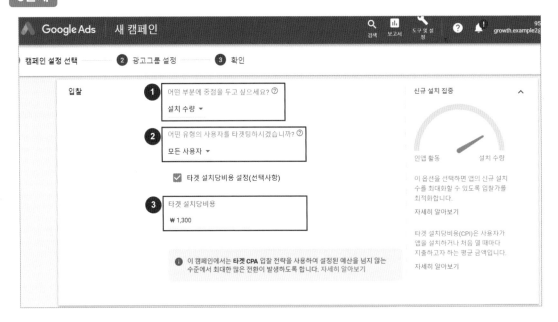

❶ 입찰 중점에 [설치 수량]을 선택한다.

❷ 설치수를 최대로 확보하려면 [모든 사용자]를 선택한다.

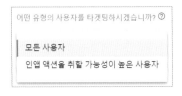

'인앱 액션을 취할 가능성이 높은 사용자' 설정은 설치 우선순위를 다르게 두는 것이다. 이 경우 전체 설치 수가 줄어들 수 있다. UAC 캠페인은 혼용해서 사용하는 것보다. 설치수 캠페인은 설치수에만 중점을 두고, 인앱 액션 캠페인은 인앱 액션에만 중점을 두는 것을 추천한다.

❸ 이번 단락에서 가장 중요한 부분이다. '앱설치'가 발생할 때마다 지출하고자 하는 최대 금액을 정하는 방법이다. 처음 시작하는 사용자는 너프한 금액을 초기 설정으로 진행한다. 시스템이 이 금액 안에서 자유롭게 입찰에 참여하고 초기 데이터를 얻을 수 있어야 한다. 그런 다음 실제 지출 비용을 확인하고 타겟 설치당 금액을 줄여나간다. 일일 예산은 타겟 설치당 비용의 최소 50배 이상으로 하는 걸 권장한다. 하루에 최소 50번의 회전을 목표로 입찰이 진행되어야 머신러닝이 제대로 학습할 수 있기 때문이다. 예를 들어 타겟 설치당 비용을 1,000원으로 하는 경우 일일 예산은 50,000원 이상으로 설정한다. 참고로 Android 앱 설치 홍보에 5,000만 원을 소진했을 때 평균 약 1,200원의 설치당 비용이 발생했다. iOS는 통상 Android의 1.5배~2배다. 비즈니스와 시즌별로 다르니 여러분이 직접 진행한 데이터를 확보하는 것이 우선이다. 현업에서는 모니터링을 통해 타겟 설치당 비용을 탄력적으로 줄여나가는 과정이 수반된다. 필자의 경험상 Android는 800원~1,500원, iOS는 1,500원~3,000원 선이다. 만일 '타겟 설치당 비용'을 설정하지 않은 경우의 입찰방식은 '전환 수 최대화'로 작동하며 머신러닝이 예산에 맞춰 입찰가를 조절한다.

7단계

❶ [저장하고 계속하기]를 클릭하여 캠페인 설정을 마무리한다.

8단계 Android 플랫폼의 앱 설치 캠페인은 생성과 동시에 'Google Play'를 소스로 하는 앱 설치 전환을 '전환 액션' 목록에 생성하게 된다. 만일 여러분이 iOS 앱도 홍보할 계획이고, Firebase 데이터를 참조할 예정이라면 아래 '전환'수정 단계를 가져야 한다. 반대로 Android 앱만을 홍보할 계획이고 설치 수를 'Google Play'의 데이터로 보겠다고 한다면, Ads와 Google Play를 연결하고 이 과정은 생략해도 된다. 이 과정은 Android 설치 수 데이터를 Google play가 아닌 Firebase에서 가져와 동일 기준으로 Android와 iOS 앱 설치 데이터를 비교하기 위해 진행하는 것이다. 물론 iOS 플랫폼은 처음부터 Firebase 데이터를 받아오니 이 과정이 없다.

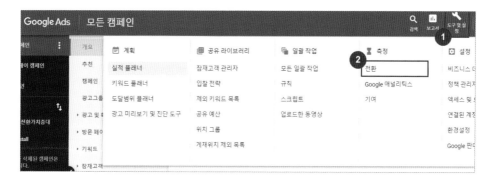

❶ [도구 및 설정]을 클릭한다.
❷ [전환]을 클릭한다.

❶ Android 앱 설치 캠페인을 생성하면서 추가된 전환 액션이다.

❷ 소스가 'Google Play'인 것을 확인할 수 있다. 즉 Google Play로 부터 설치를 추적해 받아오겠다는 의미이다.

❸ '전환'에 포함 박스에 '아니요'를 '예'로 바꿀 것이다.

❹ First open (Android)를 클릭한다.

10단계

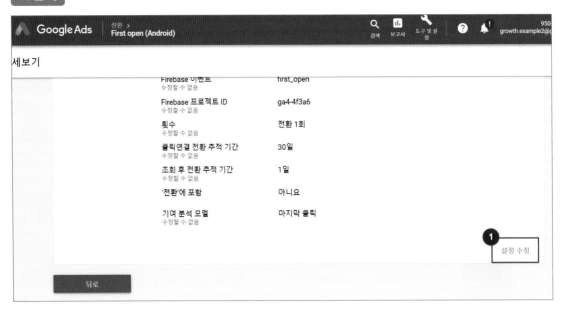

❶ [설정 수정]을 클릭한다.

11단계

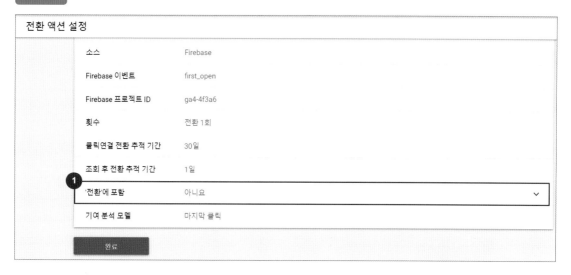

❶ '전환'에 포함을 클릭하고 메뉴를 확장한다.

12단계

❶ [제외]를 클릭한다.

전환 액션 설정

조회 후 전환 추적 기간	1일

❶ 박스에 체크된 걸 확인한다.

❷ [저장]을 클릭한다.

❸ [완료]를 클릭해서 설정을 마무리한다.

14단계

전환 액션	소스	카테고리 ↓	추적 상태	횟수	클릭연결 전환 추적 기간	'전환'에 포함
First open (Android)	Firebase	다운로드	최근 전환 없음	1회	30일	예
First open (iOS)	Firebase	다운로드	최근 전환 없음	1회	30일	예

❶ 아까와는 다르게 '전환'에 포함 설정이 '예'로 바뀐 것을 확인할 수 있다.

❷ Android와 iOS 플랫폼을 Firebase 소스로 같은 조건에서 First open 전환을 확인할 수 있게 데이터 변별력을 갖춘 것이다. 이 두 개의 데이터를 비교하여 같은 재원으로 어떤 플랫폼에 집중할지 결정할 수 있게 된다.

모든 3rd party tools 또는 앱 분석 솔루션에서는 First open을 '설치 수'와 같은 의미로 생각한다. 말 그대로 '첫 오픈'을 기록하는 데이터이기 때문이다.

'앱 설치'를 위한 캠페인 설정이 완료되었다. UAC 캠페인은 몇 개의 광고 에셋을 추가하는 것만으로도 Google의 광범위한 서비스에 노출된다. 초기 세팅 이후에는 사용자의 손이 덜 가는 캠페인이다. 입찰방식은 타겟 전환당 비용인 CPI(Click Per Install) 형식과 '전환 수 최대화'를 지원한다. 하지만 누구나 계속 '앱 설치'만을 위해 비용을 쓰지는 않을 것이다. UAC 캠페인에서 '인앱 액션' 캠페인도 중요하다.

Unit. 05 앱매출 증대를 위한 UAC 세팅 최적화

이번 단락에서는 앱 설치를 한 다음 앱에서 의도하는 액션을 행동할 확률이 높은 사용자에게 앱을 홍보할 수 있는 UAC 캠페인 세팅을 설명하고자 한다.

1단계

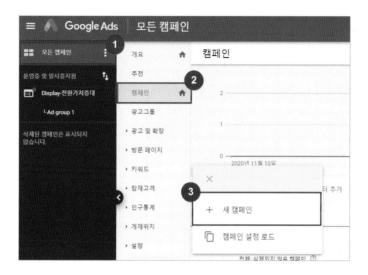

❶ [모든 캠페인]을 클릭한다.

❷ [캠페인]을 클릭한다

❸ [+] 버튼을 클릭하고 [새 캠페인]을 선택한다.

2단계

❶ 캠페인 목표에 [앱 프로모션]을 선택한다.

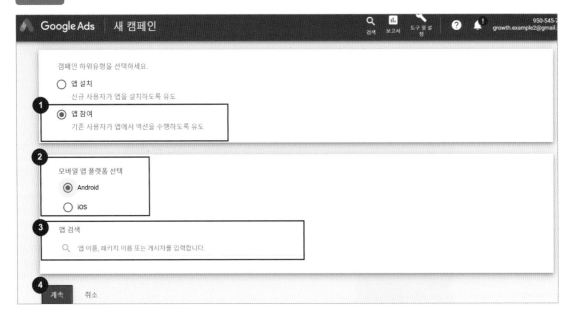

❶ [앱 참여]를 선택한다.

❷ 플랫폼을 선택한다. 책에서는 Android 플랫폼을 예시로 진행하지만, 단계는 iOS도 같다.

❸ Google Play 또는 Apple Store에 등록된 앱 이름을 검색한다. 이 때는 꼭 Firebase 연결을 실습할 당시에 등록했던 앱을 선택해야 한다. 그래야 '액션'를 가져올 수 있기 때문이다.

❹ [계속]을 클릭한다.

만일 아래처럼 경고문이 나오고 진행이 불가한 경우 다음 문제를 해결해야 한다.

❶ Firebase 프로젝트에 접속해서 [앱 추가]로 실제 스토어에 등록되어있는 앱을 등록한다.

❷ Firebase에 추가로 등록한 앱을 이곳의 [앱 검색]에서 찾는다.

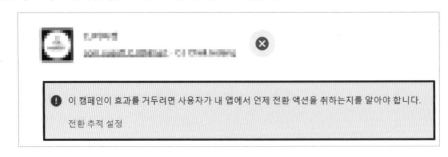

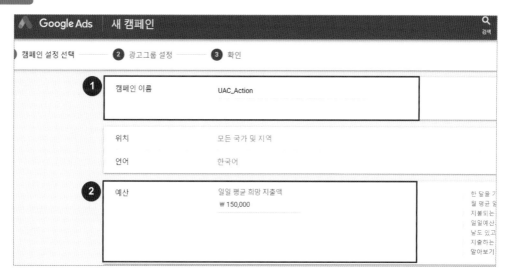

❶ 캠페인 이름에 [UAC_Action]을 작성한다.

❷ 일일 예산을 작성한다.

❶ [인앱 액션]을 선택한다.

❷ 이번 단락의 핵심 요소이다. 해당 앱에 대해 사용할 수 있는 액션이 리스트업 되어 있을 것이다. Firebase 프로젝트에서 전환 액션을 가져오지 않으면 이곳에 표시되지 않는다. 즉 인앱 액션 캠페인을 위해서는 Firebase와 같은 3rd party tools 도입이 필수라는 것이다.

❸ [In-app purchase]만 선택한다. 'add_to_cart'를 넣지 않은 이유는 해당 캠페인이 전환이 발생할 때 비용이 지출되기 때문이다. 즉 add_to_cart를 포함하게 되면 사용자가 장바구니에 물건을 담을 때에도 과금이 발생한다. 이는 앞서 웹의 ROAS 증대 방식과 다른 입찰이다. 인앱 액션의 경우 가장 중요하게 생각하는 핵심 전환만 선택한다.

❹ 타겟 전환당 비용을 작성한다. 처음 사용자의 경우 초기 타겟 전환당 비용은 매출액을 결제 사용자 수로 나눈 '객단가'를 기입한다. 그런 다음 모니터링을 통해 타겟 전환당 비용을 탄력적으로 줄여나가는 과정이 수반된다. 이 캠페인의 일일 예산은 '타겟 전환당 비용'의 최소 15배 이상을 권장한다.

인앱 액션은 Firebase에서 어떤 이벤트를 지정하는지에 따라 다양하게 진행할 수도 있다. 예를 들어 in_app_purchase 대신 '튜토리얼_시작'을 액션으로 할 수도 있다.

6단계

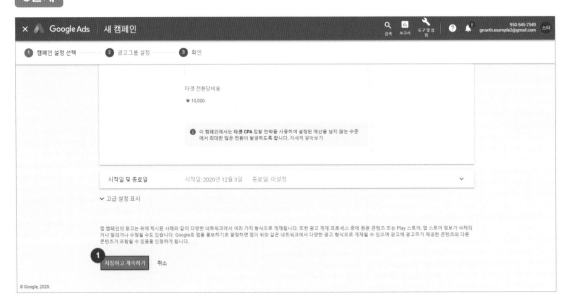

❶ [저장하고 계속하기]를 클릭한다. UAC 인앱 액션 캠페인의 설정은 끝난 것이다.

다음으로 광고 그룹 생성과 광고 소재(에셋) 추가단계가 남아 있지만, 가장 중요한 캠페인 설정 외에는 책에서 다루지 않는다. Firebase에서 전환을 가져오는 방법과 앱 등록 규칙 등을 모르면 인 앱 캠페인은 생성조차할 수 없지만, 광고 그룹과 소재는 인터페이스에서 직관적으로 간단하게 할 수 있을 것이다. 다만 추가로 '딥링크'를 가지고 있어야 하는데, 딥링크는 firebase 프로젝트의 아래 'Dynamic Links' 메뉴에서 일련의 작업을 거친 뒤 생성할 수 있다.

 Tip **딥링크(Deeplinks)란?**

딥링크는 특정하게 동작하는 URL이다. 클릭했을 때 웹이 아닌 App으로 보내주는 작동이 딥링크의 시초라 할 수 있다. 어떻게 동작할지는 딥링크 URL을 만들 때 사용자가 정의한다. 어디서 만들 수 있는지 묻는다면 딥링크를 지원하는 플랫폼에서 만들 수 있다. 예를 들어 3rd party tools인 Branch.io나, Firebase 등에서 만들 수 있다. 딥링크의 동작 방식은 여러 가지 형태로 발전해왔고 다음처럼 동작할 수도 있다. App이 없는 사용자가 클릭하는 경우 '앱 스토어'로 보내고, 앱이 있는 사용자가 클릭하는 경우 App으로 보낸다. 또는 앱의 유무를 기준으로 웹이나 앱으로 보낼 수도 있다. 필자는 딥링크를 사용할 수 있으면 최대한 사용하라고 권장하는데 이유는 앱의 활성, 충성 고객 확보, 간편 결제정보 저장 등 앱이 가지는 장점을 고객에게 쉽게 전달하는 방법이기 때문이다. 더불어 딥링크는 '연결 URL'과도 같아서 모든 마케팅 채널에서 사용할 수 있다.

Unit. 06 머신러닝 최적화를 위한 구글 애즈 아키텍처

이번 단락에서는 구글에서 권장하는 몇 가지 구글 애즈의 최적화 지식을 소개하고자 한다.

Q 최적의 캠페인 운영 방법은?

구글 애즈에서 광고를 시작할 때는 언제나 캠페인을 생성하는 것이 첫 순서다. 그런 다음 캠페인 안에 광고그룹을 만들고, 이 광고그룹 안에 광고 소재(광고 에셋)를 넣는다. 캠페인, 광고그룹, 광고 소재 중 머신러닝에 가장 직접적으로 영향을 미치는 건 캠페인 설정이다. 입찰 방식과 예산, 목표, 전환 등 광고를 운영함에 시스템적인 재원들을 캠페인에서 지정하기 때문이다. 그래서 최적의 성과를 원한다면 광고그룹과 광고 소재 보다 캠페인 설정에 신경을 써야 한다. 캠페인은 몇 개를 생성하든지 상관없지만, 흔히 PC와 모바일로 기기를 나누기 위해 생성하는 건 지양하는 게 좋다. 우선 기기를 가르는 행위 자체가 캠페인에 반쪽짜리 활동 데이터만 주는 꼴이 된다. 교차 플랫폼 추적, 교차 기기 추적, Google 신호 데이터 등을 모두 무시하고 강제적으로 예산을 편성해 밀어 넣는 행위와 마찬가지다. 누군가는 "기기별로 다르게 형성되는 CPC를 관리하기 위해서다"라고 말할 수도 있다. 하지만 현실은 탄력적 CPC 관리는 거짓말이고 광고 운영 다음에 해야 하는 로그 분석 과정이 없다는 말과 같다. 성과가 좋지 않은 기기는 로그 분석을 통해 새로운 전략을 세워 개선을 도모하는 것이 맞다. 특정 기기의 성과가 좋다고 인위적으로 캠페인을 갈라 제약을 주는 행위는 예전 방식이다. 그때그때 어떤 기기로 노출을 시킬지는 시스템이 입찰전략에 맞춰 정할 것이다. 머신러닝이 네트워크에서 추적할 수 있는 사람을 분석하고 같은 사람임을 감지할 때, 노출 빈도와 노출 지면, 노출 기기를 판단하여 최적의 방식으로 진행하려 한다. 머신러닝의 최적화 알고리즘은 한 개인이나 부서에서는 다룰 수 없을 만큼 폭넓은 매개변수를 감안한다. 특히 리마케팅 캠페인의 경우에는 더욱더 기기로 나누지 않는다. 캠페인의 예산을 자주 또는 큰 폭으로 수정하거나 입찰 방식을 변경하는 행위도 머신러닝에 영향을 준다. 이미 진행되고 있는 캠페인의 설정을 수정하는 것은 항상 조심해야 한다. 광고 그룹을 생성할 때는 하나의 캠페인에 너무 많은 광고 그룹을 생성하지 않아야 한다. 캠페인은 하위에 있는 광고 그룹의 전환성과를 그룹별로 판단하고, 성과가 좋은 광고 그룹에게 편성된 예산을 몰아주려는 경향이 있다. 내부 프로모션 때문에 광고를 추가해야 하는 경우 광고 그룹을 나누기 전에 캠페인 또는 광고 그룹 중에서 어떤 방법이 나을지 고민해야 한다.

Q 캠페인, 광고 그룹, 광고 소재를 생성할 때 그동안 학습된 머신러닝이 소급적용 되나요?

우리는 머신러닝이 잘된 캠페인 안에 광고 그룹과 광고 소재를 추가하는 경우 성과가 좋을 것이라 기대하지만 사실은 생성된 캠페인, 광고 그룹, 소재에 대해 늘 새롭게 학습을 시작한다.

Q 구글 애즈에서 퍼포먼스를 위한 최고의 입찰전략은 무엇인가요?

비즈니스 목표별로 다양한 입찰전략을 사용할 테지만 입찰전략은 과거 사용자가 컨트롤하던 수동시대에서 자동화로 이동하면서 더 개선된 성과를 창출하고 있다. 구글 애즈로 예를 들면 수동보다는 자동 입찰전략이 유리하고, 자동 입찰전략보다는 스마트 자동 입찰전략이 유리하다고 본다. 자동 입찰전략은 타겟 CPA, 타겟 광고 투자수익(ROAS), 타겟 노출 점유율, 클릭수 최대화, 전환수 최대화, 전환가치 극대화, 향상된 CPC 입찰(ECPC)를 일컫는다. 여기에 클릭수 최대화, 타겟 노출 점유율을 제외한 다섯 가지가 스마트 자동 입찰전략에 속한다. 수동입찰전략은 '수동 CPC'와 같다. 스마트 자동 입찰은 머신러닝이 기기, 물리적 위치, 의도된 위치, 요일 및 시간대, 리마케팅 목록, 광고 특성, 인터페이스 언어, 브라우저, 운영체제, 인구통계학, 검색 키워드, 검색 네트워크 파트너, 웹 게재위치, 사이트 행동, 상품 속성, 모바일 앱 평점, 가격 경쟁력, 시즌성 등의 신호를 고려하여 실시간으로 입찰가를 조정한다. 각 광고 입찰에서 게재 위치를 최적화하는 방법으로 수익성 없는 클릭을 막고 수익성 있는 클릭수를 극대화하여 목표를 달성하려 한다. 스마트 자동 입찰전략은 관리에 효율적이며 성과에서도 좋아 늘 권장된다. 단 전환성과 기반이므로 사전에 추적 환경 구현이 필수적이다.

스마트 자동 입찰전략

퍼포먼스를 제대로 발휘하기 위해서는 입찰전략에 대해 사전적 의미를 넘어 성격까지 파악하고 있어야 한다.

- **타겟 CPA**: 설정한 타겟 전환당비용(CPA) 이하로 최대한 많은 전환을 얻을 수 있도록 입찰가를 설정하는 스마트 자동 입찰전략이다. 일부 전환은 비용이 목표보다 더 높거나 낮을 수 있지만, 시스템이 전반적으로는 설정된 타겟 CPA와 최대한 같아지도록 조절한다. 예를 들어 타겟 CPA로 1만 원을 선택하면 평균 1만 원의 CPA로 최대한 많은 전환이 발생하도록 입찰가를 자동으로 조정한다. 타겟 CPA는 광고의 주요 목표가 매출, 가입, 모바일 앱 다운로드 등 특정 상호작용을 유도할 때 주로 사용한다.

- **타겟 광고 투자 수익 (ROAS)**: 전환추적을 통해 보고된 전환 가치(매출)를 토대로 시스템이 미래의 전환 및 가치를 예측한다. 그런 다음 목표로 하는 평균 광고 투자수익(ROAS)을 달성하려고 최대한 노력하면서 전환 가치를 극대화할 수 있도록 입찰가를 자동으로 조정한다. 이 전략은 캠페인에서 최소 45일 동안 전환수 20회 이상, 권장 30일 동안 50회 이상, 앱 캠페인의 경우 일일 10회 이상 또는 30일 동안 300회 이상 발생하고 있을 때 사용해야 효과를 볼 수 있다.

- **전환수 최대화**: 캠페인에서 가장 많은 전환이 발생하는 방향으로 예산이 지출되도록 입찰가가 자동으로 조정된다. 한 가지 주의할 점은 전환 발생 횟수에 집중한다는 것이다. 전환수 최대화 입찰은 캠페인의 기존 정보를 활용하고 입찰 시점에 파악되는 신호를 평가하여 광고가 게재될 수 있을 때마다 최적의 입찰가를 자동으로 찾는다. 만일 비즈니스에 CPA 또는 ROAS와 같은 ROI 목표가 있는 경우에는 전환수 최대화보다 '타겟 CPA' 또는 '타겟 광고 투자수익(ROAS)' 입찰전략을 권장한다. 이러한 전략도 전환수 최대화 전략과 마찬가지로 움직이지만, 목표는 전환수를 최대화하는 게 아니라 설정된 평균 CPA 또는 ROAS 목표를 달성하는 것이기 때문이다.

- **전환가치 극대화**: 정해진 예산 내에서 캠페인의 총 전환 가치를 최대한 높일 수 있는 방향으로 예산이 지출되도록 입찰가를 자동으로 조정한다.

- **향상된 CPC (ECPC)**: 수동 입찰을 부분적으로 자동화한 반자동 입찰이다. 사용자가 설정한 최대 CPC 입찰가에서 전환으로 이어질 가능성이 높거나 낮은 클릭에 대해 입찰가를 조정하는 방식으로 작동한다. 향상된 CPC 입찰기능을 이용하면 수동 입찰만 사용할 때보다 나은 전환성과를 얻을 수 있다. 향상된 CPC 입찰기능은 설정한 최대 CPC보다 평균 CPC를 낮게 유지하도록 노력한다.

Q 동일한 날짜를 조회했는데 구글 애널리틱스와 구글 애즈 '전환수'에 차이가 생기는 이유가 뭔가요?

전환이 발생했을 때 두 도구가 기록하는 방식이 다르기 때문이다. 구글 애널리틱스는 전환이 발생한 날짜에 전환수를 기록한다. 이와는 다르게 구글 애즈는 전환 발생자가 광고와 마지막으로 상호작용한 날짜에 전환수를 기록한다. 예를 들어 고객이 어제 광고를 클릭하고, 오늘 구매했다면, 구글 애널리틱스는 '오늘'로 구글 애즈는 '어제'의 성과로 전환을 기록한다. 또 구글 애즈에서 전환 기록은 사용자가 설정한 전환추적 기간에 소급 영향을 받는다.

Q 구글애즈에서 계속 표시되는 자동 태그 추가는 무엇인가요?

구글 애널리틱스와 구글 애즈를 연결할 때 사전에 "자동 태그 추가" 설정이 되어 있지 않은 상태라면 추가하라는 안내문이 계속 표시된다. 자동 태그에는 'Google 광고 클릭 식별자'인 GCLID와 '광고 사용자 ID'인 AUID 정보가 포함되어 있다. "자동 태그 추가"를 사용하면 구글 애즈에서 자동으로 광고 연결 URL에 GCLID 매개변수를 추가하고 쿠키에도 AUID 정보를 저장한다. 자동 태그는 필수 기능으로 구글 애널리틱스와 함께 사용할 때 광고 클릭이 웹사이트에서 전환에 얼마나 효과적인지 알아보고, 구글 애즈의 전환추적에도 이용된다. 이것으로 구글 애널리틱스에서 추적한 전환 데이터를 구글 애즈는 광고 실적으로 보고할 수도 있게 된다. 구글 애널리틱스는 GCLID의 정보를 사용하여 구글 애즈 광고 중 어느 광고를 통해 사이트를 방문했는지, 그리고 클릭당 비용은 얼마인지 등의 데이터를 표시할 수 있게 된다. 태그를 구현하는 여러 조건을 설정하다 보면 변수가 존재할 수도 있겠으나 일반적인 내용으로써는 자동 태그 기능은 항상 권장된다.

자동 태그 gclid의 중요성과 수동 태그 UTM 파라미터와의 혼용 방법

자동 태그와 별도로 수동 태그로는 UTM이 있다. 수동 태그는 사용자가 구글 애즈의 광고 연결 URL에 UTM 파라미터를 붙여서 사용한다. 이 경우 유니버설 애널리틱스 속성 설정으로 가서 "수동 태그값을 자동 태그값보다 우선 적용한다"는 옵션에 꼭 체크를 해주어야 한다. 그렇지 않으면 자동 태그값과 수동 태그값이 혼합되어 구글 애널리틱스 보고서에 기록된다. 예를 들어 자동 태그의 소스 매체 값은 늘 google/cpc이다. 이데이터와 사용자가 설정한 UTM의 소스 매체 값이 섞여 데이터 정확도가 떨어진다. 자동 태그와 수동 태그 UTM을 함께 사용해도 무관하지만, 필자는 구글 애즈에는 UTM 파라미터를 사용하지 말라고 권장한다. 그이유는 GCLID가 구글 애즈에서 복잡한 루트에서 발생하는 전환을 추적하기 위해서 고안된 기능이기 때문이다. GCLID를 통해 수집되는 데이터를 온전하게 구글 애널리틱스에 표시되게 하는 것이 데이터 정확도를 높이는 방법이다. 만일 구글 애즈에서 자동 태그 기능을 사용하지 않고, 구글 애널리틱스에서 수동 태그값을 자동 태그값보다 우선 적용하는 경우 구글 애즈는 구글 애널리틱스로부터 추적된 전환성과를 전달받지 못한다. 전환 데이터를 받지 못하니 구글 애즈 보고서에도 표시되지 않는다. 당연히 머신러닝도 작동하지 않는다. 그러므로 수동 태그인 UTM을 추가하여 사용한다더라도 자동 태그 기능은 유지하는 것이 좋다. UTM에서 채워지지 않은 값이 있거나 유실된 값이 있는 경우에도 나은 추적 성과를 제공한다.

> **사례 수동 태그 UTM을 틀리게 사용하던 선임 마케터.**
>
> 모 대행사에서 광고주의 구글 검색과 디스플레이 광고를 담당하던 선임 마케터가 있었다. 구글 애즈 광고 연결 URL에 수동 태그인 UTM 파라미터를 사용하고서 해야 하는 구글 애널리틱스의 "수동 태그값을 자동 태그값보다 우선 적용한다"는 옵션을 무시한 경우였다. 선임 마케터는 마케팅 성과를 구글 애널리틱스를 통해 보고 하고 있었는데, 구글 애널리틱스 소스/매체 보고서에서 google/cpc 값에 차이가 발생하는 원인을 끝내 알아내지 못했다. 위 옵션을 무시하는 경우 구글 애즈와 구글 애널리틱스 어느 쪽에도 정확한 데이터가 쌓이지 않는다. 여기서 큰 문제는 대부분이 틀린 지 모르고 보고한다는 것이다. 앞으로 이런 직원이 설 자리는 없어야 한다. 데이터는 바로잡을 건 바로잡아 정확도 높은 데이터를 광고주한테 보고함이 맞다. GMP에 대한 수요는 계속 증가하고 있는데, 결국 대행사도 직원 부족과 지식 부족이 풀어야 할 문제인 것이다.

LG u+ 결제 VS 해외 결제 카드

인보이스를 사용하지 않는 일반 계정에서 광고비를 충천하는 방식은 크게 두 가지다. LG u+ 결제 시스템을 이용한 수동 또는 자동 결제와 Master, VISA 등 해외 통화 결제가 가능한 카드를 등록하고 직접 결제하는 방식이다. LG u+를 이용하는 경우 소진된 광고비의 10%가 부가세로 지출된다. 예를 들어 110만 원을 충전하고 이 비용을 모두 소진했다면 구글 애즈가 실제로 광고에 쓴 비용은 100만 원이고 10만 원은 부가세로 지출된다. 반대로 해외결제 카드로 충전하는 경우 카드사의 '해외결제 수수료'가 지출될 뿐 부가세는 발생하지 않는다. 해외 결제 수수료는 고작 0.15~0.30% 수준이다. 부가세에 비하면 훨씬 저렴하다. 그러므로 일반 계정은 결제 카드를 등록하고 충전하는 방법이 이익이다.

PART. 06

G.M.P 시스템으로
A/B 테스트 실습하기

이번 파트에서 Google Optimize를 이용해서 실제로 A/B 테스트를 구현해볼 것이다. 책에서 실습은 티스토리를 예시로 한다. 시스템 통합 구축 실습에서 구글 태그 매니저로 구글 옵티마이즈를 이미 구현했기 때문에 추가 설정 없이 단계를 따라오면 된다.

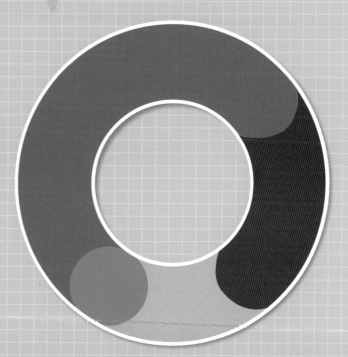

Google Marketing Platform

Google Optimize

Unit. 01 부분 요소 테스트 실습하기

현업에서 '부분 요소 테스트'의 사용 목적은 타겟 실험군을 지정하고 클릭 유도 문안 텍스트를 변경하여 고객 경험에 맞춘 카피를 전달하기 위함이다. 특정 행동을 유도하거나 퍼널 전환율을 높이는 효과가 있다. 아래 화면에 보이는 티스토리의 제목과 버튼들의 이름을 바꿔볼 것이다.

원본 페이지

실험환경을 구현할 때는 대안 생성 〉 페이지 타겟팅 또는 사용자 타겟팅 설정 〉 실험 목표 설정
〉 최적화 도구 설치 확인 〉 게시 단계를 따르는데, 이 과정은 스크롤을 내리면서 진행하게 된다.

옵티마이즈 홈에 접속한다. https://optimize.google.com/optimize/home/

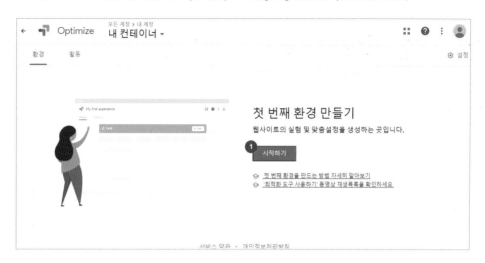

❶ [시작하기]를 클릭한다.

2단계

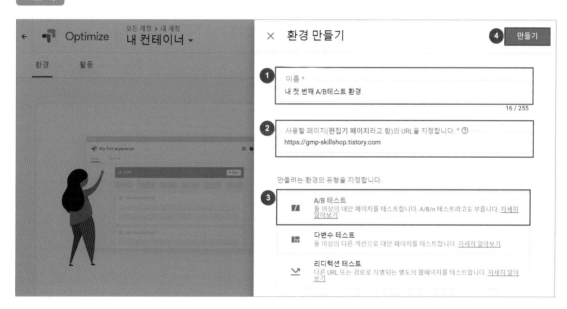

❶ 이름에 [내 첫 번째 A/B테스트 환경]으로 작성한다.

❷ 사용할 페이지에 구글 태그 매니저 컨테이너가 구현된 웹사이트 URL을 넣는다. 책에서는 티스토리 URL
을 넣었다.

❸ 환경 유형에서 [A/B 테스트]를 선택한다.

❹ [만들기]를 클릭한다.

3단계 아래 화면이 보이면 다른 조작은 하지 말고 우선 스크롤을 내린다.

4단계

❶ 설정 영역에 있는 [설치 확인]을 클릭한다. 그런 다음 Chrome 확장 프로그램을 설치한다. 이 확장 프로그램이 설치되어 있어야 구글 옵티마이즈의 비주얼 편집기가 실행될 수 있다. 한번 설치하면 삭제하기 전까지 언제든 사용할 수 있다.

5단계 확장 프로그램을 설치하고 다시 구글 옵티마이즈로 돌아온다.

❶ [대안 추가]를 클릭한다.

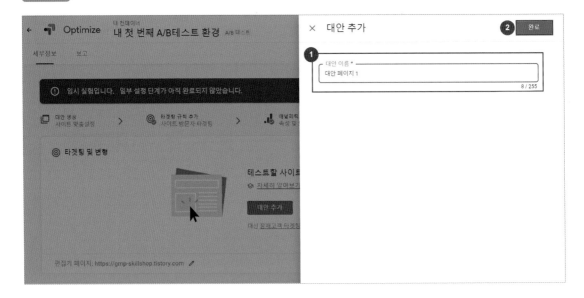

❶ 대안 이름에 [대안 페이지1]을 입력한다.

❶ 클릭하면 각각 트래픽 분배 가중치를 정할 수 있다. 현재는 원본과 5:5 비율이라는 의미이다.

❷ 대안 페이지 1에서 [수정]을 클릭한다.

8단계 지금 보는 화면이 구글 옵티마이즈의 강력한 기능인 비주얼 편집기다. 만일 구글 옵티마이즈 웹사이트에 제대로 설치되어 있지 않으면 비주얼 스튜디오가 실행되지 않는다. 이 경우 구글 태그 매니저로 구글 옵티마이즈 구축 실습 단락으로 돌아가서 천천히 살펴보길 바란다.

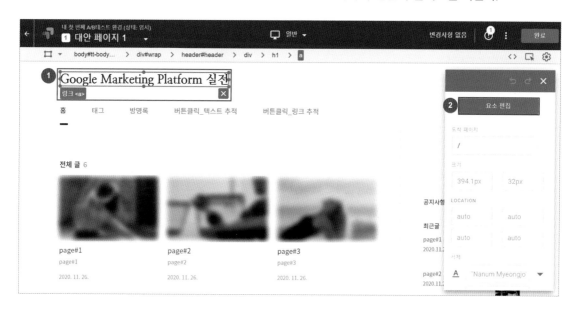

❶ 여러분의 티스토리 제목을 클릭한다.

❷ [요소 편집]을 클릭한다.

9단계

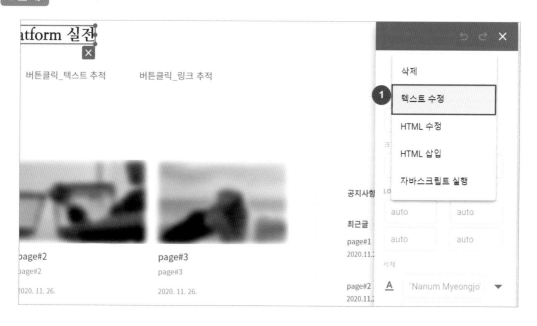

❶ [텍스트 수정]을 클릭한다.

❶ 기존 'Google Marketing Platform 실전'을 지우고 [Google Optimize 실전]을 입력한다.

❷ [완료]를 클릭한다.

같은 방법으로 홈, 태그, 방명록 등 다른 텍스트도 수정한다.

❶ 한글 버튼을 영어로 변경했다.

❷ [저장]을 클릭한다. 그런 다음 다시 [완료]를 클릭한다. 대안 페이지가 만들어진 것이다.

12단계 스크롤을 내려 실험 실행 조건과 실험군 타겟을 지정하는 단계를 진행한다.

❶ 페이지 타겟팅에서는 해당 실험의 실행 조건에 URL, 호스트, 경로를 사용할 수 있다.

❷ 사용자 타겟팅에서 [맞춤 설정]을 클릭한다.

- **Google 애널리틱스 잠재고객**: GA에서 생성한 잠재고객을 타겟하는 것으로 유료버전 전용이다.

- **Google Ads**: 연결된 구글 애즈 계정의 캠페인, 광고 그룹 및 키워드를 기준으로 타겟팅한다.

- **UTM 매개변수**: UTM파라미터의 캠페인, 소스, 매체, 키워드, 콘텐츠값을 기준으로 타겟팅한다.

- **기기 카테고리**: 모바일, 태블릿, 데스크톱을 구별하여 타겟팅한다.

- **행동**: 신규 및 재방문자 또는 특정 추천 경로로 유입된 방문자를 타겟팅한다.

- **지리**: 특정 지역을 기준으로 타겟팅한다.
- **기술**: 특정 기기, 브라우저 또는 OS를 기준으로 타겟팅한다.

구글 옵티마이즈가 전 세계적으로 사랑받고 널리 쓰이는 이유가 바로 상세한 타겟팅 때문이다. 위에 나열된 방법으로 사용자를 구분하여 실험에 참여시킬지 제외할지를 정할 수 있다. 더불어 조건식 조합은 5가지 이상도 가능하다. 구글 옵티마이즈를 사용하지 않는 대행사의 일반적인 A/B 테스트는 광고 플랫폼에서 광고 그룹을 복사하여 진행하는 수준을 넘지 못한다. 이 경우 트래픽 분배가 공평하지 않으며 결과 또한 신뢰할 수 없다. 구글 옵티마이즈는 시스템에서 테스트 결과를 분석하여 원본보다 대안이 나을 가능성을 예측하고 보고해준다. 하물며 몇 퍼센트의 확률로 몇 퍼센트의 효과가 개선될지까지 알 수 있다. 구글 옵티마이즈는 광고 그룹을 나누는 방식과는 차원이 다르다. 요즘 시대의 마케터에게 구글 옵티마이즈는 필수이며 강력한 무기가 된다.

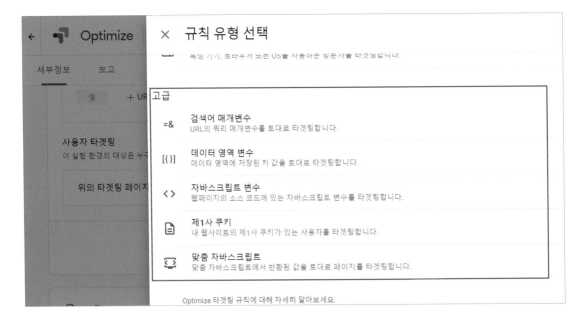

앞에서 설명한 7가지 타겟 방법 외에 진행할 수 있는 고급 유형이다.

- **검색어 매개변수**: 사이트 내에서 검색기능을 이용한 사람을 타겟팅하는데 특정 키워드를 지정하는 수준까지 기준을 정할 수 있다.
- **데이터 영역 변수**: 데이터 영역에서 가져올 수 있는 변수값을 기준으로 타겟팅한다. 이 책에서 'Google Tag Manager Ecommerce' 편을 탐독했다면 '데이터 영역 변수'는 익숙한 용어일 것이다.
- **자바스크립트 변수**: 웹 사이트에 실제 코딩되어 있는 자바스크립트를 기준으로 타겟팅한다.
- **제 1사 쿠키**: 기업의 웹마스터가 발급한 쿠키 정보를 기준으로 타겟팅한다.
- **맞춤 자바스크립트**: 커스텀한 자바스크립트에서 반환된 값을 기준으로 타겟팅한다.

❶ [행동]을 클릭한다.

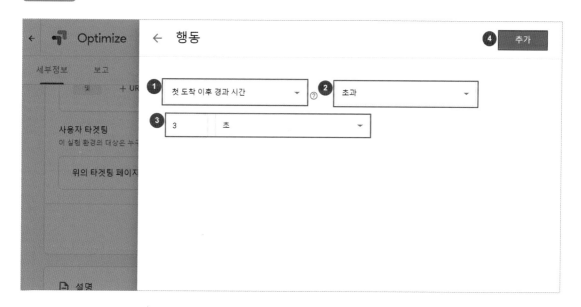

❶ [첫 도착 이후 경과 시간]을 선택한다.

❷ [초과]를 선택한다.

❸ [3 초]를 지정한다.

❹ [추가]를 클릭한다.

15단계 스크롤을 내려 측정 및 목표 설정 단계를 진행한다.

❶ Google 애널리틱스가 제대로 연결되어 있는지 확인한다.

❷ [실험 목표 추가]를 클릭한 다음 [목록에서 선택]을 선택한다.

사용자 설정 만들기를 선택하면 특정 페이지 도착이나 특정 이벤트 발생을 목표로 지정할 수 있다.

16단계

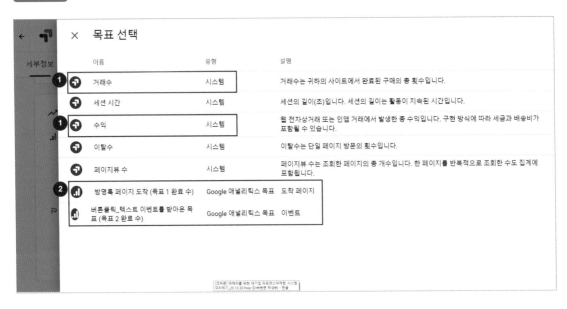

❶ 유니버설 애널리틱스 속성에서 '향상된 전자상거래'를 설정했기 때문에 시스템에서 자동으로 생성된 목표다.

❷ 유니버셜 애널리틱스 속성에서 우리가 목표로 지정했기 때문에 생성된 목표다. 실습을 위해 [방명록 페이지 도착]을 선택한다.

17단계

❶ 목표를 선택하면 화면처럼 등록되며 총 3개까지 등록할 수 있다.

18단계 목표 설정이 끝나면 다시 스크롤을 내려 최종 설정 단계를 진행한다.

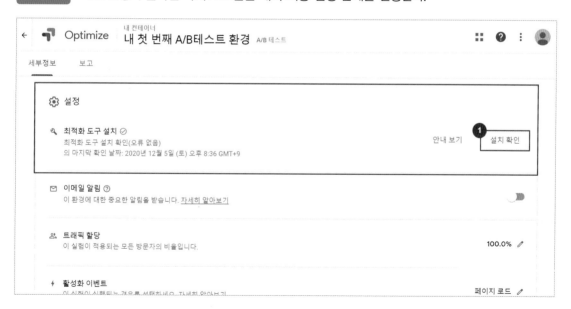

❶ [설치 확인]을 클릭하면 시스템이 웹사이트에 구글 옵티마이즈가 제대로 설치되어 있는지 디버깅한다.

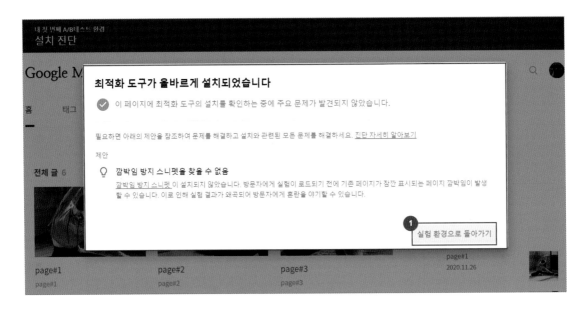

❶ 설치가 확인되면 [실험 환경으로 돌아가기]를 클릭한다

19단계

❶ 모든 단계가 완료되면 [시작]을 클릭한다. 이제 실험이 시작되는 것이다.

실험이 시작되면 예정된 만기가 나오며 이 기간까지 실험이 진행된다. 중간에 [종료]를 이용해서 사전 종료할 수도 있고 이 경우에도 종료하기 직전까지 쌓인 데이터를 토대로 테스트 결과를 확인할 수 있다.

21단계 이제 실제 확인을 위해 여러분의 티스토리에 접속해보자. 이때는 쿠키 정보가 없는 크롬 브라우저의 시크릿 모드를 이용해야 한다.

필자는 접속한 다음 3초가 지난 후 F5 새로고침을 눌렀더니 아래처럼 제대로 바뀌었다.

3초 동안 체류한 이유는 우리가 이 행동을 타겟으로 지정했기 때문이다. 물론 트래픽 분배 또한 5:5이기 때문에 3초 동안 체류했다고 모두 보여지는 것은 아니고 50%의 확률로 대안을 보게 되는 것이다. 만일 원본 페이지가 노출되었다면 시크릿 창을 새로 열어 재시도해보자.

 ## Unit. 02 리디렉션 테스트 실습하기

현업에서 '리디렉션 테스트'의 사용 목적은 마케팅으로 전달하는 메시지는 같은 상태에서 타겟 실험군을 지정하고 랜딩 페이지의 내용을 고객 경험에 맞춰 제공하기 위해서다. 즉, 랜딩페이지의 소구 포인트를 다르게 하여 고객의 반응을 살피기 위함이다. 원본과 비교할 대안 웹페이지를 사전에 제작하거나 혹은 기존에 있는 페이지끼리 진행해도 무관하다. 리디렉션 테스트는 부분 요소 변경 테스트와, 다변수 테스트보다 많은 부분을 변경하여 완전히 새로운 웹페이지와 비교할 때 유용하다. 단 리디렉션되는 페이지에도 구글 옵티마이즈가 구현되어야 시스템이 성과를 분석할 수 있다.

이번에는 티스토리에 방문하는 사람들을 방명록 페이지로 이동시킬 것이다.

❶ [환경 만들기]를 클릭한다.

2단계

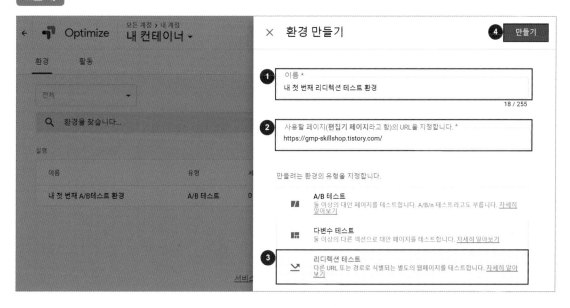

❶ 이름에 [내 첫 번째 리디렉션 테스트 환경]을 입력한다.

❷ 사용할 페이지에 구글 태그 매니저 컨테이너가 구현된 웹사이트 URL을 넣는다. 책에서는 티스토리 URL 을 넣었다.

❸ 환경 유형에서 [리디렉션 테스트]를 선택한다.

❹ [만들기]를 클릭한다.

❶ [대안 추가]를 클릭한다.

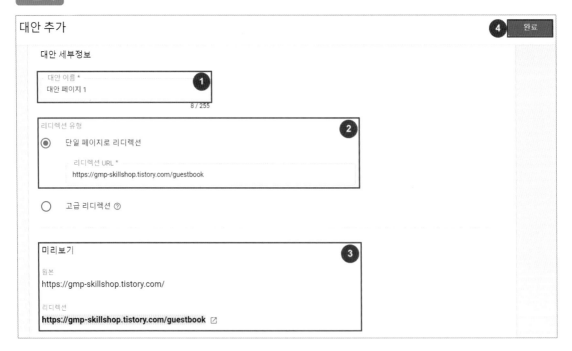

❶ 대안 이름에 [대안 페이지1]을 작성한다.

❷ '단일 페이지로 리디렉션'을 선택하고 도메인이 같은 URL 경로를 입력한다. 책에서는 티스토리의 방명록 URL을 넣었다.

❸ 미리보기를 확인한다.

❹ [완료]를 클릭한다.

5단계 원본과 대안 페이지1이 생성된 것을 확인한다.

6단계 스크롤을 내려 사용자 타겟팅 설정을 진행한다.

❶ [사용자 타겟팅] 설정을 사용하고 부분 요소 테스트 때 했던 것처럼 '첫 도착 이후 경과 시간 3초 초과'로 설정한다.

7단계   스크롤을 내려 측정 및 목표 설정 단계를 진행한다.

❶ Google 애널리틱스가 제대로 연결되어 있는지 확인한다.

❷ 부분 요소 테스트 때와 같이 목표를 설정한다.

8단계   스크롤을 내려 최종 설정 단계를 진행한다.

❶ [설치 확인]을 클릭하고 웹사이트에 구글 옵티마이즈가 제대로 설치되어 있는지 디버깅한다.

9단계

❶ 시계 이모티콘을 클릭하면 실험 시작을 예약할 수 있고 종료 날짜를 지정할 수도 있다.

❷ [시작]을 클릭한다. 이제 실험이 시작되는 것이다.

10단계

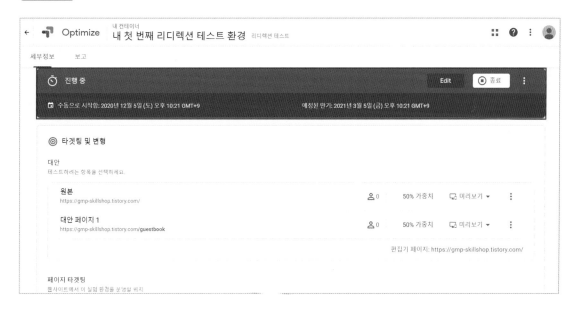

실험이 시작되면 예정된 만기가 나오며 이 기간까지 실험이 진행된다. 중간에 [종료]를 이용해서 사전 종료할 수도 있고 이 경우에도 종료하기 직전까지 쌓인 데이터를 토대로 테스트 결과를 확인할 수 있다.

11단계 이제 실제 확인을 위해 여러분의 티스토리에 접속해보자. 이때는 쿠키 정보가 없는 크롬 브라우저의 시크릿 모드를 이용해야 한다.

필자는 접속한 다음 3초가 지난 후 F5 새로고침을 눌렀더니 방명록 페이지로 이동되었다.

구글 옵티마이즈에서 리디렉션 테스트는 특정 광고로 유입되는 사람을 서로 다른 랜딩페이지로 나눠 고객 반응을 살피는데 훌륭한 방법이다.

MEMO

PART. 07

G.M.P 시스템 데이터 시각화

이번 파트에서는 구글에서 밀고 있는 구글 애널리틱스 4와 연동한 데이터 시각화를 실습할 것이다.

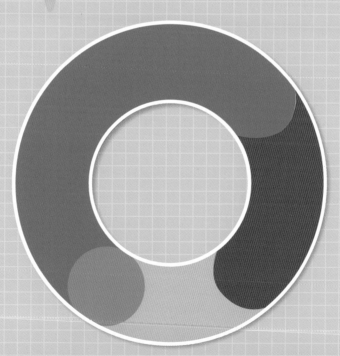

Google Marketing Platform

Google Data Studio (with Google Analytics 4)

 ## Unit. 01 구글 데이터 스튜디오 시작하기

구글 데이터 스튜디오는 구글 애널리틱스 4뿐만 아니라 유니버설 애널리틱스와 구글 애즈의 데이터를 불러올 수도 있고 스케줄 업데이트까지 지원하는 강력한 도구다. 데이터 스튜디오의 목적은 애널리틱스 분석가가 분석한 내용을 빠르고 정확하게 시각화하는 데 있다. 그런 다음 조직의 모든 사람이 데이터에 쉽게 접근하는 것이다. 많은 사람이 데이터에 접근할수록 더 나은 결정이 내려질 것은 자명한 일이다. 데이터 스튜디오는 URL만으로 장소에 상관없이 애널리틱스 분석가가 만든 보고서에 접속할 수 있다. 이는 구글 드라이브에 있는 파일을 URL로 공유하거나, 구글 스프레드시트를 URL로 공유하는 방법과 같다.

필자는 광고주에게 제공하는 보고서를 PPT에서 데이터 스튜디오로 대체했다. 그러면서 자연히 수준 높은 로그 분석 인사이트를 매주 제공할 수 있게 되었다. PPT를 작성하는데 쏟는 시간 대신 성과 증대를 위해 다른 것을 고민할 수 있는 여유가 생겼다. 아직도 몇몇 대행사에서는 노출수, 클릭수, 클릭율, 전환수, 전환율 수준으로 꾸며진 PPT 장표를 만들기 위해 야근에서 벗어나지 못하고 있는 것을 알고 있다. 안타까운 건 이 작업이 주로 신입의 몫이라는 것이다. 분석까지는 기대하지 않더라도 크레이티브와 퍼포먼스를 고민해야 하는 꿈나무 마케터들이 파워포인트와 액셀에 가장 많은 시간을 소비한다. 필자는 대행사가 앞으로 계속 살아남기 위해서는 리소스를 효율적으로 관리하고 인재 육성에 진정성을 담아야 한다고 생각한다. 광고주에게 다양한 데이터와 인사이트를 전달하는 능력을 갖춰야 경쟁에서 승리할 수 있다. 광고주의 입장에서도 고인건비의 마케터를 고용하는 것 보다. 역량을 갖춘 대행사로부터 정당한 서비스를 받는 게 사업비 측면에서 훨씬 유리할 것이다. 그리고 인재 육성 측면에서도 광고주보다 대행사에서 갖추는 것이 훨씬 빠르다. 그 시작으로 데이터 스튜디오를 권장하고 싶다. 보고서를 작성할 때 사용하는 도구를 파워포인트에서 데이터 스튜디오로 변화하는 것만으로도 작성자의 마인드가 달라질 수 있다.

Unit. 02 Google Analytics 4 데이터 소스 연결하기

1단계 https://datastudio.google.com/navigation/reporting 구글 데이터 스튜디오 홈에 접속한다.

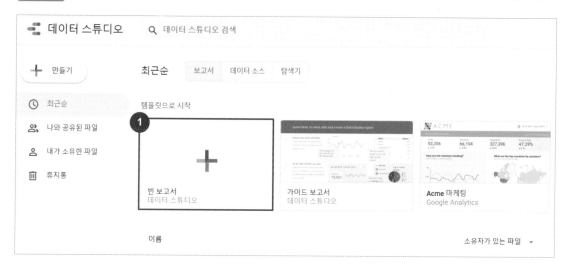

❶ 데이터 스튜디오의 메인 화면이다. [빈 보고서]를 클릭한다.

2단계 데이터 스튜디오를 처음 시작하는 계정인 경우 몇 가지의 동의 과정을 따른다.

❶ [시작하기]를 클릭한다.

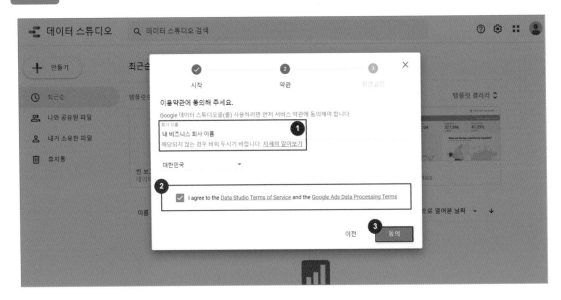

❶ 회사 이름을 입력하거나 공란으로 두어도 무관하다.

❷ 데이터 스튜디오 서비스 약관 및 Google Ads 데이터 처리 약관에 체크한다.

❸ [동의]를 클릭한다.

4단계

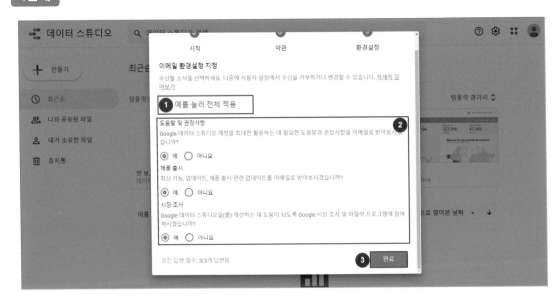

❶ [예를 눌러 전체 적용]을 클릭한다.

❷ 도움말 서비스, 제품 출시 홍보, 시장조사 벤치마킹 데이터 참조에 관한 동의를 요구한다.모두 '아니요'를
선택해도 진행에는 문제없다.

❸ [완료]를 클릭한다.

5단계

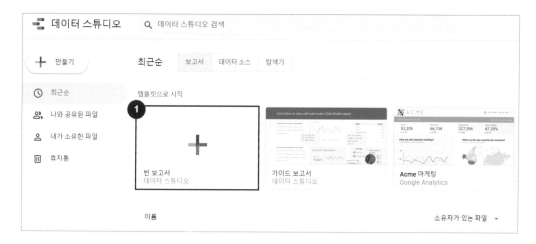

❶ 다시 [빈 보고서]를 클릭한다.

6단계   어떤 도구와 연결하여 데이터를 가져올지 선택하는 단계다.

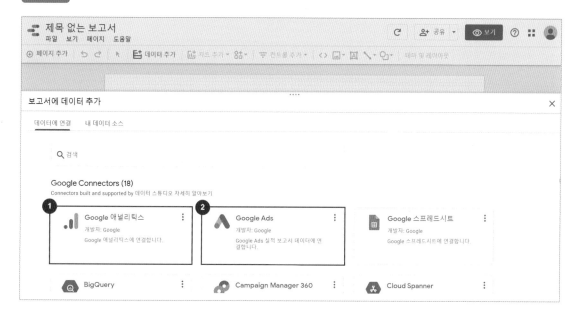

❶ [Google 애널리틱스]를 클릭한다.

❷ 차후에 구글 애즈의 데이터를 시각화하려거든 [Google Ads]를 클릭하면 된다.

데이터 스튜디오에서는 연결된 도구를 "내 데이터 소스"라고 부른다.

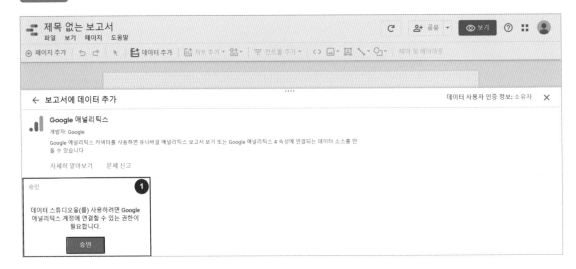

❶ 데이터 스튜디오에서 내 구글 애널리틱스 계정에 접근하도록 권한을 [승인]한다.

❶ 구글 애널리틱스 계정을 선택한다.

❷ GA4 속성을 선택한다.

❸ [추가]를 클릭한다.

9단계 데이터 스튜디오 보고서 제작 인터페이스 화면이다.

❶ 화이트보드다. 이곳에 표, 스코어카드, 선형차트, 막대형차트, 원형차트, 영역차트, 분산차트, 지도 등의 스타일을 선택하여 넣는다. 그런 다음 데이터를 선택하고, 세부 스타일을 조정해서 보고서를 완성하게 되는 것이다.

❷ 현재 보고서가 어떤 도구와 연결되어 있는지 '데이터 소스'가 표시된다.

❸ '측정기준' 데이터를 선택하는 영역이다. 측정기준은 이벤트 이름, 날짜, 기기, 성별, 언어, 연령 등 데이터 분류의 기준이 되는 카테고리다.

❹ '측정항목' 데이터를 선택하는 영역이다. 측정항목은 이벤트 수, 날짜의 숫자, 기기 종류, 남자, 여자, 한국어, 영어, 중국어, 연령 숫자 등 측정기준의 값을 의미한다.

예를 들어 측정기준으로 이벤트 이름을 선택하고, 측정항목으로 이벤트 수를 선택하면 이벤트 이름이 표의 1열에 정렬되고 각 이벤트에 발생된 횟수가 표의 2열에 정렬된다. 데이터 스튜디오에서 데이터를 불러올 때 모두 같은 방법을 따른다. 측정기준을 선택하고, 측정항목을 선택하고, 조회할 날짜를 지정한 다음 로드한다. 측정기준과 측정항목은 외울 필요도 없이 데이터 스튜디오 안에서 모든 항목 리스트를 확인할 수 있다. 이는 구글 애즈를 데이터 소스로 연결해도 마찬가지로 리스트를 확인할 수 있다.

❺ 사용할 수 있는 측정기준과 측정항목이 모두 표시되는 영역이다. 연초록색이 측정기준이고 파랑색이 측정항목이다.

Unit. 03 기간 제어 실습하기

1단계

❶ 보고서의 제목을 [내 첫 데이터 스튜디오 보고서]로 작성한다.

2단계

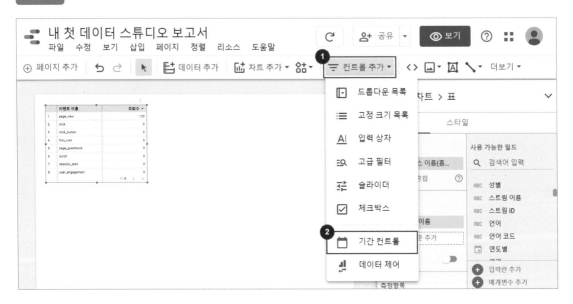

❶ 상단 메뉴에서 [컨트롤 추가]를 클릭하여 드롭다운 메뉴를 확장한다.

❷ [기간 컨트롤]을 클릭한다.

❶ 화이트보드 안에 클릭하여 추가하거나, 드래그하여 크기를 지정해 넣는다.

❷ 현재는 '수정모드'이고 [보기]를 클릭하면 '보기모드'가 된다. 보기모드로 전환하면 현재까지 설정들은 자동으로 저장된다. [보기]를 클릭한다.

❶ 보기 모드에서 [기간 선택]을 클릭하면 2번처럼 달력이 확장된다.

❷ 확장된 달력에서 기간을 선택할 수 있다. 기간을 선택하면 화이트보드 영역에 있는 모든 데이터가 기간 제어를 받는다.

❸ 기간 제어를 사용하면 선택된 기간에 포함되는 데이터만 표에 표시된다. 3번 표뿐만 아니라 화이트보드 영역에 있는 모든 데이터가 바뀐다.

데이터 스튜디오는 기간 컨트롤을 통해서 언제든 데이터를 업데이트할 수 있다. 즉 초기에 제작하는 수고 한 번만 거치면 반영구적으로 사용할 수 있는 것이다. 다음부터는 URL을 통해 해당 보고서에 접속해서 기간을 변경하는 것만으로 최신 데이터를 확인할 수 있게 된다. 이제는 필자가 말했던 "PPT 지옥에서 벗어날 수 있다"는 말의 의미를 이해할 것이다.

 Unit. 04 수익과 ARPU 스코어카드 실습하기

1단계 https://datastudio.google.com/navigation/reporting 구글 데이터 스튜디오 홈에 접속한다.

❶ [내 첫 데이터 스튜디오 보고서]를 클릭한다. 앞으로 생성하는 모든 데이터 스튜디오 보고서는 이곳에서 확인할 수 있다.

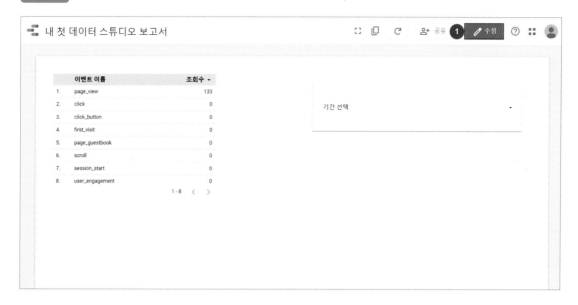

❶ 오른쪽 위에 [수정]을 클릭해서 수정모드로 만든다.

❶ 상단 메뉴에서 [차트 추가]를 클릭해서 드롭다운 메뉴를 확장한다.

❷ 스코어카드 두 개 중에서 아무거나 선택해도 무관하다. 오른쪽 카드는 축약된 번호를 표시한다.

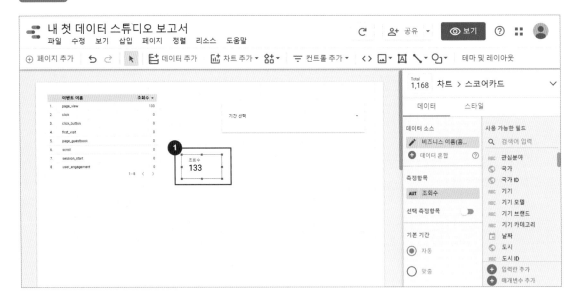

❶ 화이트보드의 빈공간을 클릭해서 스코어카드를 추가한다.

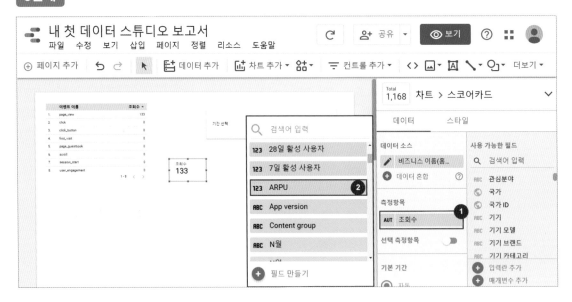

❶ [측정항목]을 클릭해서 선택메뉴를 확장한다.

❷ 항목에서 [ARPU] 찾아 클릭한다. 검색을 사용해도 좋다.

6단계

❶ 스코어카드와 측정항목이 [ARPU]로 바뀐 것을 확인할 수 있을 것이다.

❷ 스코어 카드 글꼴 크기는 [스타일] 탭에서 수정할 수 있다.

7단계

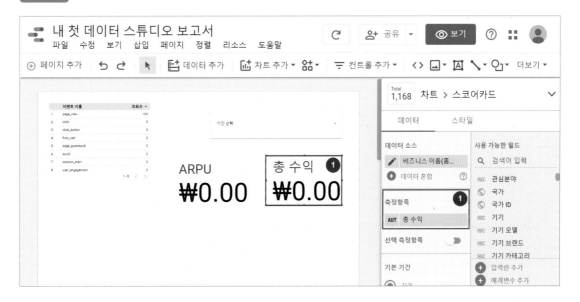

❶ 앞에서 했던 것과 같은 방법으로 [총 수익] 스코어카드를 만들어 본다.

ARPU는 사용자당 평균 수익을 나타내는 지표로 고맙게도 구글 애널리틱스 4에서 자동으로 계산해주는 측정항목 중 하나이다. 총 수익은 ecommerce_purchase 및 in_app_purchase 이벤트의 가치를 합산한 값이다. ARPU는 해당 기간의 총사용자 수로 수익을 나눈 값이다. 마찬가지로 기간 제어를 통해 손쉽게 특성 기간의 ARPU와 수익을 구할 수 있다.

Unit. 05 이벤트 데이터 표와 필터 실습하기

이번 단락에서는 구글 애널리틱스 4에서 보고 싶은 이벤트만 추려서 표를 만드는 실습을 진행한다.

1단계

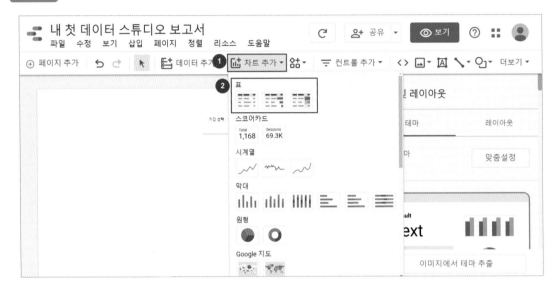

❶ 상단 메뉴에서 [차트 추가]를 클릭해서 드롭다운 메뉴를 확장한다.

❷ 표 세 개 중에서 아무거나 선택해도 무관하다. 책에서는 제일 왼쪽의 기본 표를 사용한다.

2단계

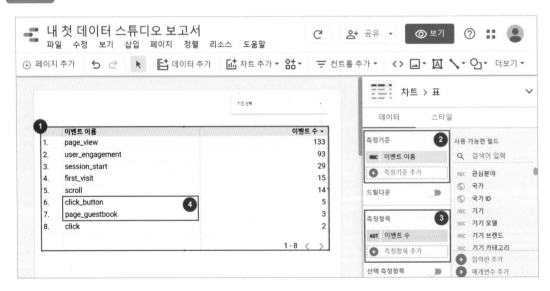

❶ 화이트보드 안에 클릭하여 추가하거나, 드래그하여 크기를 지정해 표를 넣는다.

❷ 측정기준에는 [이벤트 이름]을 선택한다.

❸ 측정항목에는 [이벤트 수]를 선택한다.

❹ 구글 애널리틱스 4 이벤트 실습편에서 우리가 추가로 지정한 이벤트 이름을 확인할 수 있다.

3단계　　이제 표에서 click_button과 page_guestbook 이벤트만 표시되게 필터를 설정할 것이다.

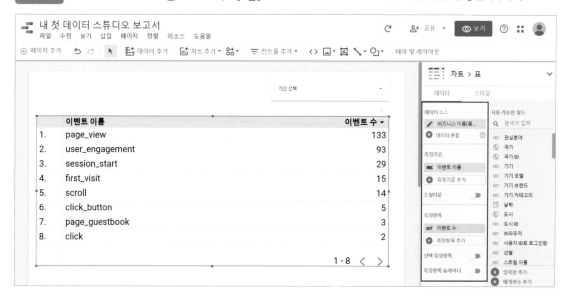

❶ 인터페이스에서 붉은색 박스 영역 아무 위치에 마우스를 올려놓은 다음 스크롤을 내려 밑에 있는 메뉴를 확인한다.

4단계

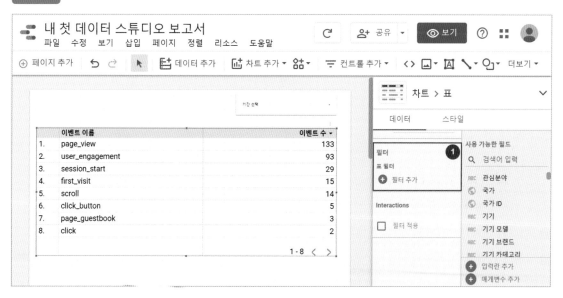

❶ 스크롤을 내리다 보면 [필터 추가]가 보일 것이다. [필터 추가]를 클릭한다.

5단계

❶ 그림처럼 '필터 만들기' 창이 화면 아래에 표시된다.

❷ 이름에 [이벤트 필터]라고 작성한다.

6단계

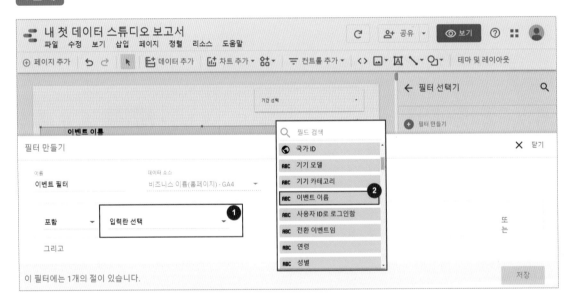

❶ [입력란 선택]을 클릭하여 항목 선택창을 활성화한다.

❷ 항목 선택창에서 [이벤트 이름]을 찾아 선택한다. 검색을 이용해도 좋다.

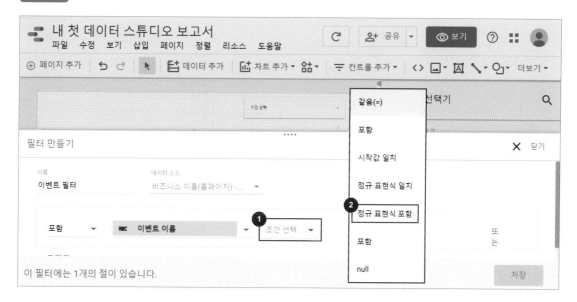

❶ [조건 선택]을 클릭하여 조건 선택창을 활성화한다.

❷ 조건 선택창에서 [정규 표현식 포함]을 선택한다.

❶ 값 입력란에 앞에서 배운 정규 표현식으로 [button|guestbook]을 입력한다.

❷ [저장]을 클릭해서 필터 만들기를 완료한다.

9단계

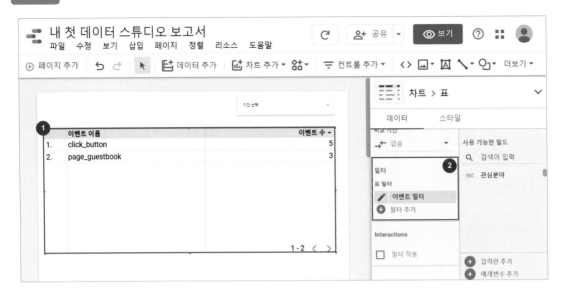

❶ 필터가 적용되어 두 개의 이벤트만 보이는 것을 확인할 수 있다.

❷ [이벤트 필터]라는 이름의 필터가 적용된 것을 확인한다.

Unit. 06 인기 페이지 원형차트 실습하기

이번에는 웹사이트의 페이지별 인기 순위를 한눈에 볼 수 있는 원형 표를 만들 것이다.

1단계

❶ 상단 메뉴에서 [차트 추가]를 클릭해서 드롭다운 메뉴를 확장한다.

❷ 원형 두 개 중에서 아무거나 선택해도 무관하다. 책에서는 왼쪽의 기본형을 사용한다.

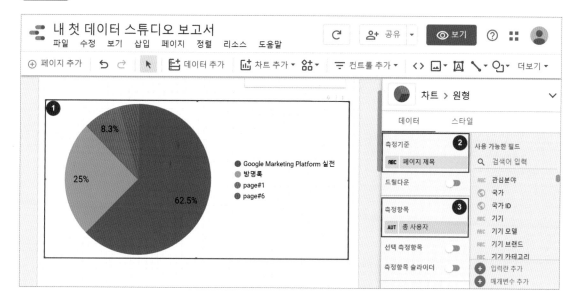

❶ 화이트보드 안에 클릭하여 추가하거나, 드래그하여 크기를 지정해 차트를 넣는다.

❷ 측정기준에는 [페이지 제목]을 선택한다.

❸ 측정항목에는 [총 사용자]를 선택한다.

웹사이트의 방문자는 어떤 페이지를 가장 많이 소비하는지 한눈에 체크할 수 있다.

Unit. 07 방문자 추세 선형차트 실습하기

이번에는 웹사이트의 신규 방문자 추세와 흐름을 파악할 수 있는 선형차트를 만들 것이다.

1단계

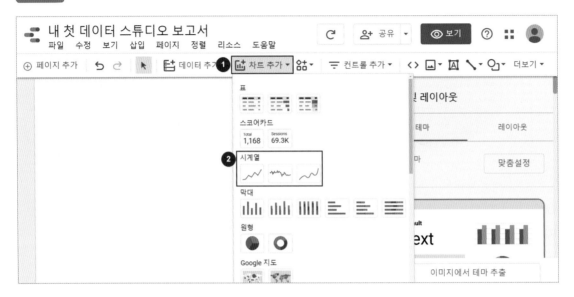

❶ 상단 메뉴에서 [차트 추가]를 클릭해서 드롭다운 메뉴를 확장한다.

❷ 시계열 세 개 중에서 아무거나 선택해도 무관하다. 책에서는 제일 왼쪽의 기본형을 사용한다.

2단계

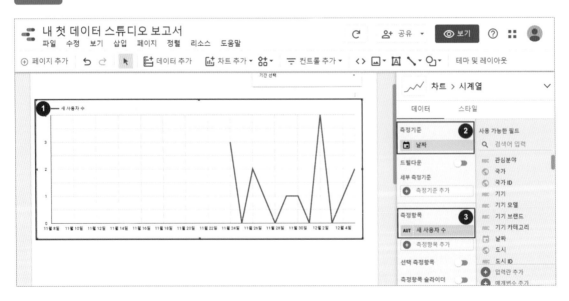

❶ 화이트보드 안에 클릭하여 추가하거나, 드래그하여 크기를 지정해 차트를 넣는다.

❷ 측정기준에는 [날짜]을 선택한다.

❸ 측정항목에는 [새 사용자 수]를 선택한다.

3단계

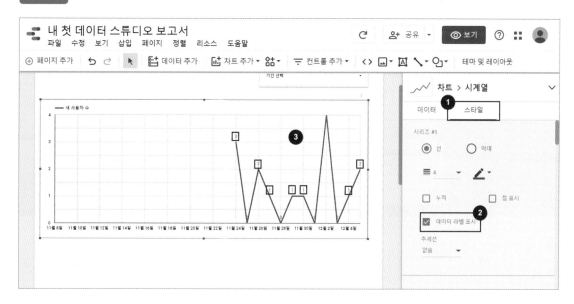

❶ [스타일]을 클릭한다.

❷ [데이터 라벨 표시]를 클릭하면 선형차트에 값이 표시된다.

Unit. 08 구글 데이터 스튜디오 보고서 공유하기

1단계

❶ 보기 모드에서 [+ 공유]를 클릭한다.

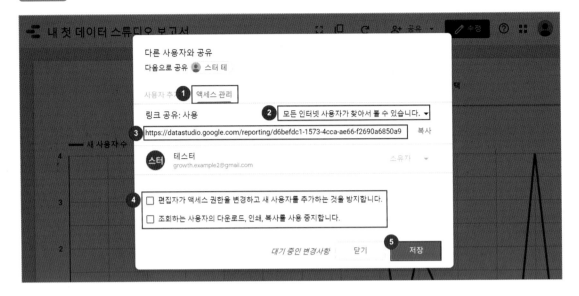

❶ [액세스 관리]를 클릭한다.

❷ 해당 보고서에 공통적인 접근 권한을 다음 항목 중에 선택할 수 있다.

- 모든 인터넷 사용자가 찾아서 볼 수 있습니다.
- 모든 인터넷 사용자가 찾아서 수정할 수 있습니다.
- 링크가 있는 모든 사용자가 볼 수 있습니다.
- 링크가 있는 모든 사용자가 수정할 수 있습니다.
- 사용 안함–특정 사용자만 액세스할 수 있습니다.

❸ 보고서의 접속 링크다. 이 링크는 고유하므로 후에 보고서를 편집하더라도 이 링크를 통해 같은 보고서에 접속할 수 있다.

❹ 추가 보안 옵션을 선택할 수 있다.

❺ [저장]을 클릭하면 공유 설정이 끝난다.

3단계   [▼]를 클릭하면 보고서를 PDF 파일로 다운받을 수도 있다.

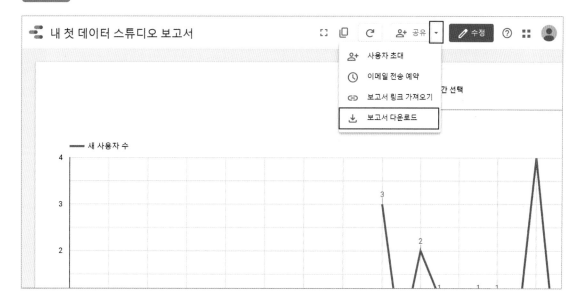

지금까지 데이터 스튜디오의 다양한 기능들을 살펴보았다. 여러분이 구글 애널리틱스를 다뤄 분석을 담당하고 있다면 내가 분석한 데이터를 다른 조직에 이해시키는데 데이터 스튜디오는 훌륭한 방법이다. 측정기준과 측정항목은 몇 개를 조합해서 사용할 수도 있다. 예를 들어 이벤트 이름을 기준으로 하고 측정항목에 페이지 제목, 이벤트 수 등을 조합하면 어떤 페이지에서 이벤트가 발생했고 이벤트 수는 몇인지 차트 하나로 표시할 수 있다. 데이터 분석은 데이터를 세그먼트 하는 것부터 시작이다. 즉 데이터를 쪼개고 분류하고 들여다보면서 인사이트를 발견할 수 있게 된다.

PART. 08

G.M.P를 활용한 그로스해킹 데이터 산출하기

이번 파트는 마케터의 상황별 분석역량을 키워주기 위함이다. 구글 애널리틱스를 실무에 적용하여 성과를 낼 수 있도록 충분한 노하우를 알려주고자 준비했다.

G.M.P 시스템 통합 구축
실습하기

PART 04

G.M.P 시스템 구축
준비하기

PART 03

G.M.P 시스템 구축에 필요한
기초 지식 갖추기

PART 02

G.M.P 시스템 시작하기

PART 01

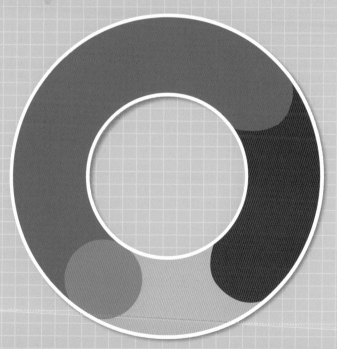

Google Marketing Platform

상황별 그로스해킹 분석 주제

 Unit. 01 웹사이트에서 개선이 필요한 페이지 데이터 산출하기

이때 확인하는 지표는 '페이지뷰 수'와 '이탈율'이다. 페이지뷰 수는 각 페이지의 합산데이터를 확인하고 이탈율은 전체 평균과의 편차 데이터를 확인한다.

- **보고서 접속**: 행동 〉 사이트 콘텐츠 〉 모든 페이지

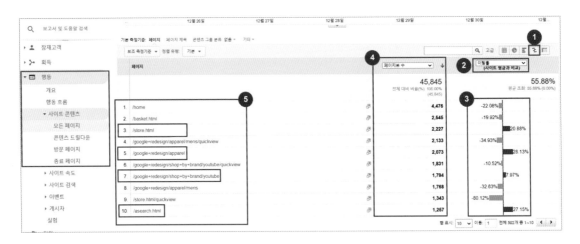

❶ 모든 보고서에서 ![편차] 를 클릭하면 해당 항목의 '편차' 데이터를 확인할 수 있다. 즉 데이터가 평균에서 얼마나 떨어져 있는지 나타낸다.

❷ 드롭다운 메뉴를 이용하여 [이탈율]을 선택한다.

❸ 이탈율은 낮을수록 좋으므로 평균에서 마이너스(-) 값이 초록색, 플러스(+)값이 붉은 색으로 표시된 걸 확인할 수 있다.

❹ 조회 기간에 각 페이지의 페이지뷰 수 합산이다.

❺ 인기는 많지만 이탈율이 평균보다 높은 3번, 5번, 7번 10번 행의 페이지가 개선 대상이 된다.

Unit. 02 매출 발생에 기여가 높은 페이지 데이터 산출하기

성과 판단은 마케팅뿐만 아니라 웹사이트가 차지하는 역할도 매우 크다. 분명 웹사이트에 있는 페이지 중에서도 매출에 도움 되는 페이지와 그렇지 않은 페이지가 있을 것이다. 이를 구분할 줄 알아야 하고 매출에 긍정적인 요소는 모든 페이지에 적용해야 한다. 이때 확인하는 지표는 '페이지값'이다. 페이지값은 사용자가 전자상거래를 완료하기 전에 방문한 페이지의 평균 가치이다. 이 데이터로 각 페이지가 수익에 얼마나 기여하고 있는지 알 수 있다.

• **보고서 접속**: 행동 〉 사이트 콘텐츠 〉 모든 페이지

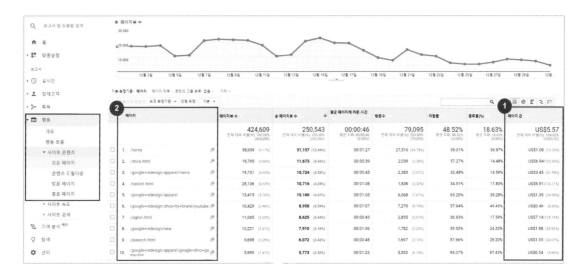

❶ 이곳의 페이지값을 확인한다. 페이지값의 계산법은 비즈니스에서 발생하는 금전적 가치를 순 페이지뷰 수로 나눈 값이다. 예를 들어 전자상거래 매출 나누기 순 페이지뷰 수다.

❷ 일반적으로 홈, 장바구니, 가입 완료 페이지는 평가대상에서 제외하고 나머지를 비교한다.

 Unit. 03 광고 지출비 증감에 따른 성과 비교 데이터 산출하기

마케터는 미디어 믹스를 운영할 때 성과에 따라 탄력적으로 예산을 움직여야 하는 때가 많다. 이때 전, 후 성과 데이터를 산출해서 비교할 줄 알면, 더 합리적인 예산 분배를 할 수 있다. 이때 확인하는 지표는 UTM 파라미터, 사용자, 신규 방문자, 기래수, 수익, 목표 등이다.

구글 애널리틱스의 기본 제공 보고서가 아닌 맞춤 보고서를 사용한다.

- **보고서 접속**: 맞춤 설정 〉 맞춤 보고서

❶ [+새 맞춤 보고서]를 클릭한다.

2단계

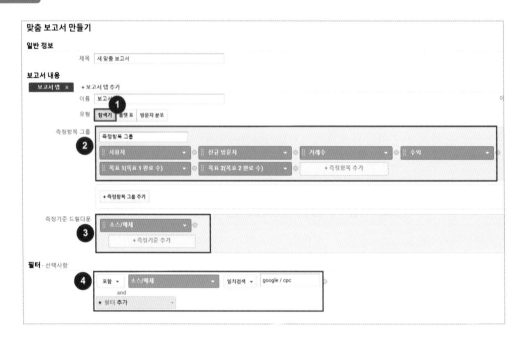

❶ [탐색기]를 클릭한다.

❷ 측정항목 그룹에서 [+측정항목 추가]를 클릭하고 사용자, 신규 방문자, 거래수, 수익을 차례대로 선택한다. 또 그림처럼 필요에 따라 사전에 설정한 목표의 완료 수를 함께 포함한다.

❸ 측정기준 드릴다운에서 [+측정기준 추가]를 클릭하고 소스/매체를 선택한다.

❹ [+필터 추가]를 클릭하고 소스/매체를 선택한 다음 예시의 google / cpc와 같이 검증이 필요한 트래픽의 UTM 값 또는 소스 / 매체 값을 입력한다.

3단계

❶ 기간 비교를 사용해서 A 기간과 B 기간의 데이터를 비교한다.

❷ A 기간 때 사용된 광고 지출비와 B 기간 때 사용된 광고 지출비의 증감율을 구한 다음 생성한 맞춤 보고서의 증감율 데이터와 비교하여 종합적인 판단을 내린다. 예를 들어 광고 지출비가 증가한 비율만큼 목표 달성과 매출 증가율이 따라와야 하는데 그렇지 못하다면, 예산 이동을 고려하는 형식이다.

Unit. 04 SEO를 진행했나요? SEO 전, 후 성과 비교 분석 데이터 산출하기

고객 니즈와 시대 흐름에 민감한 조직은 주기적으로 SEO (Search-Engine Optimization)를 감행한다. 그리고 검색에 잘 노출되게 하는 작업은 마케터의 협업을 필요로한다. 또 마케터는 SEO를 진행하기 전과, 진행한 후를 비교하여 개선 효과가 있었는지를 검증하고 조직원과 공유해야 한다. 이때 확인하는 지표는 Organic Search로 유입된 모든 사용자, 신규 방문자, 이탈율, 거래수, 수익, 구매전환율이다. 여기에 더해 SEO 전,후 Organic 유입 키워드 리스트 TOP100을 뽑은 다음 추가되거나 제외된 키워드를 검증 자료로 함께 사용한다. 사전에 '구글 서치 콘솔'과 구글 애널리틱스가 연결되어 있으면 좋다. 여기서 이탈율과 구매 전환율은 사용자의 검색 의도와 얼마나 매칭되어 노출되는지를 파악할 수 있는 지표가 된다.

- **보고서 접속**: 획득 〉 전체 트래픽 〉 채널

❶ 기간 비교를 사용해서 SEO 전, 후 기간을 설정한다.

❷ 필터에 "organic"을 입력해서 보고서에 'Organic Search' 데이터만 표시되게 설정한다.

❸ 증감 데이터를 한 눈에 확인할 수 있다.

이어서 [Organic Search]를 클릭해서 하위 보고서로 들어가면 자연 유입 키워드 리스트를 다음처럼 확인할 수 있다. 이때는 기간 비교를 해제하고 각각 조회한다.

❶ 사용자 유입수로 정렬하여 상위 100개의 키워드 리스트를 조회한다. 그런 다음 [내보내기]를 통해 엑셀로 정리한다.

❷ (not provided)는 google에서 유입된 organic keywords 이다. 이를 확인하기 위해서는 앞서 말했던 구글 서치 콘솔과 구글 애널리틱스의 연결이 필요하다.

구글 서치 콘솔은 관리 〉 모든 제품 〉 Search Console 메뉴에서 연결할 수 있다.

구글 서치 콘솔에서 수집되는 구글 자연 검색어는 획득 〉 Search Console 〉 검색어 메뉴에서 확인할 수 있다.

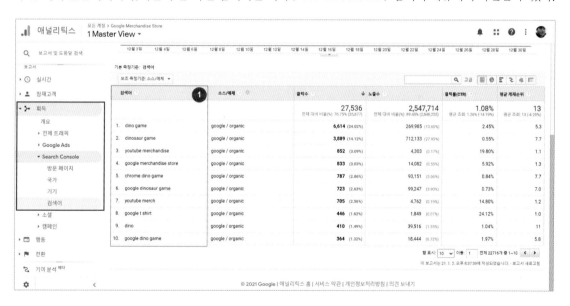

❶ 클릭수로 정렬하여 검색어를 참조한다.

모든 데이터 산출이 끝나면 SEO 전, 후로 각각의 측정항목인 사용자, 신규 방문자, 이탈율, 거래수, 수익, 구매전환율, 키워드 리스트 등의 증감율과 변화를 확인하고 종합적으로 평가하여 인사이트를 정리한다.

Unit. 05 사이트에 검색 기능이 있나요? 검색 이용자 행동 데이터 산출하기

이번 단락은 사이트 안에서 검색 기능을 제공하고 있는 곳을 위한 내용이다. '검색 이용'은 사용자가 원하는 것을 찾는 행위이므로 서비스 제공자는 이에 얼마나 부합하고 있는지 확인을 해야 한다. 즉 사이트에서 고객이 검색 후 어떤 행동을 하는지를 추적하여 고객 경험을 개선하는 것이 목적이다.

구글 애널리틱스의 기본 제공 보고서가 아닌 맞춤 보고서를 사용한다.

- **보고서 접속**: 맞춤 설정 〉 맞춤 보고서 〉 +새 맞춤 보고서를 클릭한다.

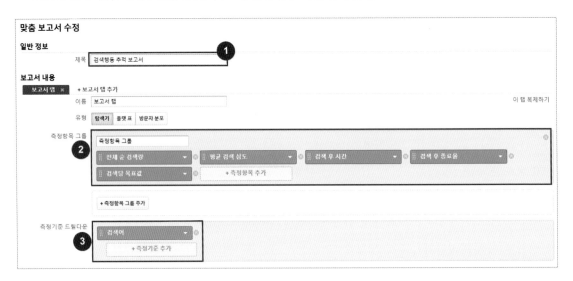

❶ 제목란에 [검색행동 추적 보고서]로 작성한다

❷ 측정항목으로 '전체 순 검색량', '평균 검색 심도', '검색 후 시간', '검색 후 종료율', '검색당 목표값'을 추가한다.

❸ 측정기준으로 '검색어'를 추가한다.

[저장]을 클릭해서 보고서를 생성한다.

❶ '검색어'는 사용자가 사이트에서 검색한 검색어를 표시한다.

❷ '전체 순 검색량'은 중복을 제외한 해당 검색어가 검색된 횟수다.

❸ '평균 검색 심도'는 사용자가 검색 결과 페이지를 본 다음, 평균적으로 본 페이지 수다.

❹ '검색 후 시간'은 사용자가 검색 결과 페이지를 본 다음, 체류한 평균 시간이다.

❺ '검색 후 종료율'은 사용자가 검색 후 상호작용 없이 종료한 비율이다. 검색의도와 검색 결과가 매칭되지 않을 때 종료율이 높다. 이는 개선해야 하는 부분이다.

❻ '검색당 목표값'은 사용자가 해당 검색어를 검색한 후 구매했을 때 발생하는 금전적 가치를 해당 검색어의 순 검색 수로 나눈 값이다. 즉 '매출/순 검색 수'이다. 이 데이터로 해당 검색어의 판매력을 확인할 수 있다.

CHAPTER. 2

그로스해킹의 필수 Attribution 이해하기

 Unit. 01 구글 애널리틱스의 다채널 유입 보고서 Attribution

구글 애널리틱스 데이터를 확인할 때 각 보고서의 용도를 파악하는 것도 중요하지만 이는 다른 저서에서 흔하게 다루는 내용일 것이다. 필자는 여기에 더해 흔하게 다루지는 않지만, 알아야 하는 중요한 내용을 알려주고자 한다. 바로 구글 애널리틱스의 데이터 기록 방식이다. 일종의 Atribution을 의미한다.

다채널 유입 보고서는 여러 유입 채널 또는 경로가 매출 또는 전환에 얼마나 기여하고 있는지 확인할 수 있는 중요한 곳이다. 지원 전환수, 인기 전환경로, 모델 비교 도구 등의 메뉴가 있다. 다채널 유입 보고서의 기본 로직은 1회 또는 그 이상 방문한 트래픽에 대해 방문 횟수와 방문 방법 등을 기억한 후 모델링한 데이터를 표시하는 것이다.

- **보고서 접속**: 전환 〉 다채널 유입경로 〉 지원 전환수

❶ 특정 목표에 기여한 데이터만 확인할 수 있다.

❷ 트래픽 유형으로 전체 유입을 표본으로 할지 아니면 구글 애즈의 데이터만 표시할지 선택할 수 있다.

❸ 본문에서 말했던 전환 추적 기간과 같은 개념이다. 해당 기간에 포함되는 트래픽 활동만 산출된다. 분석 목표에 따라 최소 1일 최대 90일까지 설정할 수 있다.

❹ 다채널 유입 보고서는 필터 설정을 하지 않은 [보기]에서 확인하는 것이, 높은 정확도의 데이터를 확인하는 방법으로 권장된다. 대신 전환 세그먼트를 통해 필터 역할을 대체한다

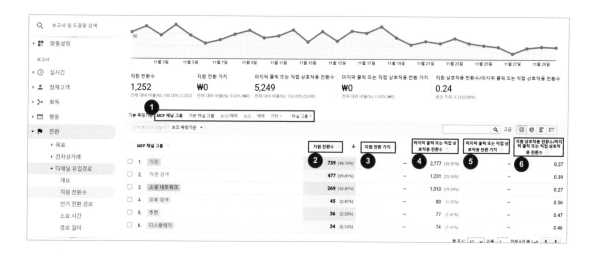

❶ 지원 전환수 보고서는 MCF 채널그룹, 기본채널그룹, 소스/매체 등의 기준으로 획득 유형을 필터하여 보고서를 확인할 수 있다. 마케팅 캠페인의 지원 전환을 확인할 때는 주로 "소스/매체"를 선택한다. (MCF: Multi-Channel Funnels)

❷ 지원 전환수는 사용자가 유입 방법 A,B,C를 순서로 방문한 이력이 있을 때 A,B의 포지션 어느 한군데 이상을 통해서 전환에 기여한 횟수다.

❸ 지원 전환을 통해 얻은 금전적 가치를 표시한다. 데이터는 전자상거래 설정이 되어 있을 때만 표시한다.

❹ 마지막 클릭 또는 직접전환 상호작용 전환수는 A,B,C 중에서 C의 포지션일 때에만 카운팅한 수치다.

❺ 마지막 클릭 또는 직접전환 상호작용 전환 가치는 C의 포지션으로 기여한 전환을 통해 얻은 금전적 가치를 표시한다.

❻ 여기서 가장 중요한 데이터가 바로 6번이다. 지원 전환 능력과 직접전환 능력중, 어느쪽 능력이 우세한지 수치화한 데이터다. 0에 가까울수록 C의 포지션이, 1에 가까울수록 A,B,C 균등, 1보다 클수록 A,B 포지션에서 전환에 유리한 것으로 해석한다.

다음은 본문에서 설명했던 Attribuion Medels로 기여 분석을 수월하게 만들기 위해서 사전에 구체적인 기능에 해당하는 부분을 구글이 설계해준 소프트웨어 환경이다.

- **보고서 접속**: 전환 〉다채널 유입경로 〉모델 비교 도구

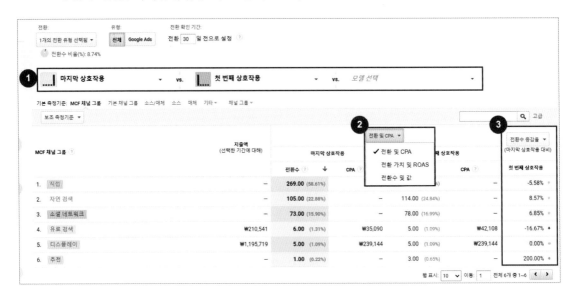

❶ 기여 분석 모델을 선택하거나 2개 이상의 모델을 선택하여 비교분석할 수 있다. 사전 정의된 모델로 마지막 상호작용, 마지막 간접클릭, Google ads 마지막클릭, 첫 번째 상호작용, 선형, 시간 가치 하락, 위치 기반 등이다.

❷ 각 모델의 기여를 적용하여 전환 및 CPA, 전환 가치 및 ROAS, 전환수 및 값으로 KPI를 선별하여 분석할 수 있다.

❸ 모델 비교에서 어떤 포지션이 우세한지 확인할 수 있다.

 ## Unit. 02 구글 애널리틱스의 다채널 유입 보고서 외 Attribution

다채널 유입 보고서 외에 획득, 행동 등의 보고서는 트래픽이 발생할 때마다 데이터를 기록한다.

여기서 한 가지 중요한 것은 목표 달성에 대한 데이터는 늘 최종 상호작용에 대한 트래픽만 조합해서 표시한다는 것이다. 즉 지원 전환으로 달성한 성과는 다채널 유입 보고서 외에 다른 보고서에서는 표시하지 않는다.

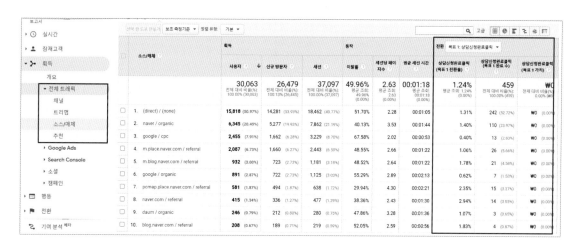

Unit. 03 구글 애널리틱스의 Google Ads 보고서 Attribution

구글 애즈와 제품을 연결하면 구글 애널리틱스와 조합된 데이터를 확인할 수 있게 된다.

- **보고서 접속**: 획득 〉 Google Ads 〉 캠페인

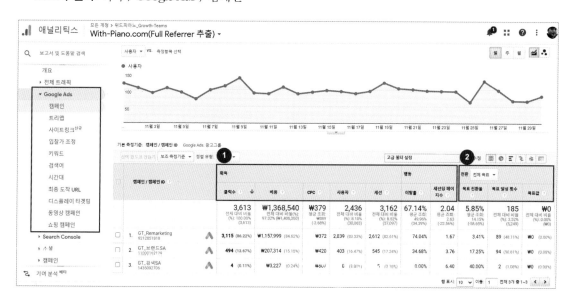

❶ 구글 애즈의 클릭수, 비용, CPC데이터와 구글 애널리틱스의 사용자, 세션, 이탈율, 세션당 페이지 수 데이터가 조합되어 표시된 것을 확인할 수 있다.

❷ 목표 달성 값은 구글 애즈에서 받아오는 데이터가 표시되는 것으로 Atrribution이 구글 애즈의 설정값에 귀속된다. 즉 구글 애즈의 전환 추적 기간에 포함되는 직간접의 수치가 표시된다.

여기까지 보고서의 Attribution 조건을 간략하게 다뤄보았다. 구글 애널리틱스를 사용하는 마케터는 이 부분에 유념하여 데이터를 해석한다면 변별력을 향상할 수 있을 것이다.

CHAPTER. 3

비즈니스 그로스 지표 AARRR 데이터 산출하기

AARRR지표는 비즈니스의 컨디션 지표라 할 수 있다. 사전에 보고서를 저장하고 수시로 모니터링하여 빠른 액션을 하는데 수집 의의가 있다. 책에서는 AARRR 지표를 산출하는데 전부 맞춤 보고서를 예시로 활용했다.

 ## Unit. 01 Acquisition(획득) 데이터 산출하기

- **보고서 접속**: 맞춤 설정 〉 맞춤 보고서 〉 + 새 맞춤 보고서를 클릭한다.

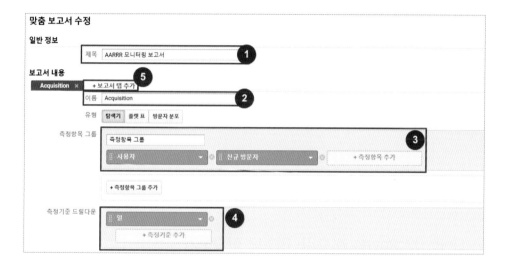

❶ 제목란에 [AARRR 모니터링 보고서]로 작성한다.

❷ 보고서 이름에 [Acquisition]을 입력한다.

❸ 측정항목으로 '사용자', '신규 방문자'를 추가한다.

❹ 측정기준으로 '일'을 추가한다. 측정기준은 목적에 따라 소스/매체, 캠페인, 채널 등으로 대체할 수도 있다.

❺ [보고서 탭 추가]를 클릭해서 탭을 추가한다.

Unit. 02 Activation(액션) 데이터 산출하기

맞춤 보고서 만들기

일반 정보

제목 AARRR 모니터링 보고서

보고서 내용

Acquisition **Activation** × + 보고서 탭 추가 **5**

이름 Activation **1** 이 탭 복제하기

유형 **탐색기** 플랫표 방문자 분포

측정항목 그룹 측정항목 그룹

2 평균 세션 시간 ▼ 세션당 페이지수 ▼ 페이지뷰 수 ▼ 이탈률 ▼

목표 1(목표 1 완료 수) ▼ 목표 2(목표 2 완료 수) ▼ + 측정항목 추가

+ 측정항목 그룹 추가

측정기준 드릴다운 일 ▼

3 + 측정기준 추가

❶ 보고서 이름에 [Activation]을 입력한다.

❷ 측정항목으로 '평균 세션 시간', '세션당 페이지 수', '페이지뷰 수', '이탈율'를 추가한다. 여기에 더해 사전에 지정한 목표가 있다면 '목표'를 추가한다. 단 '거래'는 추가하지 않는다.

❸ 측정기준으로 '일'을 추가한다. 측정기준은 목적에 따라 소스/매체, 캠페인, 채널 등으로 대체할 수도 있다.

❹ [+보고서 탭 추가]를 클릭해서 탭을 추가한다.

 ## Unit. 03 Revenue(수익) 데이터 산출하기

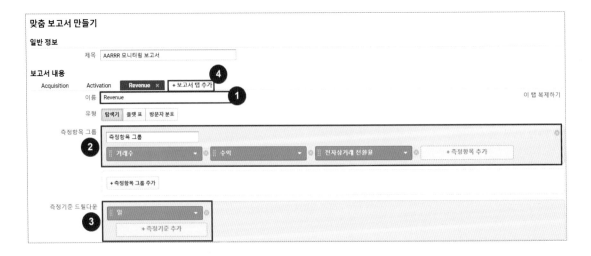

❶ 보고서 이름에 [Revenue]를 입력한다.

❷ 측정항목으로 '거래수', '수익', '전자상거래 전환율'을 추가한다.

❸ 측정기준으로 '일'을 추가한다. 측정기준은 목적에 따라 소스/매체, 캠페인, 채널 등으로 대체할 수도 있다.

❹ [+보고서 탭 추가]를 클릭해서 탭을 추가한다.

 ## Unit. 04 Retention(재방문) 데이터 산출하기

Retention을 분석하기 위해서는 측정항목으로 '재방문 수', '재방문율', '사용자당 평균 방문 수'의 데이터가 필요하다. 하지만 이것들은 앞선 측정항목들처럼 구글 애널리틱스에서 기본으로 제공하는 데이터들이 아니다. 그래서 우리가 임의로 계산식을 넣어 새로운 측정항목을 만들어야 한다. 이때 사용하는 기능이 바로 '계산된 측정 항목'이다.

1단계

❶ [관리]를 클릭한다.

❷ [계산된 측정항목]을 클릭한다.

❸ [+새 계산된 측정항목]을 클릭한다.

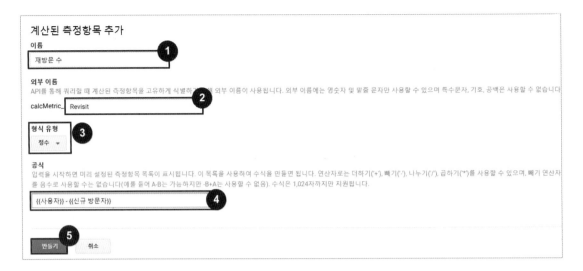

❶ 이름에 [재방문 수]를 입력한다.

❷ 외부 이름에 [Revisit]을 입력한다.

❸ 형식 유형에서 [정수]를 선택한다.

❹ 공식란에 {{사용자}} - {{신규 방문자}}를 입력한다.

❺ [만들기]를 클릭하여 생성한다.

이 방법이 기존 구글 애널리틱스의 기본 제공 측정항목을 조합하고 계산하여 새로운 측정항목을 만드는 것이다. 같은 방법으로 '재방문율', '사용자당 방문수'를 다음과 같이 생성한다.

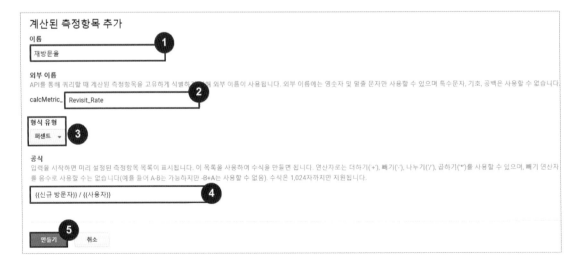

❶ 이름에 [재방문율]를 입력한다.

❷ 외부 이름에 [Revisit_Rate]을 입력한다.

❸ 형식 유형에서 [퍼센트]를 선택한다.

❹ 공식란에 {{신규 방문자}} / {{사용자}}를 입력한다.

❺ [만들기]를 클릭하여 생성한다.

4단계

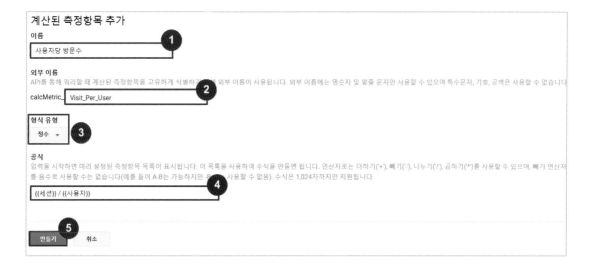

❶ 이름에 [사용자당 방문수]를 입력한다.

❷ 외부 이름에 [Visit_Per_User]을 입력한다.

❸ 형식 유형에서 [정수]를 선택한다.

❹ 공식란에 {{세션}} / {{사용자}}를 입력한다.

❺ [만들기]를 클릭하여 생성한다.

다시 맞춤 보고서로 돌아온다.

❶ 보고서 이름에 [Retention]를 입력한다.

❷ 측정항목으로 방금 생성한 '재방문 수', '재방문율', '사용자당 방문수'를 추가한다.

❸ 측정기준으로 '일'을 추가한다. 측정기준은 목적에 따라 소스/매체, 캠페인, 채널 등으로 대체할 수도 있다.

❹ [+보고서 탭 추가]를 클릭해서 탭을 추가한다.

Unit. 05 Referral(추천) 데이터 산출하기

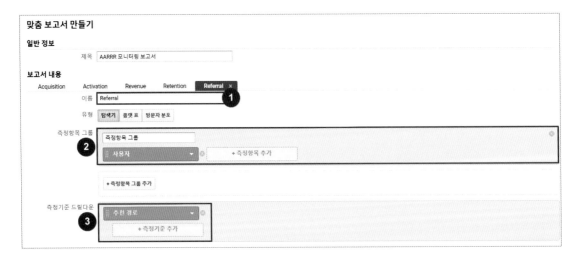

❶ 보고서 이름에 [Referral]을 입력한다.

❷ 측정항목으로 '사용자'를 추가한다.

❸ 측정기준으로 '추천경로'를 추가한다.

이제 AARRR 5개의 보고서를 만들었으니 최종적으로 [저장]을 클릭해서 생성한다.

그림처럼 탭을 이용하면 언제든 저장된 양식으로 확인할 수 있다.

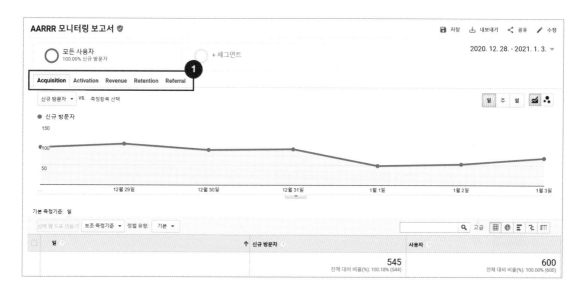

앞에서도 말했지만 AARRR지표는 비즈니스의 컨디션 지표이기 때문에 수시로 모니터링해서 추세를 파악하기로 한다.

CHAPTER. 4

계산된 측정항목으로 데이터 추가하기

 Unit. 01 ARPU 계산하기

앞에서 AARRR 분석 보고서 챕터에서 진행한 '계산된 측정항목'을 이번에는 ARPU를 구하면서 복습해볼 것이다. ARPU는 사용자당 매출을 나타내는 지표로 전자상거래의 평균 매출액 데이터와는 다른 개념이다. 평균 매출액은 말 그대로 매출을 거래수로 나눈 평균값이고 ARPU는 매출을 사용자로 나눈 사용자당 매출값이다. 참고로 구글 애널리틱스 4에서는 ARPU가 자동 계산되어 표시된다.

- **보고서 접속**: 관리 〉 계산된 측정항목 〉 +새 계산된 측정항목을 클릭한다.

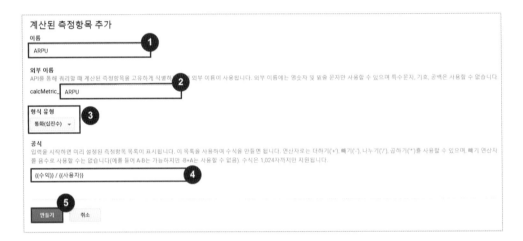

❶ 이름에 [ARPU]를 입력한다.

❷ 외부 이름에 [ARPU]를 입력한다.

❸ 형식 유형에는 [통화(십진수)]를 선택한다.

❹ 공식란에 {{수익}} / {{사용자}}를 입력한다.

❺ [만들기]를 클릭하여 생성한다.

이렇듯 계산된 측정항목은 구글 애널리틱스에 있는 측정항목을 다채롭게 조합하여 계산된 새로운 측정항목을 생성할 수 있는 기능이다. 데이터 활용도가 높아질수록 자주 쓰는 기능이니 꼭 기억하자

CHAPTER. 5

그로스해커의 무기 데이터 세그먼트 배우기

데이터 분석은 세분화하는 것부터 시작한다. 데이터를 통으로 보면 인사이트가 늘 흐려지기 마련이다. 세그먼트는 말 그대로 데이터를 추리는 기능이다. 특정 목적에 맞는 타겟층을 분석할 때 사용한다. 또 구글 애널리틱스에서 세그먼트를 설정하면 모든 보고서에서 해당 타겟 사용자에 대한 데이터만 표시하기 때문에 다양한 인사이트를 도출할 수 있게된다. 세그먼트는 다른 세그먼트와 비교할 수도 있는데, 실무에서 가장 많이 사용되는 기능이다.

 Unit. 01 **최근 일주일간 방문한 사용자 그룹 분석하기**

- **보고서 접속**: 잠재고객 〉개요

1단계

❶ [+세그먼트]를 클릭한다.

2단계

❶ [+새 세그먼트]를 클릭한다.

3단계

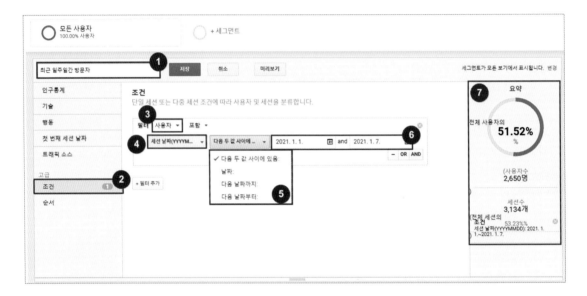

❶ 제목란에 [최근 일주일간 방문자]를 입력한다.

❷ [조건]을 클릭한다.

❸ 필터 기준으로 [사용자]를 선택한다.

❹ [세션 날짜]를 찾아 선택한다.

❺ 드롭다운 메뉴에서 [다음 두 값 사이에 있음]을 선택한다.

❻ 그룹 하고자 하는 날짜를 선택한다.

❼ 해당 세그먼트 조건에 포함된 데이터 규모를 요약으로 볼 수 있다. 이제 [저장]을 클릭해서 생성한다.

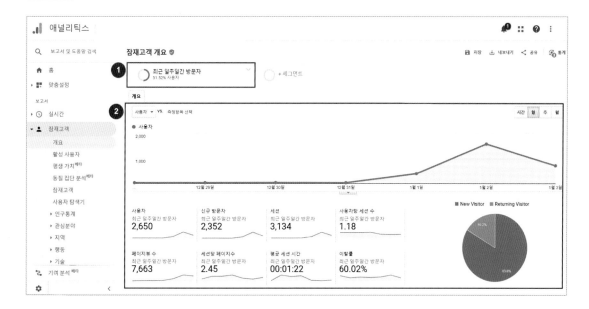

❶ 세그먼트가 적용된 것을 확인할 수 있다.

❷ 세그먼트가 적용되면 해당 조건에 부합하는 타겟 데이터만 표시한다. 이는 잠재고객 보고서 뿐 아니라 다른 보고서도 공통으로 적용된다.

 ## Unit. 02 구매 발생 사용자 그룹 특성 분석하기

이번에는 구매 발생 사용자로 조건을 지정해보도록 한다. 비즈니스에서 전환 유저의 특성을 분석하는 것이므로 아주 중요한 세그먼트다.

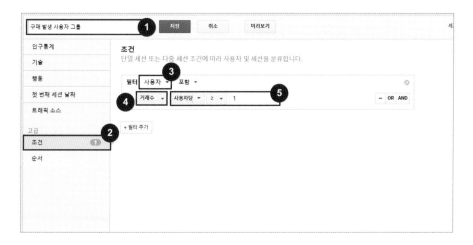

❶ 제목란에 [구매 발생 사용자 그룹]을 입력한다.

❷ [조건]을 클릭한다.

❸ 필터 기준으로 [사용자]를 선택한다.

❹ [거래수]를 선택한다.

❺ 사용자당 1보다 크거나 같음의 부등호로 조건을 설정한다.

 Unit. 03 특정 관심사를 가진 사용자 그룹 분석하기

구글 애널리틱스에서 적재되는 데이터 외에 특정 관심사를 가지는 사용자를 세그먼트할 수 있다는 사실을 아는 사람은 전문가 중에서도 몇 없다. 해당 세그먼트를 통해 관심사와 데이터를 조합하여 다양한 인사이트와 마케팅 전략이 가능해진다. 예를 들어 구매 발생 사용자의 관심사를 파악한 다음, 역으로 이 관심사를 가지고 있는 사람을 그룹하고 행동을 분석할 수도 있다.

- **보고서 접속**: 잠재고객 〉 관심분야 〉 관심도 카테고리

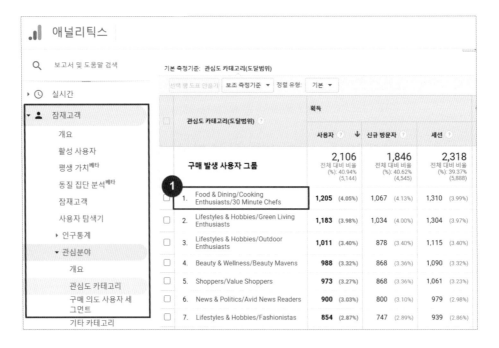

❶ 분석을 하고자 하는 관심사를 그대로 드래그하여 복사한다. 책에서는 예시로 'Food & dining/Cooking Enthusiasts/30 Minute Chefs'를 복사했다.

다시 세그먼트 생성으로 간다.

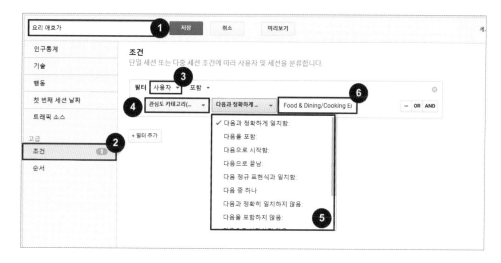

❶ 제목란에 [요리 애호가]를 입력한다.

❷ [조건]을 클릭한다.

❸ 필터 기준으로 [사용자]를 선택한다.

❹ [관심도 카테고리]를 선택한다.

❺ 드롭다운 메뉴에서 [다음과 정확하게 일치함]을 선택한다.

❻ 복사한 관심도를 붙여 넣기한다. [저장]을 클릭하면 세그먼트가 생성된다.

이렇게 진행하면 해당 관심도를 가지고 있는 사용자들의 행동 데이터를 확인할 수 있다.

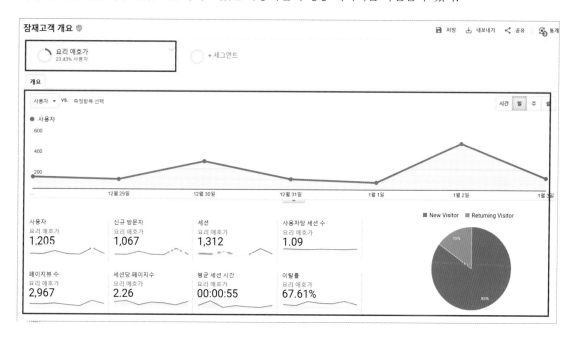

관심도에 따른 사용자 행동 분석은 의사결정에 있어서 충분히 고려되어야 하는 분석 주제이다.

CHAPTER. 6

그로스 해커의 잠재고객 리마케팅 방법

이제 소비자들은 생소한 브랜드의 제품을 구매하는 것을 더욱 신중하게 생각할 것이다. 기업이 첫인상에서 좋은 이미지를 전달할 수 있다고 하더라도 고객은 '검색' 단계와 '검증' 단계를 필연적으로 거친다. 여기에 더해서 사용자의 리뷰까지 고려한다. 그런 다음 구매 행동이 감정이 아닌 합리적인 소비라고 최종적으로 판단될 때까지 보류한다. 앞으로 뛰어난 마케팅 전략은 단순 '랜딩 페이지' 활용이 아닌 Funnel 위주의 전략이 발전할 것이다. 그 중심에 있는 리마케팅은 계속 고도화될 전략이므로 지금부터 설명하는 내용을 잘 숙지하길 바란다.

구글 애널리틱스는 상세한 조건으로 리타겟팅 잠재고객을 그룹할 수 있다. 그런 다음 구글 애즈를 통해 리마케팅을 진행한다. 구글 애널리틱스의 상세 타겟팅은 광고 플랫폼의 단순 방문 여부와는 급이 다르다.

 Unit. 01 Universal Analytics 리마케팅 모수 타겟법

1단계

❶ [관리]를 클릭한다.

❷ [잠재고객 정의]를 클릭한 다음 [잠재고객]을 클릭한다.

❸ 리마케팅 사용 설정 [다음 단계]를 클릭한다.

2단계 처음 잠재고객 목록을 만들 때 '모든 사용자'가 기본으로 생성되고 이를 구글 애즈로 전달하는 과정을 튜토리얼 형태로 진행하는 것이다. 사전에 구글 애즈와 구글 유니버셜 애널리틱스가 연결되어 있어야 하며 본문에 안내한 방법을 따른다.

❶ [+대상 추가]를 클릭한다.

❷ 여러분의 구글 애즈 계정번호를 선택한다. 책에서는 950-545-7549이다.

❸ [사용 설정]을 클릭한다.

3단계 다시 전 메뉴로 돌아와서 그림처럼 '모든 사용자'가 생성되었다면 잘 따라온 것이다.

❶ [+새 잠재고객]을 클릭한다.

4단계 이제 잠재고객을 예시로 하나 만들어 보겠다.

❶ 잠재고객 이름에 [[UA]_7일간_'가방'_검색자]로 작성한다.

❷ [새로 만들기]를 클릭한다.

5단계 이제부터는 세그먼트 생성창과 같다.

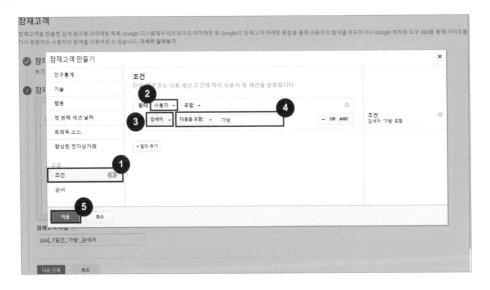

❶ [조건]을 클릭한다.

❷ 필터 기준으로 [사용자]를 선택한다.

❸ [검색어]를 선택한다.

❹ [다음을 포함] 조건으로 [가방]을 입력한다.

❺ [적용]을 클릭한다.

6단계

❶ 가입기간을 [7]일로 설정한다. 이렇게 하면 사용자가 사이트에서 '가방'을 검색하는 순간 해당 리타겟팅 잠재고객 대상에 포함되었다가 7일이 지나는 시점에서 자동으로 제외된다.

❷ 전환 확인 일수란 해당 조건에 맞는 데이터를 과거 며칠까지 소급적용할 것인지 설정하는 것이다. 최대 30일 이전의 데이터까지 포함할 수 있다.

❸ [다음 단계]를 클릭한다.

7단계

❶ [+대상 추가]를 클릭해서 구글 애즈를 선택한다.

❷ [게시]를 클릭한다.

유니버설 애널리틱스에서 신행하는 설정은 모두 끝났다.

Unit. 02 Google Ads 리마케팅 캠페인 세팅법

앞서 유니버셜 애널리틱스에서 만든 리타겟팅 잠재고객 대상 목록을 구글 애즈에 적용하여 리마케팅 캠페인 설정을 진행해볼 것이다.

1단계

❶ 구글 애즈에서 [도구 및 설정]을 클릭한다.

❷ [잠재고객 관리자]를 클릭한다.

2단계

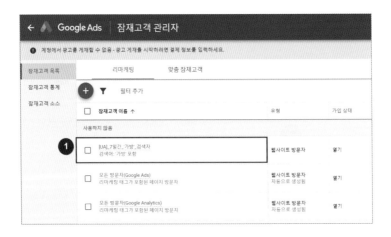

❶ [UA]_7일간_'가방'_검색자 목록이 확인되면 정상이다.

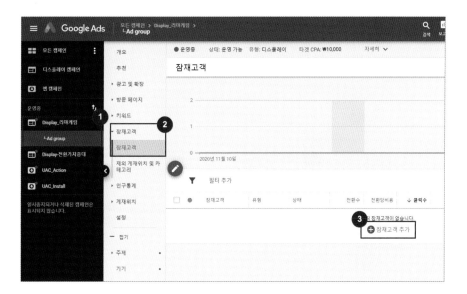

❶ 리마케팅용으로 사용할 광고 그룹을 선택한다. 책에서는 임의의 표준 디스플레이 캠페인을 예시로 했다.

❷ 메뉴에서 [잠재고객]을 클릭한다.

❸ [잠재고객 추가]를 클릭한다.

4단계

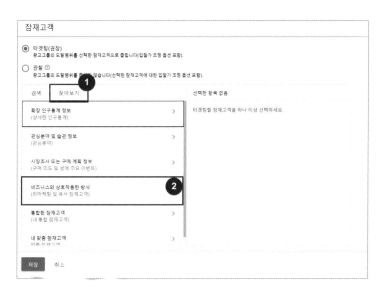

❶ [찾아보기]를 클릭한다.

❷ [비즈니스와 상호작용한 방식]을 클릭한다. 유니버셜 애널리틱스나, 구글 애널리틱스 4에서 리타겟팅 잠재고객 대싱을 만들면, 늘 이곳에서 확인할 수 있다.

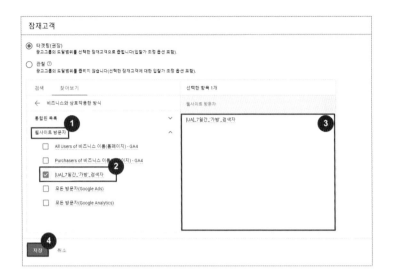

❶ [웹사이트 방문자]를 클릭한다.

❷ [[UA]_7일간_'가방'_검색자]를 클릭한다.

❸ 선택된 목록이 자동으로 리스트업되는 곳이다.

❹ [저장]을 클릭한다.

6단계

잠재고객이 다음 그림처럼 등록되면 모든 설정이 완료된 것이다.

구글 애즈는 해당 모수를 타겟하여 광고를 시작하게 되고 데이터는 통상적으로 다음날 표시된다.

 Unit. 03 Google Analytics 4 리마케팅 모수 타겟법

GMP의 리마케팅은 통합된 사용자 추적을 위한 Google Analytics 4의 등장으로 더욱 완벽에 가까워졌다고 할 수 있다. 그래서 필자는 유니버셜 애널리틱스에서 생성한 잠재고객 보다, Google Analytics 4에서 생성한 잠재고객을 리마케팅 캠페인에 사용하길 권장한다.

1단계 구글 애널리틱스 4로 접속한다.

❶ 메뉴에서 [잠재고객]을 클릭한다.

❷ [새 잠재고객]을 클릭한다.

❶ [맞춤 잠재고객 만들기]를 클릭한다.

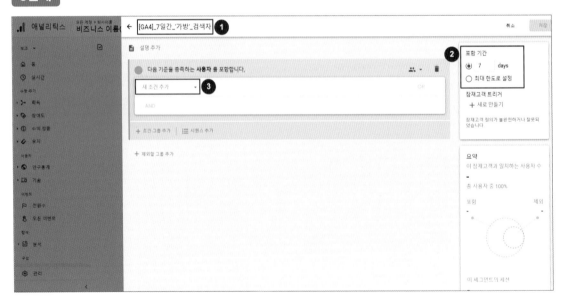

❶ 잠재고객 이름에 [[GA4]_7일간_'가방'_검색자]를 입력한다.

❷ 포함 기간을 [7] 일로 설정한다.

❸ [새 조건 추가]를 클릭한다.

4단계

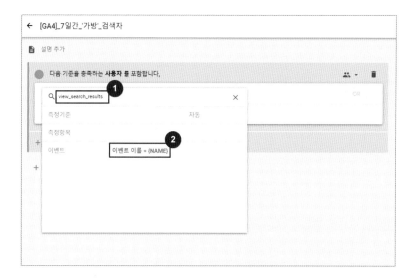

❶ 검색란에 [view_search_results]를 똑같이 입력한다. 이 이름은 구글 애널리틱스 4가 자동으로 수집하는
향상된 측정에 사용되는 정의된 이름이다. 어쩔 수 없이 구글 애널리틱스 4를 자유롭게 다루려면 항목의
이름들을 알아둬야 한다.

❷ [이벤트 이름 = {NAME}]를 클릭한다.

5단계

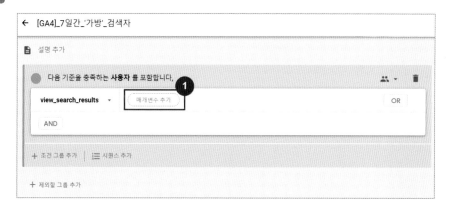

❶ [매개변수 추가]를 클릭한다.

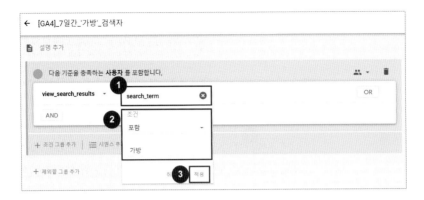

❶ [search_term]을 똑같이 입력한다.

❷ 조건식 [포함]으로 값에는 [가방]을 입력한다.

❸ [적용]을 클릭한다.

위 조건식을 해석하면 "검색 결과 페이지를 본 사용자에서 검색어가 '가방'인 사용자를 그룹해줘"가 된다.

7단계

❶ [저장]을 클릭하면 연결된 구글 애즈에 자동으로 항목이 게시된다.

8단계 구글 애즈 〉 도구 및 설정 〉 잠재고객 관리자

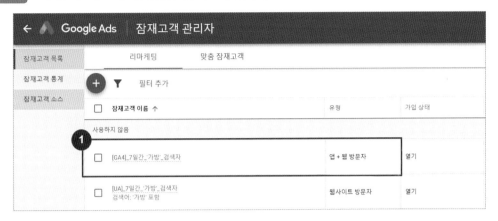

❶ 구글 애널리틱스 4에서 생성한 잠재고객 리스트가 표시된 것을 확인할 수 있다. 다만 구글 애즈에서 표시되기까지 하루 정도 걸린다.

이제 유니버셜 애널리틱스에서 진행한 것처럼 같은 방법으로 광고 그룹에 잠재고객을 추가해서 운영하면 된다.

CHAPTER. 7

현역 그로스해커의 실무 노하우

지금부터 하는 이야기는 짧지만, 이 책의 모든 것을 담고 있다. 필자는 마케터라는 직업이 매우 보람찬 직종이라 생각한다. 진입장벽은 낮을 수 있지만, 경력이 쌓일수록 베테랑은 주니어 연차와 비교해서 역량이 크게 웃돈다. 하지만 그동안 본인이 꾸준한 성장과 배움을 갈구했을 때 가능한 이야기다. 연차만 쌓인 마케터와 자신의 한계와 업무 범위를 한정하고 성장을 멈춘 마케터도 많이 봐왔다. 그들을 볼 때마다 아쉬움이 남는다. 주니어들이 성장을 멈추는 원인으로는 옆에 있는 선임 마케터의 안일함을 꼽을 수 있다. 자신이 알고 있는 테두리 안에서 주니어들을 컨트롤 하려고 하는 것이 가장 일반적인 그들의 모습이다. 그 테두리를 벗어나면 그들은 호기로운 입담꾼 수준을 넘지 못한다. 그들에게 여러분의 역량을 평가받아선 절대 안 된다. 타인이 해주는 평가에는 "평가당하는 사람이, 평가해주는 사람을 뛰어넘을 수 없다."는 전재가 깔려있다. 이 불변의 법칙 때문에 가능성있는 마케터가 자신의 날개를 펼치지 못하는 경우를 많이 보았다. 하물며 이 책을 탐독한 사람과 그렇지 않은 사람은 분명히 역량에서 차이가 벌어지기 시작할 것이다. 지금 여러분의 직장 상사라도 마찬가지다. 만일 광고 플랫폼만 강조하거나 CPC만 가지고 대부분의 인사이트를 논하는 마케터가 선임으로 있다면 자리를 박차고 일어나길 바란다. 아니, 이제는 여러분이 참지 못할 것이다. 신입은 몰라서 알려주는 대로 옳다고 잘못 착각한다. 그렇게 버릇을 들이면 악순환이 반복되는 것이다. 그런 곳에서는 단언컨대 한계가 있다. 반대로 이 책을 탐독할 만큼 배움에 열정적인 여러분 같은 마케터도 존재한다. 필자는 배움에 열정적인 마케터에게 도움을 주고 싶었다. 마케터는 광고를 운영하고 문제점을 발견하고 다시 도전하는 과정에서 수많은 중간 단계들을 헤쳐나가야 한다. 책의 전반에 걸쳐 이 과정을 진심으로 돕고자 하는 필자의 마음을 충분히 느꼈을 걸로 생각한다.

이번 단락에서는 기술력 말고 사례를 통해 감각적인 부분에 대한 소스를 전달하려 한다.

상황 1 유튜브를 시청하다가 마음에 쏙 드는 책을 발견했다. 나는 yesXX를 북마크를 통해 접속했다. 그런 다음 바로 그 책의 이름을 검색했고 상세 페이지에서 구매하기까지 클릭했다. 로그인하라는 안내창이 나와서 ID와 PW를 입력하고 로그인을 했다. 나는 다시 그 책의 구매 버튼이 내 눈에 바로 노출되길 원했지만, yesXX는 나를 메인페이지로 보내 버렸다. 나는 이 책을 너무나 사고 싶었기 때문에 다시 검색한 후 상세 페이지에서 구매 버튼을 클릭하고 구매 과정을 끝마쳤다. 구매는 했지만 결국 yesXX는 나에게 총 3개의 단계를 더 안겨 준 것이다. 나는 넘쳐나는 구매 욕구 덕분에 구매여정을 중간에 포기하지 않았지만, 일반적인 상황에서 고객의 구매 욕구는 이 정도로 강렬하지 않다. 만일 로그인이 물리적으로 어쩔 수 없고, 로그인을 통한 CRM 분석을 하기 때문이라면 로그인까지는 허용할 수 있다. 하지만 로그인 후 메인페이지로 나를 인도하는 건 구매 전환에 악영향을 미칠 가능성이 농후했다. 구매 버튼 노출까지는 아니더라도 찾았던 책의 상세 페이지로는 보내 줬어야 했다. 실제로 나는 구매 절차를 진행하다 말고 이 내용을 메모장에 기록하고 있었고 유튜브를 보고 느꼈던 구매에 대한 열정은 점점 사그라드는 것을 경험했다.

여기서 '가치구매'라는 개념을 알고 있다면 이런 상황을 중요하게 생각해야 한다. 왜냐하면 모든 가치는 시간이 지날수록 하락하기 때문이다. 책은 대표적인 가치투자 제품이다. 책을 통해서 내가 얻게 될 이득에 대한 기대 가치 지출이다. 그래서 사람들이 책의 목차 또는 짧은 소개글만 보고도 비용을 지출하는 것이다. 만약 가치투자 비즈니스에 속하는 교육, 자동차, 의료기기, 건강식품 등을 판매하는 곳이라면 고객 구매 여정에 사소한 결함을 꼭 찾아내어 개선해야 한다. 구매하지 않을 한 명이 구매하므로 인해 또 다른 구매자를 끌어드릴지는 아무도 모르기 때문이다.

어떤가, 사례를 통해 무슨 의미를 전달하고자 하는지 감이오는가?. 사례에 나오는 고객 불편함 때문에 전환율이 떨어졌다면 분명히 사전에 다음 데이터에서 징조가 나타났을 것이다.

① 구매 버튼을 클릭한 다음 로그인을 두 번째 순서로 가지는 사용자 그룹의 평균 전환율과 전체 구매자의 평균 전환율을 비교한 데이터
② 사이트에서 검색을 이용하여 구매한 사용자 그룹의 평균 '페이지뷰 수'와 전체 구매자의 평균 페이지 뷰 수를 비교한 데이터 (페이지뷰 수가 많을수록 여정이 길어진 걸로 평가한다.)

위의 데이터를 분석하기 위해서 구매 버튼 클릭과 로그인 버튼 클릭, 사이트 검색 추적을 사용했을 뿐이다. 이미 해당하는 기술적인 부분은 책에서 모두 다루었다. 다음 가벼운 사례들도 살펴보자.

상황 2　회사의 매출을 높이기 위해서 구매할 확률이 높은 고품질 유저를 찾아 리마케팅을 하고 싶다. 구글 애널리틱스에서 어떻게 찾을 수 있을까?

다음 단계를 따른다.

① 전체 구매자 그룹의 평균 페이지 뷰 수 데이터 확인 (세션당 페이지 수 아님)
② 전체 구매자 그룹의 평균 세션 시간 데이터 확인 (평균 체류 시간)
③ 전체 구매자 그룹의 평균 방문 횟수 데이터 확인

그런 다음 구매는 하지 않았지만, 구매자 그룹의 수준과 편차가 적은 사용자를 그룹하고 잠재고객 목록으로 만들어서 구글 애즈로 리타겟팅 한다. 여기에 관심사를 추가해서 조합해도 좋다.

상황 3　특정 마케팅 채널로 방문한 고객에게만 특별한 프로모션 메시지를 전달하고 싶다. 그런 다음 리마케팅에도 같은 프로모션 배너를 노출하고 싶다. 어떻게 해야 할까?

다음 단계를 따른다.

① 구글 옵티마이즈에서 부분 요소 변경 테스트(A/B테스트) 실험환경을 만든다. 비주얼 편집기를 이용해서 카피라인을 수정한다. URL 조각 또는 경로 또는 UTM 파라미터값을 기준으로 타겟팅해서 특정 마케팅 채널로 방문한 고객을 지정한다. 트래픽 분배 비중을 대안 페이지에 100% 준다.

② 유니버설 애널리틱스에서 옵티마이즈 실험을 개시한 시점 이후에 특정 URL 조각, 또는 경로 또는 UTM 파라미터값을 기준으로 방문한 사용자를 그룹한 잠재고객 목록을 만든 다음 구글 애즈로 리타겟팅 한다.

 ## 끝으로

좀전의 사례들과 그리고 사례와 관련한 데이터 분석 주제는 그로스 해커가 평소에 어떻게 사고하는지를 살짝 보여준 것이다. 시스템을 실제로 어떻게 활용할지는 결국에 감각 싸움이다. 다만, 마케터가 기술력을 갖추게 되면 얼마나 놀라운 일을 해낼 수 있는지 느꼈길 바란다. 책의 서두에 그로스 해커는 고객을 끌어들이고 유지 시키고 충성 고객을 만들고 더 많은 고객을 찾아 나서는데 필요한 모든 행위를 자신의 업무 범위로 생각하는 마케터를 표현한 명사라고 설명했다. 즉, 그로스해커는 "데이터 분석만 하는 사람"이라는 오해를 가지지 않았 으면 좋겠다. 그로스해킹은 All-Rounder에 가까운 유연한 사고가 핵심이다. 데이터 분석력은 의사결정에 필요 한 요소니까 갖춘 것일 뿐 비즈니스 성장에 더 좋은 것이 있다면 그것을 할 것이다.

여러분은 지금까지 이해한 내용으로 남들보다 한층 더 높은 경쟁력과 지식을 갖춘 마케터가 되었다. 하지만 현업에서 다른 조직원에게 이 과정을 이해시키는 건 또 다른 과제다. 그들은 복잡한 이야기를 듣기 싫어할 것 이다. 그리고 여러분이 나아가는데 선임 마케터의 작은 그릇이 늘 걸림돌이 될 것이다. 굴복하지 말고 꺾어야 한다. 그 길이 외롭고 힘들다는 걸 알기 때문에 개인적으로 응원하고 싶다. 다른 사람이 스토리를 이해 못 하더 라도 여러분은 올바른 방향을 바라보고 있는 것임을 믿어야 한다. 조만간 마케터로서 역량을 제대로 인정받는 날이 올 것이다. 다행인 건 여러분은 필자보다 나은 상황이라는 거다. 과거 필자에게는 이렇게 진심 어린 조언 을 해주는 사람도 없었고 그렇다고 GMP를 다루는데 제대로 된 가이드가 있는 것도 아니었다. 번역기는 엉망 이고 비싸기만 한 엉터리 오프라인 강의를 또 왜 그렇게 악착같이 다녔었는지 모르겠다. 그렇다고 필자가 경 험했던 고충을 후배가 겪을 필요는 없다. 후배는 또 그다음 후배에게 효율적으로 지식을 전달하면 충분하다. 필자는 이 책에 나와 있는 내용을 정립하기까지 오랜 시간이 걸렸지만, 여러분은 빠르게 습득하고 흔들리지 말고 중심을 잡아 나아가기만 하면 된다.

감사합니다.

– 저자가 새롭게 정의하는 '그로스해커와 그로스해킹' –

'그로스해커'는 고객을 끌어들이고 유지시키고 충성 고객을 만들고 더 많은 고객을 찾아 나서는데 필요한 모든 행위를 자신의 업무 범위로 생각하는 마케터다. 그리고 그로스해커가 사고하고 행동하는 모든 것이 그로스해킹이다.

마케터를 위한 구글 애널리틱스

1판 1쇄 인쇄 2021년 2월 1일 **1판 1쇄 발행** 2021년 2월 5일
1판 4쇄 인쇄 2022년 4월 10일 **1판 4쇄 발행** 2022년 4월 15일

지 은 이 조하준
발 행 인 이미옥
발 행 처 디지털북스
정   가 22,000원
등 록 일 1999년 9월 3일
등록번호 220-90-18139
주   소 (03979) 서울 마포구 성미산로 23길 72 (연남동)
전화번호 (02)447-3157~8
팩스번호 (02)447-3159

ISBN 978-89-6088-370-3 (03320)
D-21-01
Copyright ⓒ 2022 Digital Books Publishing Co., Ltd

DIGITAL BOOKS
디지털북스